笠翁对韵

探源精解

[清]李渔 著
陈泓 注释

中国纺织出版社

内容提要

明末清初文学家、戏剧家、美学家李渔所著《笠翁对韵》，声调平仄交替，联联对仗对偶，音韵和谐优美，节奏明快上口，不但受到儿童喜爱，也深受诗词爱好者和戏曲编唱人士的青睐。《笠翁对韵》的语言多源于古代的诗、词、文、赋，有的是引用原话，有的是化用句意，涉及天文地理、山川景物、历史经典、神话故事、农耕稼穑、花木珠宝等诸多方面。本书注者力求准确地找寻到每句话、每个典故的来源与出处，并探究出全句话的含义，以展现其精深广博的文化内涵。阅读此书，对于了解古代文化，丰富文学、历史知识，初步掌握创作诗词和撰写对联的音韵技巧很有帮助。

图书在版编目（CIP）数据

《笠翁对韵》探源精解 /（清）李渔著；陈泓注释 .—北京：中国纺织出版社，2017. 7（2021.8 重印）

ISBN 978-7-5180-3544-1

Ⅰ .①笠… Ⅱ .①李… ②陈… Ⅲ .①诗词格律—中国—启蒙读物 ②《笠翁对韵》—注释 Ⅳ .① H194.1 ② I207.21

中国版本图书馆 CIP 数据核字（2017）第 089827 号

策划编辑：张永俊　　责任编辑：郝珊珊　　责任印制：储志伟

中国纺织出版社出版发行

地址：北京市朝阳区百子湾东里 A407 号楼　邮政编码：100124

销售电话：010 — 67004422　传真：010 — 87155801

http：//www.c-textilep. com

E-mail：faxing@c-textilep. com

中国纺织出版社天猫旗舰店

官方微博 http：//weibo.com/2119887771

佳兴达印刷（天津）有限公司印刷　各地新华书店经销

2017 年 7 月第 1 版　2021 年 8 月第 2 次印刷

开本：710 × 1000　1/16　印张：17.5

字数：203 千字　定价：45.00 元

前　言

《笠翁对韵》原作者李渔，字谪凡，号笠翁，明末清初文学家、戏剧家、美学家。精通韵律，才艺超人，自组戏班，到各地演出。创作有大量诗、词、曲、联和剧本，留给后世的书文达500多万字。被誉为“东方莎士比亚”“世界喜剧大师”。

中国的诗、词、歌、赋讲究声韵格律，律诗是押平声韵的。李渔精通此道，他与同时代的康熙年进士车万育著《声律启蒙》一样，从《平水韵》中抽出平声三十韵（上平十五韵，下平十五韵），写出雅俗共赏、老少皆爱的不朽之作《笠翁对韵》。他将每个韵部按单字对、双字对、三字对、五字对、七字对、十一字对的方式编写，声调平仄交替，联联对仗对偶，音韵和谐优美，节奏明快上口，读起来如同唱歌一般，不但受到儿童喜爱，也深受诗词爱好者和戏曲编唱人士的青睐。《笠翁对韵》长期被列为国学教材，是少儿的声律启蒙书。儿童若能从小接受音韵基础训练和熏陶，将会受益一生。

李渔融贯诗词，纵横古今，他将自己渊博的学识，丰厚的诗词积淀，挥洒泼墨到每个韵部的“对句”中。《笠翁对韵》的语言多源于古代的诗、词、文、赋，有的是引用原话，有的是化用句意，涉及天文地理、山川景物、历史经典、神话故事、农耕稼穑、花木珠宝等诸多方面。仅从字面泛泛读来，较难理解其寓意。笔者在辅导孙辈学习过程中，体会到《笠翁对韵》有潜在大美，每词每句均有来历。反复思考，如果能有详细的解释，将会有益于《笠翁对韵》的学习和运用，于是着手查阅书籍，年复一年，考证释意。

在本书编写过程中，笔者没有把精力用在解释每句话中各个词语的各个义项上，而是重点放在探寻每个词、句、典故的来源出处，所蕴含的是什么事物、哪个朝代的故事、何人的名诗名句，表述的情景与韵的关系，一层层掰开，揭示其深度含义，将小韵书背后广博而又丰富的文化大内涵展现出来。《笠翁对韵》原文 7020 字，经过“探源精解”后，扩展到 166000 字。读者读的不仅是韵书，还被引进文化艺术殿堂：可阅鲜为人知的优美诗文；可浏览各地的风俗人情；可评说历代的名人趣事；可观瞻名山大川美景……触目的皆为经典、皆为趣闻，这无疑会加深读者的理解并引发联想，感受到韵中有诗，诗中有景，景中有意，意中有故事……很自然地开启了创作人员的思路。对于诗词和楹联爱好者来说，娴熟掌握韵律格式及汉语修辞技巧会大有裨益。同时，笔者重视普及与提高相结合，兼顾各方面的读者群。倾力于小韵书，大视野；小辞典，大源泉。无论是少儿、学生、教师、家长，还是播音主持等方面的专业人士，均可从书中各取所需。儿童读来不觉深，教授读来不觉浅，经常诵读就会出口有韵，话语灵秀，擅长格律，品位高雅。这就是笔者由衷的写作目的，也正是《〈笠翁对韵〉探源精解》的明显特色。

年过七旬，历经数载，休闲时光全倘佯在诗文书海中。注文经反复推敲遴选，均来自于古代文人、诗人的名篇佳句。注释中也吸收了前人的研究成果，但都重新作了检验，认定其是否正确。

为方便诵读，将原著加上现代汉语拼音。尊重旧读，有的字仍按古音拼出；属一字多音的，由“音随意定，韵依音归”所定。

李渔是位风范极致的文化大师，诵读他的《笠翁对韵》并加以诠释，实乃人生大幸。编写中，仿佛穿越时空，回到三百多年前，常与先生席地而坐，聆听他博采华夏经典融入韵书之中的神笔感悟。写作过程也是我学习的过程，享受大美汉语的过程。

《笠翁对韵》传世版本不一，本书参考采用的是国家图书馆珍藏的、光绪三十年（1904）聚兴堂藏版之刻本。

注释参考资料主要有：《词源》《诗渊》《唐诗鉴赏辞典》《宋词鉴赏辞典》《元曲鉴赏辞典》《四书五经》《二十五史》《太平广记》《世说新语》等。

本书得以出版，诚挚感谢中国纺织出版社和张永俊编辑的鼎力相助。

水平所限，难免有错，敬请同道指正。

陈 泓

丙申年季冬

目　录

上卷

一东 002
二冬 010
三江 019
四支 023
五微 034
六鱼 043
七虞 052
八齐 064
九佳 074
十灰 086
十一真 095
十二文 103
十三元 112
十四寒 118
十五删 127

下卷

一先 134
二萧 146
三肴 155
四豪 164
五歌 174
六麻 186
七阳 198
八庚 210
九青 219
十蒸 225
十一尤 232
十二侵 241
十三覃 247
十四盐 253
十五咸 262

上卷

一东

tiān duì dì yǔ duì fēng dà lù duì cháng kōng shān
天对地，雨对风。大陆对长空①。山
huā duì hǎi shù chì rì duì cāng qióng léi yǐn yǐn wù méng
花对海树②，赤日对苍穹③。雷隐隐④，雾蒙
méng rì xià duì tiān zhōng fēng gāo qiū yuè bái yǔ jì
蒙⑤。日下对天中⑥。风高秋月白⑦，雨霁
wǎn xiá hóng niú nǚ èr xīng hé zuǒ yòu shēn shāng liǎng yào
晚霞红⑧。牛女二星河左右⑨，参商两曜
dǒu xī dōng shí yuè sài biān sà sà hán shuāng jīng shù lǚ
斗西东⑩。十月塞边，飒飒寒霜惊戍旅⑪；
sān dōng jiāng shàng màn màn shuò xuě lěng yú wēng
三冬江上，漫漫朔雪冷渔翁⑫。

注解

①**大陆** 广大的陆地。［宋］沈括《梦溪笔谈》云："今东距海已近千里，所谓大陆者，皆浊泥所湮耳。" **长空** 辽阔的天空。［宋］辛弃疾《太常引·建康中秋夜为吕叔潜赋》词曰："乘风好去，长空万里，直下看山河。"

②**山花** 山间野花。［唐］杜甫《早花》诗云："腊日巴江曲，山花已自开。" **海树** 海边树木。［唐］陈子昂《感遇》诗云："朔风（北风）吹海树，萧条边已秋。"海底生长的状似树枝的珊瑚，通常也被称为"海树"。唐代诗人韦应物在《咏珊瑚》诗中描写珊瑚是："绛树（红珊瑚）无花叶，非石亦非琼（美玉）。"

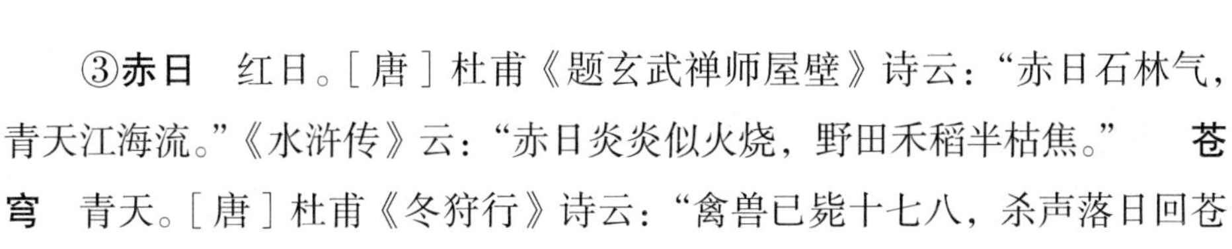

③**赤日**　红日。[唐]杜甫《题玄武禅师屋壁》诗云:“赤日石林气，青天江海流。”《水浒传》云:“赤日炎炎似火烧，野田禾稻半枯焦。”　**苍穹**　青天。[唐]杜甫《冬狩行》诗云:“禽兽已毙十七八，杀声落日回苍穹。”[唐]李白《门有车马客行》诗云:“大运且如此，苍穹宁匪仁。”

④**雷隐隐**　雷声隐隐约约。[汉]司马相如《长门赋》云:“雷隐隐而响起兮，象(像)君主之车音。”《后汉书・天文志上》云:“须臾有声，隐隐如雷。”

⑤**雾蒙蒙**　雾气迷茫模糊。[元]邵亨贞《六州歌头・雨中望鄰墙桃花》词曰:“春冉冉，花可可，雾蒙蒙。”

⑥**日下**　日照之下。指京都。封建社会以帝王比日，故以帝王所在之地为“日下”。[唐]钱起《送薛判官赴蜀》诗云:“边陲劳帝念，日下降才杰。”　**天中**　天的正中。古以北斗星所在为天中，众星拱卫。《晋书・天文志》云:“北斗七星……运乎天中，而临制四方，以建四时而均五行也。”

⑦**风高秋月白**　这是唐代诗人白居易《琵琶行》中“唯见江心秋月白”和北宋诗人欧阳修《沧浪亭》中“风高月白最宜夜”诗句的化用。风高:高处之风，即秋风。

⑧**雨霁晚霞红**　这是北宋词人苏轼《江城子》中“凤凰山下雨初晴。水风清。晚霞明”和南宋音乐家姜夔“夕阳西下晚霞红”名句的化用。雨霁:雨止天晴;霁:凡雨雪止、云雾散，皆谓之“霁”。晚霞:日落时出现的赤色彩云。

⑨**牛女二星河左右**　牛女:指牛郎、织女二星。河:指银河。神话传说，织女是王母的孙女，她中断织锦，下到人间，自嫁牛郎为妻，生儿育女。王母得知后大怒，将织女拘回天宫，牛郎携儿女没有追赶上，被阻隔在天河的另一边。受到感动的喜鹊每年七月初七飞集于天河，相拥搭桥，牛郎与织女方可在鹊桥相会。(见《风俗通义・佚文十四》)

⑩ **参商两曜斗西东**　参商两曜:指参星(水星)和商星(亦称“辰星”、“火星”)。参星居北斗星之西方;商星居北斗星之东方。两星此出彼没，永

不相见。故以参商比喻彼此隔绝。神话传说，高辛氏（即帝喾）有二子，长子叫阏伯，次子叫实沈，居于旷林，互斗不睦。阏伯被帝尧迁于商丘（今河南商丘），主祀辰星；实沈被迁于大夏（今山西太原），主祀参星。后以参商比喻兄弟不和睦。（见《左传·昭公元年》）[唐]杜甫《赠卫八处士》诗云："人生不相见，动如参与商。"

⑪ **十月塞边，飒飒寒霜惊戍旅**　这是南宋诗人陆游《十一月四日风雨大作》中"僵卧孤村不自哀，尚思为国戍轮台（今新疆轮台县南）"和北宋词人范仲淹《渔家傲》中"塞下秋来风景异（气候恶劣）……羌管悠悠霜满地（羌笛悲鸣，处境荒凉）。人不寐，将军白发征夫泪"词意的化用。反映卫边将士处境的恶劣。戍旅：守卫边疆的将士。

⑫ **三冬江上，漫漫朔雪冷渔翁**　这是唐代诗人柳宗元《江雪》中"孤舟蓑笠翁，独钓寒江雪"诗意的化用。反映捕鱼笠翁作业的艰苦。三冬：指深冬。朔雪：北方的风雪。

寒江独钓图（溥儒）

hé duì hàn　lǜ duì hóng　yǔ bó duì léi gōng　yān
河对汉⑬，绿对红。雨伯对雷公⑭。烟
lóu duì xuě dòng　yuè diàn duì tiān gōng　yún ài dài　rì
楼对雪洞⑮，月殿对天宫⑯。云叆叇⑰，日
tóng méng　là jī duì yú péng　guò tiān xīng sì jiàn　tǔ
曈曚⑱。蜡屐对渔篷⑲。过天星似箭⑳，吐
pò yuè rú gōng　yì lǚ kè féng méi zǐ yǔ　chí tíng rén yì
魄月如弓㉑。驿旅客逢梅子雨㉒，池亭人挹
ǒu huā fēng　máo diàn cūn qián　hào yuè zhuì lín jī chàng yùn
藕花风㉓。茅店村前，皓月坠林鸡唱韵；
bǎn qiáo lù shàng　qīng shuāng suǒ dào mǎ xíng zōng
板桥路上，青霜锁道马行踪㉔。

注解

⑬ **河汉**　通常指黄河与汉水。又特指天上之银河。[宋]苏轼《洞仙歌》云："庭户无声，时见疏星渡河汉。"

⑭ **雨伯雷公**　司雨之神和司雷之神。雨伯，亦作"雨师"。[战国楚]屈原《楚辞·远游》云："左雨师使径侍兮，右雷公以为卫。"[明]何景明《忧旱赋》云："云师逝而安征乎，怨雨伯之无功。"

⑮ **烟楼**　耸入云雾的高楼。[唐]李峤《奉和幸韦嗣立山庄侍宴应制》诗云："石磴（石头台阶）平黄陆，烟楼半紫虚（天空）。"　**雪洞**　华丽洁净的屋宇。战国时期，赵武灵王在河北邯郸建筑丛台，上有天桥、雪洞、妆阁、花苑诸景，结构奇特，装饰美妙，名扬列国。古人曾用"天桥接汉若长虹，雪洞迷离如银海"的诗句来描写丛台的壮观。[清]石玉昆《三侠五义》云："好体面屋子，雪洞儿似的，俺就是住不起。"

⑯ **月殿天宫** 均为神话传说或宗教中所指天神居住的宫殿。传说唐明皇李隆基，曾由方士陪同梦游月宫。［唐］李咸用《雪》诗云："高楼四望吟魂敛，却忆明皇月殿归。"（参见《广寒清虚之府》）《宋书·诃罗陀国传》记载：天上"台殿罗列，状若众山，庄严微妙，犹如天宫"。

⑰ **云叆叇** 形容浓云蔽日的景观。［宋］黄庭坚《醉蓬莱》词云："朝云叆叇，暮雨霏微，乱峰相依。"

⑱ **日曈曚** 红日初露的景观。［唐］纥干俞《登天坛山望海日初出赋》："浩渺无涯，曈曚在望。"

⑲ **蜡屐** 涂蜡的木屐。［唐］刘禹锡《送裴处士应制举诗》云："登山雨中试蜡屐，入洞夏里披貂裘。" **渔篷** 渔船上遮风蔽雨的篷盖。［宋］贺铸《留别黄材昆仲》诗云："渔篷衔尾来，愧尔故人情。"

⑳ **过天星似箭** 流星降落快似箭。过天星：即流星（陨星）。《新编五代史平话·汉史》云："走马似逐电追风，放箭若流星赶月。"

㉑ **吐魄月如弓** 初生月亮形如弓。古人以为月里有只蟾蜍，月出月没是蟾蜍反复吞吐造成的。吐魄月就是刚被吐出的月牙，似弯弓。［唐］高适《塞下曲》云："日轮驻霜戈，月魄悬雕弓。"

㉒ **驿旅客逢梅子雨** 驿站传书客路逢梅子雨。驿旅客：住在驿舍的旅客。梅子雨：我国南方五六月份雨水充沛，正是梅子成熟的时节，故称为"梅子雨"或"黄梅雨"。这是唐代诗人李中《宿临江驿》中"候馆寥寥辍棹过，酒醒无奈旅愁何。雨昏郊郭行人少，苇暗汀洲宿雁多"诗意的化用。

㉓ **池亭人挹藕花风** 池亭赏花人享尽藕花风。挹：牵引；汲取。藕花风：荷花开放时带有香气的凉风。这是北宋诗人韩维《范公新池》中"便欲与君从此适，藕花风外一披襟"诗句的化用。［清］黄慎《维扬竹枝词》云："水阁无人冰簟冷，鸳鸯深入藕花风。"

㉔ **茅店村前，皓月坠林鸡唱韵；板桥路上，青霜锁道马行踪** 这两句是唐代诗人温庭筠《商山早行》中"鸡声茅店月，人迹板桥霜"诗句的化用。

shān duì hǎi huá duì sōng sì yuè duì sān gōng
山对海，华对嵩㉕。四岳对三公㉖。
gōng huā duì jìn liǔ sài yàn duì jiāng lóng qīng shǔ diàn
宫花对禁柳㉗，塞雁对江龙。清暑殿㉘，
guǎng hán gōng shí cuì duì tí hóng zhuāng zhōu mèng huà
广寒宫㉙。拾翠对题红㉚。庄周梦化
dié lǚ wàng zhào fēi xióng běi yǒu dāng fēng tíng xià shàn
蝶㉛，吕望兆飞熊㉜。北牖当风停夏扇，
nán yán pù rì shěng dōng hōng hè wǔ lóu tóu yù dí nòng cán
南檐曝日省冬烘㉝。鹤舞楼头，玉笛弄残
xiān zǐ yuè fèng xiáng tái shàng zǐ xiāo chuī duàn měi rén fēng
仙子月㉞；凤翔台上，紫箫吹断美人风㉟。

注解

㉕ **华嵩**　指西岳华山和中岳嵩山。[唐]权德舆《大言》诗云："华嵩为佩河为带，南交北朔跬步内。"

㉖ **四岳三公**　四岳：古时分掌四时、方岳的官名。方岳，即四方之山岳。古指东岳泰山、西岳华山、南岳衡山、北岳恒山。[南朝宋]裴骃《史记集解》引郑玄之说："四岳，四时官，主方岳之事。"三公：古代辅助国君掌握军政大权的最高官员。周朝称太师、太傅、太保为三公；西汉称大司马、大司徒、大司空为三公；东汉称太尉、司徒、司空为三公。

㉗ **宫花**　宫苑中的花木。[唐]元稹《行宫》诗云："寥落古行宫，宫花寂寞红。"　**禁柳**　宫廷中的杨柳。禁：禁宫，古代皇宫禁止百姓出入，故称禁宫。[唐]罗隐《寒食日早春城东》诗云："禁柳疏风细，墙花拆露鲜。"

㉘ **清暑殿** 清暑殿在今南京市鸡鸣山南，晋孝武帝司马曜太元二十一年（397）建造。“殿前重楼复道，通华林园，爽垲奇丽，天下无比；虽暑月，常有清风，故以为名。”（见王琦《景定建康志》）

㉙ **广寒宫** 神话传说，唐明皇李隆基八月十五日受道人罗公远引导，梦游月宫，“见一大宫府，榜曰‘广寒清虚之府’”，故称月亮为“广寒宫”。（见柳宗元《明皇梦游广寒宫》）［明］司守谦《训蒙骈句》云：“清暑殿，广寒宫。”

㉚ **拾翠** 拾找像翡翠一样的羽毛当头饰。［三国魏］曹植《洛神赋》云：“或采明珠，或拾翠羽。”后来把青年妇女春日采集鲜花野草也称作拾翠。［唐］杜甫《秋兴》诗云：“佳人拾翠春相问，仙侣同舟晚更移。” **题红** 旧时，居于深宫的御妃婢女，常题诗于红叶之上，借御沟向外寄情思。唐僖宗时，于佑在御沟拾一红叶，上题诗句曰：“流水何太急，深宫尽日闲。殷勤谢红叶，好去到人间。”于佑亦题诗于其上云：“曾闻叶上题红怨，叶上题诗寄阿谁？”将红叶置于上流，流入宫内，为宫女韩氏所得，韩亦题诗云：“一联佳句随流水，十载幽思满素怀。今日却成鸾凤友，方知红叶是良媒。”后二人结为夫妇。（见宋代传奇小说《流红记》）

㉛ **庄周梦化蝶** 《庄子·齐物论》载：庄周（庄子）梦见自己化为蝴蝶，在空中快乐自在地飞翔，不知自己原本是庄周。突然醒来，才知自己还是本来不会飞的庄周。［唐］李白《古风》诗云：“庄周梦蝴蝶，蝴蝶为庄周。”

㉜ **吕望兆飞熊** 飞熊：即“非熊”，飞：通“非”。《宋书·符瑞志》云：“［周文王］将畋（打猎），史遍卜之，曰：‘将大获，非熊非罴（所获既不是熊也不是罴），天遗汝师（军师）以佐昌（姬昌，即周文王）。’”文王果然得吕望（姜子牙）于渭水之阳。《史记·齐太公世家》作“［文王］所获非龙非螭，非虎非罴（熊的一种，也叫‘马熊’或‘人熊’），所获霸王之辅。”

㉝ **北牖当风停夏扇，南檐曝日省冬烘** 夏天从北窗刮进的风凉爽，扇凉用的夏扇可以停用；冬天从南檐射来的光温暖，取暖用的冬炉可以省去。这是适应季节变化的必然举措。然而生活中常有做“夏进炉，冬送扇”之

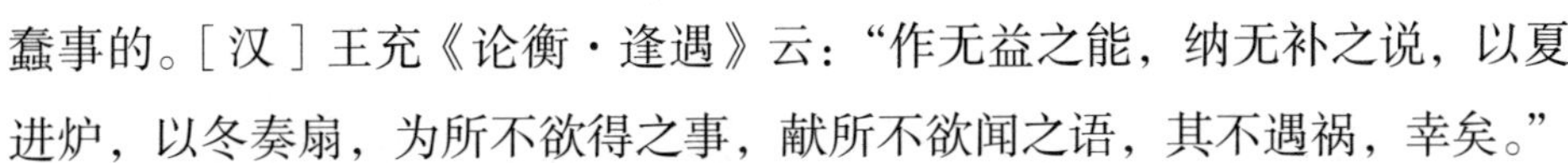

蠢事的。［汉］王充《论衡·逢遇》云："作无益之能，纳无补之说，以夏进炉，以冬奏扇，为所不欲得之事，献所不欲闻之语，其不遇祸，幸矣。"

㉞ **鹤舞楼头，玉笛弄残仙子月** 传说有一天，一位身材魁伟、衣着褴褛的仙人，来到武汉蛇山辛氏酒店，想讨一杯酒喝。辛氏急忙盛了一大杯酒奉上。如此半年，仙人告诉辛氏说：我欠你酒债这么多，没钱给你，赠你一张画吧。于是从篮子里拿出橘子皮，在墙上画了一只黄鹤，接着以手打拍，一边唱歌，墙上的黄鹤也随着歌声、节拍翩跹起舞。从此辛氏酒店宾客盈门，生意兴隆。又过了十年，衣着褴褛的仙人又来到辛氏酒店喝酒，"忽取笛吹数弄（吹了几首曲子）"，不一会儿，白云自天而降，墙上黄鹤也随云飞到仙人跟前，仙人便跨鹤乘云升天而去。辛氏为纪念这位帮她致富的仙人，便把酒店扩建为楼，取名"黄鹤楼"。（见《极恩录》）［唐］崔颢《黄鹤楼》诗云："昔人已乘黄鹤去，此地空余黄鹤楼。黄鹤一去不复返，白云千载空悠悠。"［唐］李白《与史郎中钦听黄鹤楼上吹笛》诗云："黄鹤楼中吹玉笛，江城（今武汉市）五月落梅花（即'梅花落'曲）。"

㉟ **凤翔台上，紫箫吹断美人风** 秦穆公之女弄玉爱吹箫，穆公把她嫁给了吹箫名人萧史，并为他们筑了一所凤台。萧史教弄玉学吹鸾凤鸣，数年后，吹似凤声，凤凰竟聚止其屋。数十年后，萧史乘龙，弄玉跨凤，升仙而去。（见［汉］刘向《列仙传》）［唐］李白《凤台曲》诗云："尝闻秦帝女，传得凤凰声……曲在身不返，空余弄玉名。"

二冬

chén duì wǔ　xià duì dōng　xià xiǎng duì gāo chōng
晨对午，夏对冬。下饷对高舂①。
qīng chūn duì bái zhòu　gǔ bǎi duì cāng sōng　chuí diào kè　hè
青春对白昼，古柏对苍松。垂钓客②，荷
chú wēng　xiān hè duì shén lóng　fèng guān zhū shǎn shuò
锄翁③。仙鹤对神龙④。凤冠珠闪烁⑤，
chī dài yù líng lóng　sān yuán jí dì cái qiān qǐng　yì pǐn
螭带玉玲珑⑥。三元及第才千顷⑦，一品
dāng cháo lù wàn zhōng　huā è lóu jiān　xiān lǐ pán gēn tiáo
当朝禄万钟⑧。花萼楼间，仙李盘根调
guó mài　chén xiāng tíng pàn　jiāo yáng shàn chǒng qǐ biān fēng
国脉⑨；沉香亭畔，娇杨擅宠起边风⑩。

注解

①**下饷**　中午十二时以后。饷：通“晌”，正午。［唐］戴叔纶《女耕田行》诗云：“无人无牛不及犁，持刀斫地翻作泥……日正南冈下饷归，可怜朝雉扰惊飞。”　**高舂**　傍晚时分。《淮南子·天文》云：“日出于旸谷（又叫汤谷，古代神话传说中的日出的地方）……至于渊虞（申时，下午三至五时），是谓高舂。至于连石（西北山，即日落天黑），是谓下舂。”

②**垂钓客**　后汉严光，字子陵，会稽余姚人。少与光武帝刘秀同学，有高名。刘秀称帝，严光改姓名隐遁。刘秀召光到京，授谏议大夫，不受，退隐于浙江富春山，以农耕、钓鱼自乐。后人名其垂钓处为“严陵濑”，亦

称“严滩”。（见《后汉书·隐逸传》）

③**荷锄翁** 东晋诗人陶潜（渊明）辞去彭泽县令后，隐姓埋名，归故里种菊农耕，过隐居生活。其《归园田居》诗作中有“晨兴（早起）理荒秽（杂草），带月荷锄归”、《羁旅去旧乡》诗作中有“虽有荷锄倦，浊酒聊自适”的自娱句。

④**仙鹤** 神话传说中仙人骑乘和饲养的鹤。［唐］王勃《还冀州别洛下知己序》云：“仙鹤随云，直去千年之后。”《古今小说·张古老种瓜娶文女》云：“［张公］道罢，用手一招，叫两只仙鹤。申公与张古老各乘白鹤，腾空而去。” **神龙** 旧时以龙为神物，因其变化莫测，故称其为“神龙”。《史记·三皇纪》云：“有娲氏之女，为少典妃，感神龙而生炎帝。”［唐］玄奘《大唐西域记·乌仗那国》云：“我所仗剑，神龙见授，以诛后伏，以斩不臣。”

⑤**凤冠珠闪烁** 凤冠上的宝珠光耀闪烁。凤冠：古代贵妇所戴用贵金属和宝石等做成的有凤凰形的礼冠。［元］孟汉卿《魔合罗》曲云：“我与你曲弯弯画翠眉，宽绰绰穿绛衣，明晃晃凤冠霞帔。”

⑥**螭带玉玲珑** 螭带上的玉饰洁白晶莹。螭：传说中的无角龙。螭带：带扣上雕有无角龙纹的玉带。玉玲珑：形容物体洁白晶莹。［宋］杨万里《残雪》诗：“残雪堆成山数重，悬崖幽窦玉玲珑。”

⑦**三元及第才千顷** 旧时参加科举考试，乡试第一名称解元、会试第一名称会元、殿试第一名称状元，连中三个第一名的称为三元及第。三元及第俸禄赐千顷（一百亩地为一顷）。

⑧**一品当朝禄万钟** 自三国以后，官分九品，最高者为一品，当朝宰相为一品官爵。一品官俸禄最高，为万钟（钟，古时容量单位，六斛四斗为一钟）。［宋］陆游《五更读书示子》诗云：“吾儿虽戆素业存，颇能伴翁饱菜根。万钟一品不足论，时来出手苏元元（帮平民百姓过好生活）。”

⑨**花萼楼间，仙李盘根调国脉** 本句反映唐玄宗开元盛世年间，于花萼楼尊奉“圣祖”老子的活动。调国脉：掌握国家命脉。据《老子内传》云：

老子是其母七十二岁时于陈（今河南鹿邑）涡水李树下剖左腋而生，故姓李，名耳，字伯阳，世称“太上老君”，呼为“仙李”，是道教鼻祖，著有《道德经》。《史记》未把老子载于“世家”。唐高宗尊老子为“玄元皇帝”。开元二十一年（733），唐玄宗亲注《道德经》令学者研习，二十三年（735）诏升老子、庄子为史书“列传”之首，居伯夷之上。［唐］杜甫在《冬日洛城北谒玄元皇帝庙》中写道：“仙李盘根大（唐帝奉李耳为圣祖，故言李氏家族根深叶茂），猗兰（汉武帝生于猗兰殿）奕叶光。世家遗旧史（《史记》未把老子载于世家），道德付今王（唐玄宗注《道德经》，尊崇老子）。”

⑩沉香亭畔，娇杨擅宠起边风 唐禁苑中牡丹（木芍药）花开，唐玄宗李隆基和杨贵妃在沉香亭赏花，心有感触，玄宗叫杨贵妃捧砚，命李白作《清平调》三章，由梨园弟子抚丝竹，玄宗调玉笛伴奏，李龟年歌唱，盛赞贵妃与牡丹之美，博得玄宗的喜欢。第三章词是：“名花（指牡丹）倾国（指杨贵妃）两相欢，长得君王（指玄宗）带笑看。解释（化解）春风（当指玄宗）无限恨，沉香亭北倚栏杆。”玄宗沉醉于花艳女色，不理国政，朝中日益腐败，藩镇割据势力相继而起。天宝十四年（755），突厥族出身的节度使安禄山和同乡史思明，以诛杨国忠为名起兵叛乱。（见《唐诗纪事·李白》《新唐书·安禄山传》）

玄宗贵妃赏花图（刘凌沧）

qīng duì dàn　bó duì nóng　mù gǔ duì chén zhōng
清对淡，薄对浓。暮鼓对晨钟[11]。

shān chá duì shí jú　yān suǒ duì yún fēng　jīn hàn dàn　yù
山茶对石菊[12]，烟锁对云封[13]。金菡萏[14]，玉

fú róng　lǜ qǐ duì qīng fēng　zǎo tāng xiān sù jiǔ　wǎn shí
芙蓉[15]。绿绮对青锋[16]。早汤先宿酒，晚食

jì zhāo yōng　táng kù jīn qián néng huà dié　yán jīn bǎo jiàn
继朝饔[17]。唐库金钱能化蝶[18]，延津宝剑

huì chéng lóng　wū xiá làng chuán　yún yǔ huāng táng shén nǚ
会成龙[19]。巫峡浪传，云雨荒唐神女

miào　dài zōng yáo wàng　ér sūn luó liè zhàng rén fēng
庙[20]；岱宗遥望，儿孙罗列丈人峰[21]。

注解

⑪ **暮鼓晨钟**　佛寺晨撞钟、暮击鼓以报时的钟鼓。亦形容僧尼孤寂单调的生活。[宋]陆游《短歌行》诗云：“百年鼎鼎世共悲，晨钟暮鼓无休时。”[元]无名氏《来生债》诗云：“我愁的是更筹漏箭（古代滴漏计时器），我怕的是暮鼓晨钟。”

⑫ **石菊**　福建山上产有一种带苦味的“石菊茶”，喝一小口也会让人感觉到苦，但很快，这苦味就转化成一种淡淡的甜。再后，就是喝白开水也会感到甜。

⑬ **烟锁云封**　或作“云迷雾锁”，云雾浓厚，看不清景物。广州白云山景泰寺有一副古联：“烟锁断桥留客立，云封古寺待僧归。”[元]无名氏《朱砂担》曲云：“巴的到绿杨渡口，早则是云迷雾锁黄昏后。”

⑭ **金菡萏**　用金属雕成的荷花。菡萏：荷花的别名，又称“莲花”。

荷花未开的花苞古称“菡萏”。[明]杨慎《初寒拥炉欣而成咏》诗云：“焰腾金菡萏，灰聚玉麒麟。”

⑮ **玉芙蓉** 用玉石雕成的荷花。芙蓉：荷花的别名。[唐]王建《宫词》云：“金殿当头紫阁重，仙人掌上玉芙蓉。”

⑯ **绿绮** 古琴名。[晋]傅玄《琴赋序》云：“楚庄王有鸣琴曰绕梁，司马相如有琴曰绿绮，蔡邕有琴曰焦尾，皆名器也。”[唐]徐铉《赋得有所思》诗云：“忘情好醉青田酒，寄恨宜调绿绮琴。” **青锋** 锋利宝剑名，剑身寒光闪烁，锋芒毕露，故称。[明]沈采《千金记·遇仙》诗云：“青锋剑可磨，古史书堪读。”

⑰ **早汤先宿酒，晚食继朝饔** 早晨喝汤解头天晚上的余醉；早饭之后吃晚餐。这两句反映人处盛世，酒足饭饱，生活安逸。早汤：早点。宿酒：即“宿醉”，酒后隔夜犹存的余醉。朝饔：早饭。[唐]白居易《洛桥寒食作》诗云：“宿醉头仍重，晨游眼乍明。”《孟子·滕文公上》云：“贤者与民并耕而食，饔飧而治。”[汉]赵岐注云：“朝曰饔，夕曰飧。”

⑱ **唐库金钱能化蝶** 唐穆宗时，殿前种千株牡丹，开放时香气袭人。穆宗夜宴，有无数黄白蝴蝶飞集花间，天明即飞去。人们张网捕捉数百只，天明都变成了金玉。后来打开宝橱，发现蝴蝶皆库中金银所化。（见《杜阳杂编》）

⑲ **延津宝剑会成龙** 迷信传说，晋代雷焕在豫章丰城监狱的屋基挖出龙泉、太阿两把宝剑，一把赠张华，一把留自用。后来，张华被诛，剑也丢失。雷焕死后，其子佩着父剑过延平津（今福建南平市东南）时，宝剑忽从腰间跃出坠入水中。入水寻时，见龙泉、太阿两剑化为二龙。（见《晋书·张华传》）

⑳ **巫峡浪传，云雨荒唐神女庙** 这是诗圣杜甫《咏怀古迹五首》中“江山故宅空文藻，云雨荒台岂梦思”诗意的化用。浪传：即谬传。传说赤帝之女瑶姬，未行（出嫁）而死，葬于巫山之阳。楚怀王（一说是襄王）游高唐云梦台馆，梦与“巫山之女”相遇，二人“旦为朝云，暮为行雨”于阳

台之下。楚王并于巫山南置“朝云观”作神女庙。（见战国时期楚国宋玉《高唐赋》）后世附会其事，建“神女庙”以祀之。

㉑ **岱宗遥望，儿孙罗列丈人峰** 这是诗圣杜甫《望岳》中“诸峰罗列似儿孙”诗句的化用。岱宗是“五岳独尊”的泰山的别称。丈人峰是泰山最高处的山峰名，因其形状像伛偻老人，故名。杜甫在咏泰山《望岳》中写道：“会当凌绝顶，一览众山小。”是说在丈人峰遥望群山，皆很矮小。他在咏华山《望岳》中则说：“西岳崚嶒（高峻突兀）竦（高耸）处尊，诸峰罗列似儿孙。”

荷花翠鸟（丁宝书）

fán duì jiǎn dié duì chóng yì lǎn duì xīn yōng xiān
繁对简，叠对重。意懒对心慵㉒。仙
wēng duì shì bàn dào fàn duì rú zōng huā zhuó zhuó cǎo
翁对释伴㉓，道范对儒宗㉔。花灼灼㉕，草
róng róng làng dié duì kuáng fēng shù gān jūn zǐ zhú
茸茸㉖。浪蝶对狂蜂㉗。数竿君子竹㉘，
wǔ shù dà fū sōng gāo huáng miè xiàng píng sān jié yú
五树大夫松㉙。高皇灭项凭三杰㉚，虞
dì chéng yáo jí sì xiōng nèi yuàn jiā rén mǎn de fēng guāng
帝承尧殛四凶㉛。内苑佳人，满地风光
chóu bú jìn biān guān guò kè lián tiān yān cǎo hàn wú qióng
愁不尽㉜；边关过客，连天烟草憾无穷㉝。

注解

㉒ **意懒心慵** 心情怠倦消沉，精神萎靡不振。慵：困倦；懒。［元］季子安《粉蝶儿·题情》曲云：“这些时意懒心慵，闷恹恹似痴如梦。”［明］沈采《千金记》云：“出乎无奈，每日做生活，做得心慵意懒。”

㉓ **仙翁** 男神仙。有时是对掌道教之官的敬称。［明］屠隆《彩毫记·仙翁指教》云：“仙翁拜揖，念小生与仙翁素乏平生，何以见顾？”泛指神仙老寿星。［宋］何薳《春渚纪闻·郑魁铭研诗》云：“仙翁种玉芝，耕得紫玻璃。” **释伴** 犹“释侣”，同修一道的伙伴。［宋］朱熹《夏日》诗云：“望山怀释侣，盥（洗）手阅仙经。”

㉔ **道范** 道家典范。［明］无名氏《鸣凤记·献首祭告》诗云：“自违道范信音稀，为传旌久淹蛮地。” **儒宗** 儒家宗师。《史记·刘敬叔孙通列传》云：“叔孙通希世度务，制礼进退，与时变化，卒为汉家儒宗。”

㉕ **花灼灼** 鲜花盛开。[宋]许当《小桃溪》云：“桃溪一何清，想象武陵水。所爱春风时，灼灼花数里。”

㉖ **草茸茸** 嫩草纤细柔软貌。[唐]韩翃《宴杨驸马山池》诗云：“垂杨拂岸草茸茸，绣户帘前花影重。”[唐]白居易《天津桥》诗云：“柳丝袅袅风缫出，草缕茸茸雨剪齐。”

㉗ **浪蝶狂蜂** 纵横飞舞的蝴蝶和蜜蜂。[明]梁辰鱼《浣纱记·效颦》云：“风景晴和，翩翩浪蝶狂蜂，阵阵游丝飞絮。”亦比喻寻花问柳的浪荡子弟。《西湖佳话·雷峰怪迹》云：“心猿意马驰千里，浪蝶狂蜂闹五更。”

㉘ **数竿君子竹** 东晋黄门侍郎王徽之（王羲之之子），字子猷，今山东临沂人。性爱竹，以竹为友。他曾暂寄人空宅住，便令种竹，说：“何可一日无此君！”

㉙ **五树大夫松** 秦始皇登泰山，立石、祠祀。下山，至五棵松树时，“风雨暴至，休于树下，因封其树为‘五大夫’。”（见《史记·秦始皇本纪》）

㉚ **高皇灭项凭三杰** 汉高祖刘邦在楚汉战争中，依靠萧何、韩信、张良三位杰出政治家、军事家的辅佐，灭了西楚霸王项羽的争权势力，建立了西汉王朝。（见《史记·高祖本纪》）

㉛ **虞帝承尧殛四凶** 传说唐尧禅位于虞舜以后，浑敦、穷奇、梼杌、饕餮四个部族首领不服从舜的控制，皆被舜流放。（见《左传·文公十八年》）据《尚书·舜典》载：“[舜]流共工于幽州，放驩兜于崇山，窜三苗于三危，殛鲧于羽山，四罪（被治罪）而天下咸服。”与《左传》记载有别。但有人认为，浑敦即驩兜，穷奇即共工，饕餮即三苗，梼杌即鲧。

㉜ **内苑佳人，满地风光愁不尽** 封建时代，帝王宫内园庭风光满地，被囚禁于内的佳人却愁思满怀、盼归人间。唐玄宗时，顾况于苑中流水上捡一梧桐叶，上题诗云：“一入深宫里，年年不见春。聊题一片叶，寄与有情人。”顾况也于叶上题诗和之。（见[唐]孟棨《本事诗》）文人称其为“红叶题诗”。宫外人拾得，因而与题诗佳人结为夫妻的有之。（参见本卷“一东”注㉚）

㉝ **边关过客，连天烟草憾无穷**　戍边将士冻死战死沙场，留下无穷遗憾。［唐］张泌《边上》诗云：“戍楼吹角起征鸿，猎猎寒旌背晚风。千里暮烟愁不尽，一川（平川）秋草恨无穷。”

倚窗仕女（陈少梅）

三江

jī duì ǒu zhī duì shuāng dà hǎi duì cháng jiāng jīn
奇对偶，只对双。大海对长江。金

pán duì yù zhǎn bǎo zhú duì yín gāng zhū qī jiàn bì shā
盘对玉盏，宝烛对银釭。朱漆槛①，碧纱

chuāng wǔ diào duì gē qiāng xīng hàn tuī mǎ wǔ jiàn
窗②。舞调对歌腔。兴汉推马武③，谏

xià zhù lóng páng sì shōu liè guó qún wáng fú sān zhù gāo
夏著龙逄④。四收列国群王伏⑤，三筑高

chéng zhòng dí xiáng kuà fèng dēng tái xiāo sǎ xiān jī qín
城众敌降⑥。跨凤登台，潇洒仙姬秦

nòng yù zhǎn shé dāng dào yīng xióng tiān zǐ hàn liú bāng
弄玉⑦；斩蛇当道，英雄天子汉刘邦⑧。

注解

①**朱漆槛** 红漆栏杆。［唐］白居易《白花亭》诗云："朱槛在空虚，凉风八月初。"

②**碧纱窗** 绿色纱窗。［前蜀］李珣《酒泉子》词云："秋月婵娟，皎洁碧纱窗外照。"

③**兴汉推马武** 东汉马武，字子张，今河南唐河南人。王莽新朝末年，参加绿林起义军。后归顺刘秀，击败河北尤来、五幡等部，奠定了东汉的建立。刘秀即位后，任侍中、骑都尉，与虎牙将军盖延等合力，击败刘永等割据势力，屡建奇功，巩固了刘秀政权。后封杨虚侯。（见《后汉书・马

武传》）

④**谏夏著龙逄**　龙逄：即关龙逄，也写作“龙逄”。夏朝末帝夏桀王荒淫无道，大臣关龙逄力谏桀王说：“今君用财若无穷，杀人若不胜（没完没了），民心已去，天命不佑（保佑）。”桀王说：“吾有天下，犹如天上有日，日亡吾亡。”遂杀死龙逄。（见王凤洲《纲鉴合纂》）

⑤**四收列国群王伏**　北宋初年大将曹彬，字国华，真定灵寿人。他先后灭契丹、北汉、后蜀，开宝八年（975）攻破金陵，生俘南唐后主李煜，南唐灭亡。曹军所到之处，严禁乱烧乱杀，群王降伏。（见《宋史·曹彬传》）

⑥**三筑高城众敌降**　唐神龙三年（707），中宗李显令大将军张仁愿在黄河以北筑中、东、西三座受降城，以拂云祠（内蒙古包头西北五原）为中城，以榆林县为东城，以丰州北（乌加河北岸）为西城，相距各四百里左右。置烽候（烽火台）一千八百所，首尾相应，巩固了唐王朝北部边疆。（见《旧唐书·张仁愿传》）

⑦**跨凤登台，潇洒仙姬秦弄玉**　这句是化用“吹箫引凤”之典。（参见本卷“一东”注㉟）

⑧**斩蛇当道，英雄天子汉刘邦**　传说汉高祖刘邦为沛县送劳工去骊山筑秦始皇墓，饮酒而醉，路经大泽乡泽中，有大蛇当道，前行人劝回避。刘邦醉曰：“壮士行，何畏！”拔剑斩之。后有一老妇哭诉说，大蛇乃其子秦之白帝子所化，被赤帝子斩杀。后人附会为汉将代秦而兴之兆。（见《史记·高祖本纪》）

yán duì mào xiàng duì páng bù niǎn duì tú gāng tíng
颜对貌，像对庞。步辇对徒杠[⑨]。停

zhēn duì gē bǐ yì lǎn duì xīn xiáng dēng shǎn shǎn yuè
针对搁笔[⑩]，意懒对心降。灯闪闪[⑪]，月

chuáng chuáng lǎn pèi duì fēi shuāng liǔ dī chí jùn mǎ
幢幢[⑫]。揽辔对飞艭[⑬]。柳堤驰骏马[⑭]，

huā yuàn fèi cūn máng jiǔ liàng wēi hān qióng xìng jiá xiāng
花院吠村尨[⑮]。酒量微酣琼杏颊[⑯]，香

chén qiǎn yìn yù lián shuāng shī xiě dān fēng hán nǚ yōu huái
尘浅印玉莲双[⑰]。诗写丹枫，韩女幽怀

liú yù shuǐ lèi tán bān zhú shùn fēi yí hàn jī xiāng jiāng
流御水[⑱]；泪弹斑竹，舜妃遗憾积湘江[⑲]。

注解

⑨**步辇** 帝王所乘坐的代步工具，类似轿子。［三国魏］曹丕《校猎赋》云："步辇西园，闲坐玉堂。" **徒杠** 只可步行通过的木桥。《孟子・离娄下》云："岁十一月，徒杠成。"

⑩**停针** 停穿针。唐宋时期，中国妇女在社日（祭祀土神的日子，分春秋两次，一般在立春、立秋后的第五个戊日）有不动针线的风俗，故曰"停针"。［唐］张籍《吴楚歌》诗云："今朝社日停针线，起向朱樱树下（村邻们带着牲酒到樱桃树下祭神）行。"［唐］朱绛《春女怨》诗云："欲知无限伤春意，尽在停针不语时。" **搁笔** 放下笔。［宋］毕仲游《回范十七承奉书》云："旧诗数百首悉焚去，搁笔不复论诗。"［宋］卢梅坡《雪梅》诗云："梅雪争春未肯降，骚人搁笔费评章。"

⑪**灯闪闪** 灯光下的影子在摇晃。宋朝王安石老年罢相后，到东晋

大将军谢安（字安石）在江宁（今南京）城北居住过的谢公墩所在的钟山（又名半山）隐居，并请人设计了一所宅院，名为“半山园”。王安石看了图纸，在设计图的院墙空白处写了四句诗：“借阑干东君去也，霎时间红日西沉。灯闪闪人儿不见，闷悠悠少个知心（指谢安）。”暗示院墙上应开一道门。

⑫ **月幢幢**　月光下的影子在移动。《声律和对韵汇编·十六唐（阳平）》诗云：“月影幢幢扁柏，风声飒飒修篁。”

⑬ **揽辔**　掌控马缰。辔：驭马的缰绳。［晋］刘琨《扶风歌》诗云：“揽辔命徒侣，吟啸绝岩中。”　**飞艭**　快速小船。［明］司守谦《训蒙骈句·三江》云：“北苑春回，一路花香随着屐；西湖水满，六桥柳影照飞艭。”

⑭ **柳堤驰骏马**　骏马：良马；千里马。［唐］温庭筠《赠知音》诗云：“景阳宫里钟初动，不语垂鞭上柳堤。”［唐］严武《寄题杜拾遗锦江野亭》诗云：“兴发会能驰骏马，应须直到使君滩。”

⑮ **花院吠村龙**　村龙：农家长毛狗。［元］曹伯启《九日省舅氏郭西独行因书所见》诗云：“田家桑梓碧幢幢，过客鞭声引吠龙。”

⑯ **酒量微酣琼杏颊**　这是宋朝杨泽民《蝶恋花》中“杏脸桃腮匀着酒，青红相映如携手”诗句的化用。酒酣：酒喝到不醒不醉，尽兴畅快。杏颊：杏腮桃颊；杏脸桃腮。形容女子白里透红的脸。

⑰ **香尘浅印玉莲蹤**　这是明朝谢谠《四喜记·花亭佳偶》中“花径（花间小路）尘芳（芳香），浅印花鞋小”和元朝王实甫《西厢记》中“若不是衬残红芳径软，怎显得步香尘底样儿浅”句意的化用。香尘：芳香的尘土。玉莲蹤：小脚美女的花鞋。［晋］王嘉《拾遗记·晋时事》云：“［石崇］又屑沉水之香，如尘末，布象床上，使所爱者践之。”

⑱ **诗写丹枫，韩女幽怀流御水**　旧时，幽闭于深宫的御妃婢女，常题诗红叶，借御沟向外寄情思。（参见本卷“一东”注㉚）

⑲ **泪弹斑竹，舜妃遗憾积湘江**　舜帝南巡而死，葬于苍梧之野。舜之娥皇、女英二妃追之不及，眼望苍梧尽日哭泣，泪洒竹上，致竹成斑，称为斑竹。之后，二妃投湘水而死，故称湘妃。（见［南朝］任昉《述异记》）

四支

quán duì shí gàn duì zhī chuī zhú duì tán sī shān
泉对石，干对枝。吹竹对弹丝[①]。山

tíng duì shuǐ xiè yīng wǔ duì lú cí wǔ sè bǐ shí xiāng
亭对水榭[②]，鹦鹉对鸬鹚。五色笔[③]，十香

cí pō mò duì chuán zhī shén qí hán gàn huà xióng
词[④]。泼墨对传卮[⑤]。神奇韩干画[⑥]，雄

hún lǐ líng shī jǐ chù huā jiē xīn duó jǐn yǒu rén xiāng jìng
浑李陵诗[⑦]。几处花街新夺锦[⑧]，有人香径

dàn níng zhī wàn lǐ fēng yān zhàn shì biān tóu zhēng bǎo sài
淡凝脂[⑨]。万里烽烟，战士边头争保塞[⑩]；

yì lí gāo yǔ nóng fū cūn wài jìn chéng shí
一犁膏雨，农夫村外尽乘时[⑪]。

注解

①**吹竹弹丝** 吹奏管乐，弹奏弦丝。[南朝陈]江总《宴乐修堂应令》诗云："弹丝命琴瑟，吹竹动笙簧。"

②**山亭水榭** 山亭：建在山上有顶无墙的游憩楼台。[元]程文海《扫花游·寄赠西·赴台都事》曲云："倚山亭、黯然平楚。"水榭：建在水边或水上的游憩楼台。[唐]崔湜《侍宴长宁公主东庄应制》云："水榭宜时陟（登），山楼向晚（天将黑）看。"

③**五色笔** 南朝梁江淹，字文通，历任宋、齐、梁三代大臣，官至梁金紫光禄大夫。其诗文曾名扬天下。一日，他梦见一个叫郭璞的人对他说：

“我有笔在你处已经多年，应该还我了。”江淹探怀取五色笔授之。从此，江淹作诗绝无佳句。这就是“江郎才尽”典故的由来。（见《南史·江淹传》）

④**十香词** 辽国道宗耶律洪基之皇后萧观音，善于诗赋书法，尤爱作歌词弹琵琶。她经常召伶人赵惟一进宫，陪她演奏她创作的服侍和思念君王的词曲《回心院》。佞臣耶律乙辛为陷害萧观音，收买人作《十香淫词》，送给道宗，诬告萧观音与赵惟一私通。赵惟一被屈打成招，萧观音有冤难伸，悲愤交加，含泪写下一首绝命词，自缢而死。（见《辽史·萧皇后传》）

⑤**泼墨** 国画山水画的一种画法。画时用水墨挥洒于纸上，其势如泼，故名。泼墨画法传说始于唐代王洽，《宣和画谱》载：“王洽不知何许人，能善泼墨成画，时人皆号为‘王泼墨’……每欲作图画之时……先以墨泼图幛之上，乃因似其形像，或为山，或为石，或为林，或为泉者，自然天成，倏（迅疾）若造化，已而云霞卷舒，烟雨惨淡，不见其墨污之迹。” **传卮** 宴饮中传递酒杯劝酒。卮：古代酒杯。［唐］谢良辅《忆长安》诗云：“取酒虾蟆陵下，家家守岁传卮。”

⑥**神奇韩干画** 唐代画家韩干，长安人。初师曹霸，后独擅其能。善写人物，尤工鞍马，骨肉停匀，得其神气。传说，一天有人牵着患有足疾的马到马市就诊，巧遇韩干，韩干惊疑其马毛色骨相酷似自己所画之马。回家后，察其所画之马，脚上果有一处墨缺，方知是自己的马画通灵。（见《宣和画谱·畜兽》）

⑦**雄浑李陵诗** 西汉骑都尉李陵，字少卿，陇西成纪（今甘肃静宁西南）人。西汉名将李广之孙。善骑射。武帝时，率兵五千出击匈奴，被单于十万大军包围，血战到只剩百来人，终因矢（箭）尽援（后援）绝投降匈奴。汉武帝以叛汉罪，将李陵的老母、妻子、儿女全部杀死。他与苏武是好友，在其《答苏武书》中，畅叙他的悲伤情怀，说他之所以不死，是想效法“昔范蠡不殉会稽之耻，曹沫（曹刿）不死三败之辱，卒（最终）复勾践之仇，报鲁国之羞。［吾］区区之心，窃慕此（私下仰慕范曹作为）耳”。然而，“图志未立而怨（汉朝对李陵的怨恨）已成，计（李陵的计谋）未从而骨肉（李陵

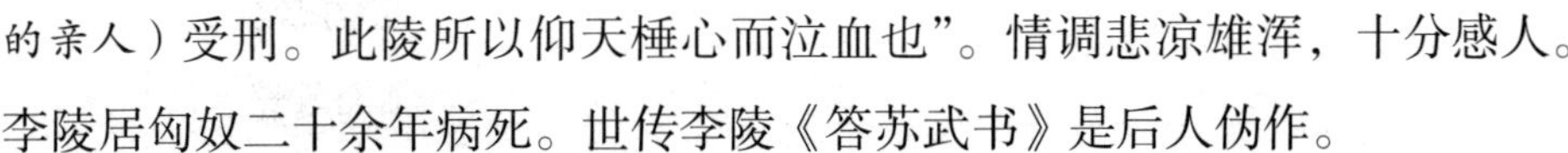

的亲人）受刑。此陵所以仰天椎心而泣血也”。情调悲凉雄浑，十分感人。李陵居匈奴二十余年病死。世传李陵《答苏武书》是后人伪作。

⑧**几处花街新夺锦**　花街：妓院聚集的地方。夺锦：竞赛中夺魁。武则天游洛阳龙门，令陪臣以“明堂火珠”为题赋诗，左史东方虬诗先成，武则天乃赐以锦袍。须臾，宋之问献诗，武则天看到宋诗有“不愁明月尽，自有夜光来”佳句，赞其词更妙，乃夺已赐给东方虬之锦袍赏与宋卿。后因称竞赛中获胜为“夺袍”，亦称“夺锦”。（见《新唐书・宋之问传》）

⑨**有人香径淡凝脂**　淡凝脂：比喻美女的皮肤细白润泽，薄施粉黛即显娇媚。［唐］武平一《杂曲歌辞・妾薄命》云：“红脸如开莲，素肤若凝脂。”

⑩ **万里烽烟，战士边头争保塞**　烽烟：亦作“烽燧”，古代边防报警的两种信号，白天放烟叫“烽”，夜间举火叫“燧”。保塞：保卫边疆。《史记・司马相如传・喻巴蜀檄》云：“夫边郡之士闻烽举燧燔，皆摄弓而驰，荷兵（扛着兵器）而走（前奔）。”

⑪ **一犁膏雨，农夫村外尽乘时**　膏雨：滋润作物的霖雨。乘时：乘机；趁势。［宋］朱淑真《膏雨》诗云：“一犁膏腴（肥沃）分春垄，只慰农桑望眼中。”［宋］曹勋《山居杂诗》云：“小圃养春色，乘时不可缓。翌锄常于于（自得），成趣须旦旦。”

zū duì hǎi fù duì shī diǎn qī duì miáo zhī fán
菹对醢[12]，赋对诗。点漆对描脂[13]。璠

zān duì zhū lǚ jiàn kè duì qín shī gū jiǔ jià mǎi shān
簪对珠履[14]，剑客对琴师。沽酒价[15]，买山

zī guó sè duì xiān zī wǎn xiá míng sì jǐn chūn yǔ xì
资[16]。国色对仙姿。晚霞明似锦[17]，春雨细

rú sī liǔ bàn cháng dī qiān wàn shù huā héng yě sì liǎng
如丝[18]。柳绊长堤千万树[19]，花横野寺两

sān zhī zǐ gài huáng qí tiān xiàng yù zhān jiāng zuǒ de
三枝[20]。紫盖黄旗，天象预占江左地[21]；

qīng páo bái mǎ tóng yáo zhōng yìng shòu yáng ér
青袍白马，童谣终应寿阳儿[22]。

注解

⑫ **菹醢** 古代酷刑，把人剁成肉酱。[汉]李陵《重报苏武书》云："昔萧樊囚縶，韩彭菹醢，晁错受戮，周魏见辜。"

⑬ **点漆描脂** 即"凝脂点漆"，形容人的皮肤白嫩，眼睛明亮。[南朝]刘义庆《世说新语·容止》云："王右军（羲之）见杜弘治（乂），叹曰：'面如凝脂，眼如点漆（乌黑光亮貌），此神仙中人。'"

⑭ **璠簪** 用美玉制成的簪。璠：美玉。旧时用来固定发髻或连接冠发的针形首饰。[唐]韩愈《送桂州严大夫》云："江作青罗带，山如碧玉簪。" **珠履** 用珠宝装饰的鞋。传说战国时楚公子春申君家有门客三千余人，为了向人夸富，他令其上客皆蹑珠履见赵国平原君的使者。赵使大惭。（见《史记·春申君列传》）

⑮ **沽酒价** 晋代阮修，字宣子，阮籍之侄，"竹林七贤"之一。善清言，

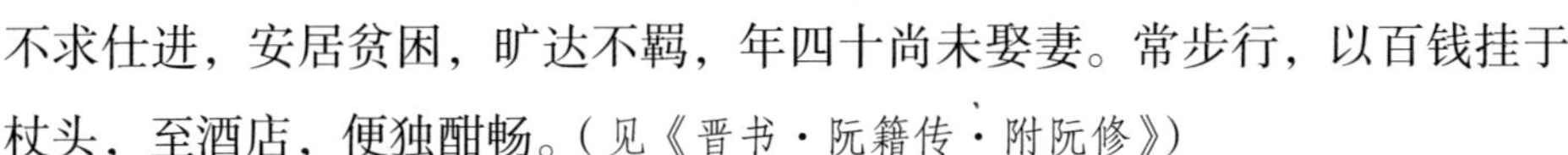

不求仕进，安居贫困，旷达不羁，年四十尚未娶妻。常步行，以百钱挂于杖头，至酒店，便独酣畅。（见《晋书·阮籍传·附阮修》）

⑯ **买山资** 传说晋代隐士支道林隐居余杭山，他托人找深公欲买邱山，深公说：“未闻巢由（古代隐士巢父与许由）买山而隐。”后以买山指归隐。（见《世说新语·排调》）［唐］顾况《送李山人还玉溪》诗云：“好鸟共鸣临水树，幽人独欠买山钱。”

⑰ **晚霞明似锦** 日落彩云似锦屏。晚霞：日落时出现的彩云。这是元朝散曲家马致远《山市晴岚》中“晚霞明雨收天霁。四围山一竿残照里，锦屏风又添铺翠”文意的化用。

⑱ **春雨细如丝** 本句引自宋朝哲学家邵雍《春雨吟》中“春雨细如丝”原句。诗的全文是：“春雨细如丝，如丝霡霂时。如何一霶霈，万物尽熙熙。”

⑲ **柳绊长堤千万树** 这是唐代诗人白居易《杨柳枝词》中“一树春风千万枝，嫩如金色软于丝”和宋朝诗人张道洽《梅花》中“试向园林千万树，何如篱落两三枝”诗句的化用。

⑳ **花横野寺两三枝** 这是唐代诗人李端《春晚游鹤林寺寄使府诸公》中“野寺寻春花已迟，背岩惟有两三枝”诗句的化用。

㉑ **紫盖黄旗，天象预占江左地** 紫盖、黄旗：均指云气，古人认为象征王者之气。江左：即江东，指长江下游的苏浙皖地区，古属吴地。东吴郎中令陈化使魏，魏文帝在酒酣中问陈化：“吴魏对立，谁将一平海内？”陈化说：“《易经》上说帝出于震（东方）。还听知天命的先哲们说，早就有说法，‘紫盖黄旗，运在东南（暗指吴国）’。”（见《三国志·吴志·孙权传》）

㉒ **青袍白马，童谣终应寿阳儿** 出生于北魏怀朔镇的侯景，是个归顺又反叛不定的人。他先后做过北魏、东魏、梁朝的高官。公元 547 年梁武帝接受侯景请降，封侯景为大将军、河南王，驻守寿阳（在山西）。素知侯景性情的平西将军周弘正不禁叹道：“乱事就在眼前了！”童谣也传曰：“青袍白马寿阳儿。”侯景为应童谣，便用梁武帝所赐青布制为青袍，并骑白马，示傲，不久便起兵叛梁。（见《南史·侯景传》）

zhēn duì zàn fǒu duì zhī yíng zhào duì cán sī qīng
箴对赞，缶对卮。萤炤对蚕丝㉓。轻
jū duì cháng xiù ruì cǎo duì líng zhī liú tì cè duàn
裾对长袖㉔，瑞草对灵芝㉕。流涕策㉖，断
cháng shī hóu shé duì yāo zhī yún zhōng xióng hǔ jiàng
肠诗㉗。喉舌对腰肢㉘。云中熊虎将㉙，
tiān shàng fèng lín ér yǔ miào qiān nián chuí jú yòu yáo jiē
天上凤麟儿㉚。禹庙千年垂橘柚㉛，尧阶
sān chǐ fù máo cí xiāng zhú hán yān yāo xià qīng shā lǒng dài
三尺覆茅茨㉜。湘竹含烟，腰下轻纱笼玳
mào hǎi táng jīng yǔ liǎn biān qīng lèi shī yān zhī
瑁㉝；海棠经雨，脸边清泪湿胭脂㉞。

注解

㉓ **萤炤** 萤火虫腹部末端有发光器，夜间闪烁发光。晋代车胤家贫无灯油，夏日把萤火虫装入薄袋照书苦读。（见《晋书·车胤传》） **蚕丝** 《淮南子·览冥训》云："东风至而酒湛益，蚕咡丝（老蚕作丝）而商弦绝。"

㉔ **轻裾长袖** 轻裾，衣服的前后襟。[唐]韩愈《送李愿归盘谷序》云："飘轻裾，翳（拖着）长袖，粉白黛绿者（比喻美人），列屋而闲居，妒宠而负恃，争妍而取怜（仗着自己的才貌，互相争宠斗妍）。"

㉕**瑞草灵芝** 瑞草：古代以为吉祥之草，如灵芝、蓂荚之类。《晋书·歌宣帝》云："神石吐瑞，灵芝自敷（开放）。"

㉖ **流涕策** 西汉政论家、文学家贾谊，也称贾生，洛阳人。少有博学能文之誉，文帝召为博士，不久迁至太中大夫。他好议国家大事，曾多次忠言上疏，批评时政。他痛陈其《治安策一》后说，这些是令人"可痛哭

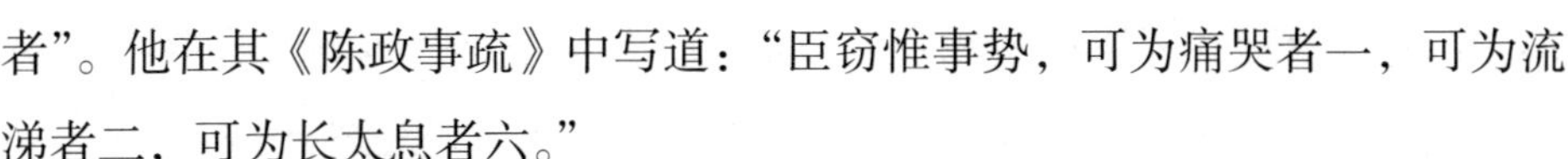

者”。他在其《陈政事疏》中写道：“臣窃惟事势，可为痛哭者一，可为流涕者二，可为长太息者六。”

㉗ **断肠诗** 宋代女作家朱淑真，号幽栖居士，钱塘（今杭州）人。生于仕宦家庭。能绘画，通音律，工诗词，多述幽怨感伤之情，著有诗集《断肠集》、词集《断肠词》。相传因对婚嫁不满，抑郁而终。

㉘ **喉舌** 说话的器官。常比喻险要之地。《续资治通鉴·宋度宗咸淳六年》云：“国家所恃者大江，襄樊其喉舌，议不容缓。” **腰肢** 腰与四肢。形容身段之美。[唐]李商隐《宫妓》诗云：“珠箔轻明拂玉墀，披香新殿斗腰肢。”

㉙ **云中熊虎将** 古时北方有云中郡，含今山西、河北、内蒙古等地。《三国志·吴志·周瑜传》云：“刘备以枭雄之姿，而有关羽（今山西临猗人）、张飞（今河北涿州人）熊虎之将，必非久屈为人用者。”

㉚ **天上凤麟儿** 或作“天上麒麟儿”。这是诗圣杜甫《徐卿二子歌》中“孔子释氏亲抱送，并是天上麒麟儿”诗句的化用。凤凰、麒麟都是传说中的吉祥鸟兽，人们常称别人的孩子为天上麒麟和凤凰。南朝陈文学家徐陵，八岁能写文章，博览史籍。幼年时，家人带他去见有道上人宝志，宝志摸着徐陵的头说：“此天上石麒麟也！”光宅惠云法师也叹称徐陵像孔子的得意弟子颜回。（见《陈书·徐陵传》）

㉛ **禹庙千年垂橘柚** 四川忠州（今忠贤）临江的山崖上有夏禹庙。唐代诗人杜甫在代宗永泰元年（765）离蜀东下，途经忠州，参谒了这座古庙，作《禹庙》诗一首，前四句是：“禹庙空山里，秋风落日斜。荒庭垂橘柚，古屋画龙蛇。”

㉜ **尧阶三尺覆茅茨** 尧帝统领了天下，仍居茅屋。《韩非子·五蠹》云：“尧之王天下也，茅茨不剪，采椽不斲（砍）。”《大宋宣和遗事·亨》云：“便如唐尧土阶三尺，茅茨不剪。”

㉝ **湘竹含烟，腰下轻纱笼玳瑁** 玳瑁轻纱裙笼罩着的腰身，犹如烟雾环绕着的斑竹枝。湘竹：亦称“斑竹”，传说是舜帝二妃泪染青竹成斑。玳

瑁：海龟科动物，背甲呈黄褐色，有黑斑，似“斑竹”。[宋]阮阅编《诗话总龟》云：“筇枝健杖菖蒲节，笋栉（竹梳子）高簪玳瑁斑。”

㉞ **海棠经雨，脸边清泪湿胭脂** 脸边清泪水弄湿的胭脂，酷似春雨沐浴后的海棠花。这是宋朝诗人宋祁《锦缠道·燕子呢喃》中“海棠经雨胭脂透”名句的化用。

晓妆图（陈少梅）

zhēng duì ràng wàng duì sī yě gé duì shān zhī xiān
争对让，望对思。野葛对山栀[35]。仙

fēng duì dào gǔ tiān zào duì rén wéi zhuān zhū jiàn bó làng
风对道骨[36]，天造对人为。专诸剑[37]，博浪

zhuī jīng wěi duì gān zhī wèi zūn mín wù zhǔ dé zhòng
椎[38]。经纬对干支[39]。位尊民物主[40]，德重

dì wáng shī wàng qiè bù fáng rén qù yuǎn xīn máng wú nài
帝王师[41]。望切不妨人去远[42]，心忙无奈

mǎ xíng chí jīn wū bì lái fù qǐ mào líng tí zhù bǐ yù
马行迟[43]。金屋闭来，赋乞茂陵题柱笔[44]；玉

lóu chéng hòu jì xū chāng gǔ fù náng cí
楼成后，记须昌谷负囊词[45]。

注解

㉟ **野葛** 一年生有毒植物，俗称“断肠草”。人吃下后肠子会变黑粘连，人会腹痛不止而死。［汉］王充《论衡·言毒》云：“草木之中，有巴豆、野葛，食之湊懑，颇多杀人。”［唐］白居易《有木》云：“前后曾饮者，十人无一活……试问识药人，始知名野葛。” **山栀** 常绿灌木，仲夏开白花，花甚芳香，果实可入药，亦可作黄色染料。昔日，富人高价买一鞭，色黄而有光泽，给柳宗元看。柳宗元烧汤洗鞭，色泽尽退，原形枯白，原来鞭之光泽，是用栀黄上蜡为之而欺世人。（见《本草纲目·栀子》、柳宗元《鞭贾》）

㊱ **仙风道骨** 形容人的风度、神采不同凡俗。［唐］李白《大鹏赋序》云：“余昔于江陵见天台司马子微（承祯），谓余有仙风道骨，可与神游八极之表，因著大鹏遇稀有鸟赋以自广。”

㊲ **专诸剑** 春秋时期，吴国公子光（即阖闾）阴谋刺杀吴王僚而自立，伍子胥推荐专诸给公子光当刺客。公子光备办酒宴请僚，专诸置匕首于鱼腹中，乘进献时把吴王僚刺死。专诸也当场被僚的左右所杀。公子光遂自立为王。（见《史记·刺客列传》）

㊳ **博浪椎** 秦始皇东巡至博浪沙（今河南原阳境），张良为替被秦国灭掉的韩国报仇，请大力士操铁椎狙击秦始皇，误中副车，秦始皇幸免。（见《汉书·张良传》）

㊴ **经纬** 本指织物上的纵线和横线。亦指纲纪、法度。《左传·昭二十五年》云："礼，上下之纪，天地之经纬也。" **干支** 古人用以纪年、纪月、纪日的十天干和十二地支。干支相配，组成六十甲子。

㊵ **位尊民物主** 民物主：民众之主宰，指帝王或官吏。《尚书·多方》云："天惟时求民主（民众之主国君），乃大降显休（光荣而美好的使命）命于（赐给）成汤（商汤王）。"［宋］陆游《虎洞》诗云："方今上有明圣君，广爱民物怀深仁，推诚不但祝罗网，登用牧守需贤人。"

㊶ **德重帝王师** 帝王师：帝王之军师，此指姜太公（吕尚）。［唐］李白《赠钱征君少阳》云："如逢渭水猎，犹可帝王师。"《宋书·符瑞志上》云："［周文王姬昌］将畋（打猎），史遍卜之曰：'［您］将大获，非熊非罴，天遗（馈赠）汝师以佐昌。'" 文王果于渭水边遇到近八十岁的钓翁吕尚，遂拜为军师。《史记·齐太公世家》称"霸王之辅"："所获非龙非螭，非虎非罴，所获霸王之辅。"

㊷ **望切不妨人去远** 人已远去，惦记再切也是白操心。［唐］何希尧《柳枝词》云："大堤杨柳雨沈沈，万缕千条惹恨深。飞絮满天人去远，东风无力系春心。"

㊸ **心忙无奈马行迟** 马不快跑，归心似箭也是干着急。［唐］李嘉祐《与从弟正字、从兄兵曹宴集林园》云："去路归程仍待月，垂缰不控马行迟。"

㊹ **金屋闭来，赋乞茂陵题柱笔** 汉武帝刘彻娶表妹阿娇为妻，爱甚，

以金屋藏之。后来，阿娇为陈后所妒，独居长门宫。她重金请茂陵的文才司马相如作《长门赋》，以抒发她的孤愤之情，并望能感动皇上。（见班固《汉武故事》）茂陵题柱：司马相如曾居茂陵，未显达时，过成都北升仙桥，于桥柱题字曰："不乘高车驷马（指做高官），不过此桥！"

㊺ **玉楼成后，记须昌谷负囊词** 传说，唐代诗人李贺，河南昌谷人。每骑驴出游，令奴童背一古锦囊，得佳句即投入其中，后成李贺诗集《昌谷集》。李贺将死时，梦见一穿大红衣者，手持板书，对李贺说："上帝筑成白玉楼，命你去作记。"李贺以母老且病，哭泣不愿随往。但不久，气绝。（见李商隐《李贺小传》）

花鸟（丁宝书）

五微

xián duì shèng shì duì fēi jué ào duì cān wēi yú
贤对圣，是对非。觉奥对参微①。鱼

shū duì yàn zì cǎo shè duì chái fēi jī xiǎo chàng zhì
书对雁字②，草舍对柴扉③。鸡晓唱④，雉

zhāo fēi hóng shòu duì lǜ féi jǔ bēi yāo yuè yǐn qí
朝飞⑤。红瘦对绿肥⑥。举杯邀月饮⑦，骑

mǎ tà huā guī huáng gài néng chéng chì bì jié chén píng
马踏花归⑧。黄盖能成赤壁捷⑨，陈平

shàn jiě bái dēng wēi tài bái shū táng pù quán chuí dì sān
善解白登危⑩。太白书堂，瀑泉垂地三

qiān zhàng kǒng míng sì miào lǎo bǎi cān tiān sì shí wéi
千丈⑪；孔明祀庙，老柏参天四十围⑫。

注解

①**觉奥** 领悟深奥之理。[明]胡应麟《少室山房笔丛·九流绪论下》云："余初读尤漫然，载阅之觉其词颇质奥（朴实而深奥）。"亦作"悟奥"。休静是朝鲜李氏王朝最著名的僧人，他的门徒数以千计，其中最得意的门生叫惟政。据《慈通弘济尊者泗溟松云大师石藏碑铭并序》记载：惟政幼年聪慧，十三岁投黄岳山直指寺当和尚，"未熟已悟奥旨，诸老宿皆就质焉"。 **参微** 验证微妙之处。清代天文学家、数学家梅文鼎，安徽宣州人，毕生从事研究工作，以布衣终身。他的著作对清代影响极大。康熙皇

帝南巡时，在船上接见他，畅谈甚欢，并亲题“绩学参微”四字，嘉奖他在天文历算方面的成就。

②**鱼书雁字**　前人把“鱼”“雁”一并来提，往往指书信。［汉］蔡邕《饮马长城窟行》诗云：“客从远方来，遗我双鲤鱼。呼儿烹鲤鱼，中有尺素书。”雁字：本指鸿雁飞行时排成“人”字或“一”字形，此处当指“雁书”，即书信。《汉书·苏武传》云：“教使者谓单于，言天子射上林中，得雁，足有素帛书。”

③**草舍柴扉**　用柴草、树枝等做成的门户。形容居处简陋，生活困苦。［元］无名氏《举案齐眉》曲云：“住的是草舍茅庵，蓬户柴门。”［唐］王维《送别》诗云：“山中相送罢，日暮掩柴扉。”

④**鸡晓唱**　战国时，齐国孟尝君家有许多食客，各有所能。孟尝君到秦国，秦王留之不许归。随客中有能学狗盗者，盗千金之狐白裘，献给秦王宠爱的妃子，宠妃请秦王放孟尝君，王从请，孟尝君乃归。转瞬间秦王反悔，令追。孟尝君已至关，关有规矩：鸡鸣而出关。随客中有能学鸡鸣者，一鸣而群鸡尽鸣，孟尝君骗得出关。（见《史记·孟尝君列传》）

⑤**雉朝飞**　东汉文学家蔡邕《琴操》云：齐国的牧犊子，年过七十还孤独无妻。在野外打柴时，见雌雄雉鸟相随而飞，意动心悲，慨叹穷人不如鸟。乃作《雉朝飞操》乐府曲，以自伤焉。它原来的歌辞是：“雉朝飞兮鸣相和，雌雄群兮于山阿，我独伤兮未有室，时将暮兮可奈何？”

⑥**红瘦绿肥**　即“绿肥红瘦”。形容春深时节花稀而叶茂。［宋］李清照（易安）《如梦令·春晚》词云：“昨夜雨疏风骤，浓睡不消残酒。试问卷帘人，却道海棠依旧。知否？知否？应是绿肥红瘦。”

⑦**举杯邀月饮**　这是诗仙李白《月下独酌》中“举杯邀明月”诗句的化用。

⑧**骑马踏花归**　这是唐宋时期著名诗句“踏花归去马蹄香”的化用。一说是杜甫所写，一说是苏轼所作。

⑨**黄盖能成赤壁捷**　三国吴零陵泉陵人黄盖，字公覆，初随孙坚起义，

为孙氏宿将。赤壁之战中，他建议火攻，并领满载薪草、灌有膏油的船只数十艘，投曹营诈降，乘机纵火，大破曹军，以功升任武锋中郎将。（见《三国志·黄盖传》）

⑩ **陈平善解白登危** 西汉曲逆侯陈平，今河南原阳人。先随项羽，后从刘邦。他足智多谋，曾为刘邦六出奇计。汉高祖七年（前200），匈奴冒顿单于大军围攻晋阳（今山西太原），高祖刘邦亲率军三十余万迎战，被围困于平城白登山（今大同东北），达七日之久。后用陈平计，重礼贿赂冒顿的皇后，始得突围。（见《史记·韩王信传》）

⑪ **太白书堂，瀑泉垂地三千丈** 唐代诗人李白在江西庐山建有“太白书堂”。李白游香炉峰作《望庐山瀑布》诗云：“日照香炉生紫烟，遥看瀑布挂前川。飞流直下三千尺，疑是银河落九天。”气势十分壮观。

⑫ **孔明祀庙，老柏参天四十围** 唐大历元年（766）杜甫谒夔州（今属重庆）武侯庙（诸葛亮庙）作《古柏行》云：“孔明庙前有老柏，柯如青铜根如石。霜皮溜雨四十围，黛色参天二千尺。”

gē duì jiǎ wò duì wéi dàng dàng duì wēi wēi yán
戈对甲，幄对帷。荡荡对巍巍⑬。严
tān duì shào pǔ jìng jú duì yí wēi zhān hóng jiàn bǔ
滩对邵圃⑭，靖菊对夷薇⑮。占鸿渐⑯，卜
fèng fēi hǔ bǎng duì lóng qí xīn zhōng luó jǐn xiù kǒu
凤飞⑰。虎榜对龙旂⑱。心中罗锦绣，口
nèi tǔ zhū jī kuān hóng huò dá gāo huáng liàng chì zhà yìn
内吐珠玑⑲。宽宏豁达高皇量⑳，叱咤喑
wù bà wáng wēi miè xiàng xīng liú jiǎo tù jìn shí zǒu gǒu
哑霸王威㉑。灭项兴刘，狡兔尽时走狗
sǐ lián wú jù wèi pí xiū tún chù wò lóng guī
死㉒；连吴拒魏，貔貅屯处卧龙归㉓。

注解

⑬ **荡荡巍巍** 伟大而崇高。《后汉书·皇后纪上》云：“巍巍之业，可闻而不可及；荡荡之勋，可诵而不可名。”

⑭ **严滩** 参见本卷“二冬”注②。 **邵圃** 邵平瓜园，亦称“东陵瓜”。秦朝东陵侯邵平，秦亡以后成为平民，种瓜于长安城东青门外。其瓜味甜美，时人谓之“东陵瓜”。（见《三辅黄图》）［明］刘基《绝句漫兴》云：“寒暑又随风日转，东陵谁种邵平瓜？”

⑮ **靖菊** 东晋诗人陶潜（渊明），生性爱菊，弃官隐居故里，喜见老宅“三径就荒，松菊犹存”，留有“结庐在人境，而无车马喧……采菊东篱下，悠然见南山”的著名诗句。（见陶渊明《饮酒》）他死后，谥号“靖节先生”，故有“靖菊”之谓。 **夷薇** 商末伯夷叔齐兄弟，因阻止武王伐纣不成，隐居首阳山，不食周粟，采薇（野菜）而食，故称“夷薇”。

⑯ **占鸿渐** 占得鸿渐卦是吉祥将临。《周易·渐卦》云："渐，女归（女子出嫁）吉。"又云："鸿渐于磐（大雁徐徐集于磐石上），饮食衎衎（快乐），吉（吉祥）。"

⑰ **卜凤飞** 春秋时期，陈国大夫懿氏想把女儿嫁给陈厉公之子敬仲为妻，其妻卜了一卦，说："吉，是谓'凤凰于飞，和鸣锵锵'。"比喻夫妻和谐。（见《左传·庄公二十二年》）通行本作"采凤飞"。

⑱ **虎榜** 科举考试进士榜称龙虎榜，简称"虎榜"。《新唐书·欧阳詹传》云："举进士，与韩愈李绛崔群王涯冯宿庾承宣联第，皆天下选，时称'龙虎榜'。"清朝专指武科榜为"虎榜"。 **龙旂** 有龙图纹的旗。古时王侯作仪卫用。《史记·礼书》云："龙旂（通'旗'）九斿（旌旗上的装饰物），所以养信也。"

⑲ **心中罗锦绣，口内吐珠玑** 北宋著名文人陶谷，曾任礼部尚书，又兼任刑部、户部二尚书。他为官清廉刚直，执法严明，对贪官污吏毫不留情。他博览经史，胸有文才，口有辩才。《宋代宫闱史》载："［陶谷］是个胸罗锦绣，腹隐珠玑的才子。"

⑳ **宽宏豁达高皇量** 汉高祖刘邦本是一平民粗汉，但胸襟开阔，宽宏大量，故能兴汉。［西晋］潘岳《西征赋》云："观夫汉高之兴也，非徒聪明神武，豁达大度而已也。"

㉑ **叱咤喑哑霸王威** 西楚霸王项羽为楚将项燕之后，好逞发怒斥喝之威。《史记·淮阴侯传》云："项王喑恶叱咤（发怒呵斥），千人皆废。"

㉒ **灭项兴刘，狡兔尽时走狗死** 春秋时期，吴吞越国。越王勾践在谋臣范蠡、文种辅佐下，卧薪尝胆，十年生聚，十年教训，终于复国灭吴。范蠡功成身退，乘舟浮海而隐，并写信给文种说"飞鸟尽，良弓藏；狡兔死，走狗烹"；越王其人"可与共患难，不可与共安乐。子何不去"？文种虽称病不朝，越王仍赐剑令文种自杀。（见《史记·越王勾践世家》）汉高祖刘邦得大将韩信帮助，平定四海，建立汉朝之后，竟擒杀韩信。韩信说："果如人（指范蠡）言：'狡兔死，走狗烹；飞鸟尽，良弓藏；敌国破，谋臣亡。'

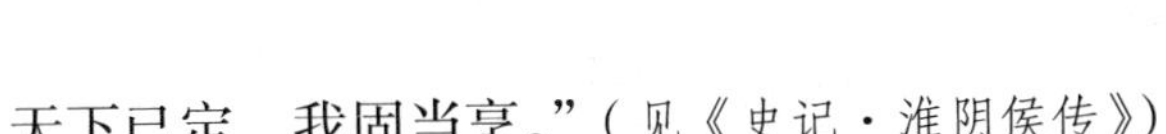

天下已定，我固当烹。”（见《史记·淮阴侯传》）

㉓ **连吴拒魏，貔貅屯处卧龙归** 貔貅：一种豹类猛兽，比喻勇猛的将士。貔貅屯处：指集聚了文臣武将的东吴。卧龙：指诸葛亮。东汉末年，曹操挟天子令诸侯，率师南下，欲灭孙权和刘备。刚被刘备三顾茅庐请出南阳不久的诸葛亮，赴东吴劝说孙权联合抗魏。在号称曹操拥兵百万的威胁下，孙权的众臣中，文臣多主降曹，诸葛亮舌战群儒，智激周瑜，终于说服群臣与孙权，促成吴蜀联师抗魏。周瑜更劝诸葛亮留下共同辅佐孙权，诸葛亮不允。周瑜妒亮之才，屡屡设计杀害诸葛亮，诸葛亮施高谋破周瑜毒计，回到刘备身边。（见《三国演义》）

东篱晚色（溥儒）

shuāi duì shèng mì duì xī jì fú duì cháo yī jī
衰对盛，密对稀。祭服对朝衣[24]。鸡

chuāng duì yàn tǎ qiū bǎng duì chūn wéi wū yī xiàng
窗对雁塔[25]，秋榜对春闱[26]。乌衣巷[27]，

yàn zǐ jī jiǔ bié duì chū guī tiān zī zhēn yǎo tiǎo
燕子矶[28]。久别对初归[29]。天姿真窈窕[30]，

shèng dé shí guāng huī pán táo zǐ què lái jīn mǔ lǐng lì
圣德实光辉[31]。蟠桃紫阙来金母[32]，岭荔

hóng chén jìn yù fēi bà shàng jūn yíng yà fù dān xīn zhuàng
红尘进玉妃[33]。灞上军营，亚父丹心撞

yù dǒu cháng ān jiǔ shì zhé xiān kuáng xìng huàn yín guī
玉斗[34]；长安酒市，谪仙狂兴换银龟[35]。

注解

㉔ **祭服** 祭祀时所穿的礼服。《礼记·曲礼下》云：“无田禄者，不设祭器；有田禄者，先为祭服。” **朝衣** 朝服，君臣朝会时所穿的礼服。《史记·晁错传》云：“上（指汉景帝）令晁错衣（穿）朝衣斩（被斩于）东市。”

㉕ **鸡窗** 晋代宋处宗有一只宠爱的长鸣鸡，鸡窝设在窗户上。鸡说人话，与处宗谈论，使处宗言谈技巧大增。后以“鸡窗”用作书房的代称。（见南朝宋刘义庆《幽明录》） **雁塔** 雁塔在陕西西安，有大雁塔、小雁塔之分。大雁塔在慈恩寺，建于唐高宗永徽四年（653），初名慈恩寺塔，是玄奘藏梵本佛经的地方。圣教序碑在此塔下，是唐朝新科进士题名处。唐代韦肇及第后，偶于慈恩寺雁塔题名，后人皆效之，遂成为故事。（见宋张礼《游城南记》）

㉖ **秋榜** 科举时代在地方为选拔举人于秋季所进行的乡试发榜。［明］

唐寅《漫兴云》诗云："秋榜才名标第一，春风弦管醉千场。" **春闱** 科举时代在京城为选拔进士于春季所进行的会试考试。闱：科举考场。［唐］姚合《别胡逸》云："记得春闱同席试，逡巡（顷刻；转眼）何啻（止）十年余。"［明］吴承恩《贺阎双溪令翩登科障词》云："秋榜高魁，行魁春榜，喜事自然连接。"

㉗ **乌衣巷** 地名，位于今南京市东南。东晋时王导、谢安诸贵族多居此，故世称王谢子弟为"乌衣郎"。［唐］刘禹锡《乌衣巷》诗云："朱雀桥边野草花，乌衣巷口夕阳斜。旧时王谢堂前燕，飞入寻常百姓家。"

㉘ **燕子矶** 地名，位于江苏省南京市北的直渎山（观音山）上。前临长江，形如飞燕，故名。其地势险要，有观音阁和三台洞等名胜。［明］朱元璋《咏燕子矶》云："燕子矶兮一秤砣，长虹作竿又如何。天边弯月是持钩，称我江山有几多。"

㉙ **久别初归** ［唐］钱起《献岁归山》诗云："欲知愚谷好，久别与春还。莺暖初归树，云晴却恋山。"

㉚ **天姿真窈窕** 天姿：天生的姿色，形容女子容貌美丽。窈窕：形容女子文静而美好。《汉武帝内传》载："［西王母］，视之可年三十许，修短得中，天姿掩蔼，容颜绝世。"《诗经·周南·关雎》云："窈窕淑女，君子好逑（配偶）。"

㉛ **圣德实光辉** 盛德：品德极高尚。传说古帝圣德，舜德最著。《史记·五帝本纪》云："四海之内咸戴帝舜之功，于是禹乃兴《九招》（即'九韶'）之乐（一说是舜帝命质所作），致异物凤凰来翔。天下明德皆自虞帝（舜）始。"

㉜ **蟠桃紫阙来金母** 神话传说，七月七日，汉武帝在紫阙（帝王宫殿）迎金母（西王母）下凡。王母"乘紫云之辇，驾九色斑龙，别有五十天仙"陪同，上殿东向坐，武帝跪拜毕，面南坐。王母命侍女以玉盘盛七蟠桃，以四颗与帝，三颗自食。桃味甘美，口有盈味。帝食乃收其核，欲种之。王母说："此桃三千年一生实，中夏（中原地区）地薄，种之不生。"（见班固

《汉武内传》)

㉝ **岭荔红尘进玉妃** 传说杨玉环（贵妃）爱吃鲜荔枝，唐玄宗命人从盛产荔枝的岭南，用七日快马送至长安，以悦贵妃，故亦称荔枝为“妃子笑”。[唐]杜牧《过华清宫》诗云：“长安回望绣成堆，山顶千门次第开。一骑红尘妃子笑，无人知是荔枝来。”

㉞ **灞上军营，亚父丹心撞玉斗** 刘邦攻占秦都咸阳，欲称王关中，项羽决计破刘邦。刘邦亲临鸿门向项羽谢罪，项羽留刘邦宴饮。宴会上，项庄舞剑欲刺刘邦，刘邦以去厕所为借口乘机逃走，并托张良代向项羽赠白璧一双，向亚父范增赠玉斗一双。项羽欣然受璧，置于座上；而亚父受玉斗，置之地上，拔剑撞而破之，愤怒地说：“夺项王天下者，必沛公（刘邦）也。”(见《史记·项羽本纪》)

㉟ **长安酒市，谪仙狂兴换银龟** 这两句是说狂放的李白曾用银龟换酒。谪仙：指李白。银龟：唐代文人所佩的银饰龟袋。唐代大诗人贺知章很欣赏李白的气度和文风，称李白为“谪仙人”，并解金龟（金饰龟袋）换酒为乐。李白在《对酒忆贺监诗序》中云：“太子宾客贺公（贺知章），于长安紫极宫一见余，呼余为‘谪仙人’，因解金龟，换酒为乐。”

六鱼

gēng duì fàn liǔ duì yú duǎn xiù duì cháng jū jī
羹对饭，柳对榆。短袖对长裾。鸡

guān duì fèng wěi sháo yào duì fú qú zhōu yǒu ruò hàn
冠对凤尾①，芍药对芙蕖②。周有若③，汉

xiàng rú wáng wū duì kuāng lú yuè míng shān sì yuǎn
相如④。王屋对匡庐⑤。月明山寺远⑥，

fēng xì shuǐ tíng xū zhuàng shì yāo jiān sān chǐ jiàn nán ér
风细水亭虚⑦。壮士腰间三尺剑⑧，男儿

fù nèi wǔ chē shū shū yǐng àn xiāng hé jìng gū shān méi ruǐ
腹内五车书⑨。疏影暗香，和靖孤山梅蕊

fàng qīng yīn qīng zhòu yuān míng jiù zhái liǔ tiáo shū
放⑩；轻阴清昼，渊明旧宅柳条舒⑪。

注解

①**鸡冠** 雄鸡头上的肉冠。［三国魏］曹丕《与钟大理书》云："窃见玉书称美玉，白如截肪，黑譬纯漆，赤拟鸡冠，黄侔蒸栗。" **凤尾** 凤凰的尾羽。常比喻罗绮秀美的细纹。［唐］李商隐《无题》诗云："凤尾香罗薄几重，碧文圆顶夜深缝。"

②**芍药** 多年生草本植物。初夏开花，形似牡丹，有红、白、紫等色。古时人们离别时，常赠以芍药，故亦称"可离"。 **芙蕖** 荷花的别名。《尔雅·释草》云："荷，芙蕖……其华（花）菡萏，其实莲，其根藕，其中菂（莲子）。"

③**周有若** 东周鲁国人有若，字子有，孔子的弟子。主张“礼之用，和为贵”；“孝弟（悌）也者其为仁之本与”。（见《论语·学而》）

④**汉相如** 西汉辞赋家司马相如，字长卿，蜀郡人。其赋多写帝王苑囿之盛景、田猎之壮观，场面宏大，文辞富丽，于篇末则寄寓讽谏。代表作如《子虚赋》《上林赋》，为武帝所赏识，因用为郎。（见《汉书·司马相如传》）

⑤**王屋** 山名，在山西垣曲县与河南济源县交界。一说“山有三重，其状如屋，故名”。一说“山中有洞，深不可入，洞中如王者之宫，故名曰王屋也”。王屋山洞是道教所谓神仙居住的名山胜境“十大洞天”中的“第一洞天”。 **匡庐** 指江西庐山。庐：房屋。传说，商周之际，一个叫匡裕先生的人，受道于仙人，共游此山，寄崖岩为室，故时人谓其所止为神仙之庐，并以此名此山为“庐山”，也叫“匡山”。（见［南朝宋］释慧远《庐山记》）［唐］白居易《草堂记》云：“匡庐奇秀，甲天下山。”

⑥**月明山寺远** 山寺高远近明月。诗仙李白《夜宿山寺》诗云：“危楼高百尺，手可摘星辰。不敢高声语，恐惊天上人。”［唐］岑参《登总持阁》诗云：“高阁逼诸天，登临近日边。晴开万井树，愁看五陵烟。槛外低秦岭，窗中小渭川。早知清净理，常愿奉金仙。”

⑦**风细水亭虚** 水亭凌空吹凉风。水亭：水阁、水榭，临水的亭阁台榭。虚：开敞虚凉。［唐］刘禹锡《刘驸马水亭避暑》诗云：“千竿竹翠数莲红，水阁虚凉玉簟空。”［宋］朱淑真《夏日游水阁》：“淡红衫子透肌肤，夏日初长水阁虚。独自凭栏无个事，水风凉处读文书。”

⑧**壮士腰间三尺剑** 汉高祖刘邦，字季，沛县丰邑人。秦末任沛县泗水亭长时，送徒往骊山筑秦始皇陵墓，经大泽，前行人报告，有大蛇当道，请求绕行。高祖说：“壮士行，何畏！”拔剑斩蛇，道开。后，夜有老妇哭诉：“我子，白帝子，化蛇当道，被赤帝子斩杀。”暗指刘邦为赤帝，秦主为白帝。汉王刘邦十二年，刘邦战琼布时，被流矢（箭）击中，行军途上发病，甚重。吕后请良医医治，刘邦问医，医曰：“病可治。”刘邦骂曰：“吾以布衣提三

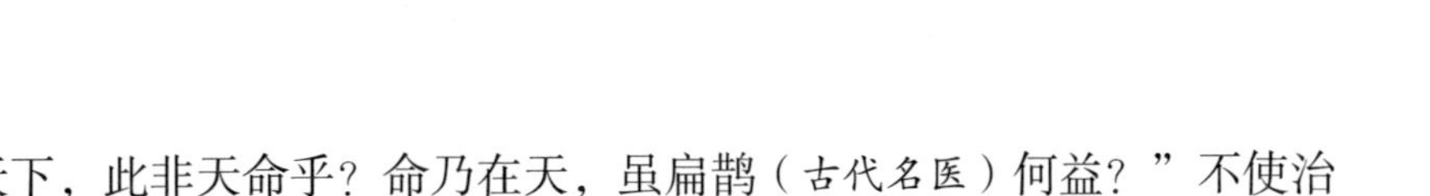

尺剑取天下，此非天命乎？命乃在天，虽扁鹊（古代名医）何益？”不使治病。（见《史记·高祖本纪》）

⑨男儿腹内五车书　战国时期宋国学者惠施，学识渊博。其好友庄子在《庄子·天下》中称：“惠施多方，其书五车。”［唐］杜甫《柏学士茅屋》云：“古人已用三冬足，年少今开万卷余……富贵必从勤苦得，男儿须读五车书。”后人以“五车书”比喻知识渊博。

⑩疏影暗香，和靖孤山梅蕊放　北宋隐士林逋，字君复，钱塘（今杭州）人。恬淡好古，工行书，喜作诗，隐居西湖孤山，二十年不入城市，终身不娶，以种梅养鹤自乐，世称“梅妻鹤子”。死后，谥号“和靖先生”。诗作多写隐居生活和淡泊心境，他的《梅花·山园小梅》诗写道：“众芳（众花）摇落独喧妍，占尽风情向小园。疏影横斜水清浅，暗香浮动月黄昏。”留有《和靖诗集》。（见《宋史·林逋传》）

⑪轻阴清昼，渊明旧宅柳条舒　东晋诗人陶潜（渊明），字元亮，号“五柳先生”，浔阳柴桑（今江西九江）人。他“不能为五斗米而折腰，拳拳事乡里小人”，毅然辞去彭泽县令，隐姓埋名，归乡过隐居生活，著《五柳先生传》一文，自称“先生不知何许人也，亦不详其姓字，宅边有五柳树，因以为号焉”。（见陶渊明《五柳先生传》）

wú duì rǔ　ěr duì yú　xuǎn shòu duì shēng chú　shū
吾对汝，尔对余。选授对升除[12]。书
xiāng duì yào guì　lěi sì duì yōu chú　shēn suī lǔ　huí bù
箱对药柜，耒耜对耰锄[13]。参虽鲁[14]，回不
yú　fá yuè duì yán lú　zhū hóu qiān shèng guó　mìng fù
愚[15]。阀阅对阎闾[16]。诸侯千乘国[17]，命妇
qī xiāng jū　chuān yún cǎi yào wén xiān nǚ　tà xuě xún méi
七香车[18]。穿云采药闻仙女[19]，踏雪寻梅
cè jiǎn lǘ　yù tù jīn wū　èr qì jīng líng wèi rì yuè　luò
策蹇驴[20]。玉兔金乌，二气精灵为日月[21]；洛
guī hé mǎ　wǔ xíng shēng kè zài tú shū
龟河马，五行生克在图书[22]。

注解

⑫ **选授**　经过选定授以官职。[明]凌蒙初《初刻拍案惊奇》云："吏部榜出，果然选授开封县尉。"　**升除**　升迁就任新的官职。[明]凌蒙初《二刻拍案惊奇》："老爹每俸薪自在县里去取，我们不管。以后升除去任，我们总不知道了。"

⑬ **耒耜**　上古翻土农具。耒：木制曲柄；耜：木石铁制起土部件。《孟子·滕文公上》云："陈良之徒陈相与其弟辛，负耒耜自宋之（去）滕（滕国）。"　**耰锄**　古代平田松土的农具。[唐]唐孙华《送王涌侯之官成都》诗云："一官染指或暂试，归田便拟亲耰锄。"

⑭ **参虽鲁**　孔子弟子曾参，字舆，春秋鲁国武城（今山东费县）人。曾点（孔子学生）之子。以孝著称，提出"吾日三省吾身"的修养方法。孔子说："柴（高柴）也愚（忠厚少聪明）；参（曾参）也鲁（鲁钝；迟钝）；师（颛

孙）也辟（偏辟，玩弄手腕）；由（仲由）也喭（粗鲁；勇猛）。”（见《论语·先进》）参虽鲁，但是，相传《大学》是他所著，又著《孝经》，以其学传子思，子思传孟子。后世尊曾参为“宗圣”。（见《史记·仲尼弟子列传》）

⑮ **回不愚** 孔子弟子颜回，字子渊，春秋鲁人。天资聪慧。孔子说：“回也如愚（表面看很愚钝）；退而省（反省）其私（私欲），亦足以发，回也不愚。”后世尊颜回为“复圣”。（见《史记·仲尼弟子列传》）

⑯ **阀阅** 古代官宦人家门前左右两边树立的两根石柱，左曰“阀”，右曰“阅”，是功劳等级的标志。［宋］秦观《王俭论》云：“自晋以阀阅用人，王谢（指东晋名相王导与谢安）二氏，最为望族。”［宋］陆九渊《赠汪坚老》云：“又或寿老死箦（竹席），立阀阅，蒙爵谥，以厚累世。” **阎闾** 里巷。指平民的住地。《晋书·刘颂传》云：“今阎闾少名士，官司无高能，其故何也？”

⑰ **诸侯千乘国** 战国时期诸侯国，小者称“千乘”，大者称“万乘”。乘：战车，一车四马谓之“一乘”。《韩非子·孤愤》云：“凡法术之难行也，不独万乘，千乘亦然。”

⑱ **命妇七香车** 乘七香车的命妇。命妇：受有封号的大夫之妻。七香车：用多种香料涂抹的华贵车。魏武帝（曹操）《与太尉杨彪书》云：“今赠足下四望通幰七香车二乘。”［唐］卢照邻《长安古意》诗云：“长安大道连狭斜，青牛白马七香车。”

⑲ **穿云采药闻仙女** 仙女，原文作“仙犬”。神话传说，东汉永平年间，浙江剡县（今嵊县）人刘晨、阮肇到天台山采药迷路，遇到两个仙女，被仙女邀至家中成亲。半年后回家，子孙已过七代。后重入天台山访女，踪迹渺然。（见［南朝宋］刘义庆《幽冥录》、［宋］《太平广记·卷六十一》）

⑳ **踏雪寻梅策蹇驴** 唐代诗人孟浩然曾骑瘸驴冒雪到灞桥（在今陕西长安县东）寻梅吟诗。他说：“吾诗思在风雪中驴子背上。”（见《韵府》）［唐］唐彦谦《忆孟浩然》诗云：“郊外凌兢（寒冷）西复东，雪晴驴背兴无穷。句搜明月梨花内，趣入春风柳絮中。”

㉑ **玉兔金乌，二气精灵为日月** 古人称月亮为“玉兔”，称太阳为“金乌”。[晋]傅玄《拟问天》云：“月中何有？玉兔捣药。”[三国魏]孟康《咏日》云：“金乌升晓气，玉槛漾晨曦。”[唐]韩琮《春愁》诗云：“金乌长飞玉兔走，青鬓长青古无有。”二气精灵：古人认为，天地万物都是由阴阳二气变化而成的，日月则是二气的精华。

㉒ **洛龟河马，五行生克在图书** 古代神话传说，伏羲时期，黄河浮出龙马，背负图，称“河图”。伏羲氏根据河图画成了“八卦”。又传说夏禹治水成功，有神龟从洛水出现，背献洛书，夏禹依此书作治理国家的九章大法，称《洪范·九畴》。《九畴》第一章即为“五行”生克，认为构成万物的五种元素水、火、金、木、土，既相生，又相克。相生，意味着相互促进，即“木生火，火生土，土生金，金生水，水生木”。相克，意味着相互排斥，即：“水胜火，火胜金，金胜木，木胜土，土胜水”。（见《尚书·洪范》）

策蹇寻梅（王震）

qī duì zhèng mì duì shū náng tuó duì bāo jū luó
攲对正，密对疏。囊橐对苞苴㉓。罗
fú duì hú qiáo shuǐ qū duì shān yū cān hè jià shì luán
浮对壶峤㉔，水曲对山纡。骖鹤驾㉕，侍鸾
yú jié nì duì cháng jǔ bó hǔ biàn zhuāng zǐ dǎng
舆㉖。桀溺对长沮㉗。搏虎卞庄子㉘，当
xióng féng jié yú nán yáng gāo shì yín liáng fǔ xī shǔ cái
熊冯婕妤㉙。南阳高士吟梁父㉚，西蜀才
rén fù zǐ xū sān jìng fēng guāng bái shí huáng huā gòng zhàng
人赋子虚㉛。三径风光，白石黄花供杖
lǚ wǔ hú yān jǐng qīng shān lǜ shuǐ zài qiáo yú
履㉜；五湖烟景，青山绿水在樵渔㉝。

注解

㉓ **囊橐** 盛物的袋子。大者称囊，小者称橐。《诗经・大雅・公刘》云：“乃裹糇粮，于橐于囊。” **苞苴** 包装馈赠礼物的蒲包。《庄子・列御寇》云：“小夫（世俗之人）之知（智），不离苞苴竿牍（书信）。”

㉔ **罗浮壶峤** 四座仙山名。罗浮：为广东二名山，山上有洞，道教列为第七洞天。传说晋代葛洪于此得仙术。壶峤：为海上二仙山名。［唐］徐坚《初学记》云：“罗浮二山随风雨而合离，壶峤二山逐波涛而上下。”

㉕ **骖鹤驾** 陪侍太子车驾出行。传说骑鹤升天的王子乔，乃是周灵王太子晋，好吹笙，作凤凰鸣，游于伊洛之间。后遇道士浮丘公，接他上嵩高山，留三十余年。一天，太子晋在山上见到桓良，对良说：“告诉我家，七月七日候我于缑氏山。”届时，果见太子乘白鹤，停于山头，举手谢时人，数日而去。（见《列仙传》）后因称太子所乘之车为“鹤驾”。

㉖ **侍鸾舆** 陪侍天子车驾出行。鸾舆：亦作“銮舆”、“銮驾”。天子之车驾，代指皇帝。［唐］杜甫《得家书》诗云：“二毛（发鬓斑白的老人）趋帐殿，一命（最低微的小官）侍鸾舆。”［清］纳兰性德《拟冬日景忠山应制》诗云：“岧峣铁凤锁琳宫，亲侍銮舆度碧空。”

㉗ **桀溺长沮** 两位春秋时期的农耕隐士。《论语·微子》云：“长沮桀溺耦而耕。孔子过之，使子路问津焉。”

㉘ **搏虎卞庄子** 春秋时，鲁国卞邑大夫卞庄子，以勇力驰名。《史记·张仪列传》载，卞庄子坐观两虎因争食而相斗，大者伤，小者死，卞庄子尾随伤虎而刺之，于是一举而得双虎。

㉙ **当熊冯婕妤** 汉元帝游虎圈斗兽，有熊出圈，攀槛欲登殿，众皆惊走，独冯婕妤直前当（同“挡”）熊而立。左右杀熊。帝问婕妤：“人皆惊惧，你何故向前挡熊？”冯婕妤说：“妾恐熊至御座，故以身挡之。”（见《汉书·外戚传》）

㉚ **南阳高士吟梁父** 梁父是泰山下的一座小山名。《梁父吟》：亦作《梁甫吟》，乃乐府曲名。《梁父吟》言人死后葬于梁父山，故又称其为葬歌。今所传《梁父吟》古辞，是写齐相晏婴以二桃杀三士的故事，传说是诸葛亮隐居南阳隆中时所作。《三

婕妤挡熊图（金廷标）

国志·诸葛亮传》云:“玄卒，亮躬耕陇亩，好为梁父吟。”

㉛ **西蜀才人赋子虚** 西汉文学家司马相如(字长卿)，蜀郡成都人，他假借子虚、乌有、亡是公三个人的相互问答，作《子虚赋》一篇，讽刺帝王的骄奢。蜀人杨得意把《子虚赋》送呈汉武帝，帝读而善之，叹曰:“朕独不得与此人同时哉!”遂召问相如。相如说:“子虚，虚言也;乌有，没有此事也;亡是公，无是人也。”(见《汉书·司马相如传》)

㉜ **三径风光，白石黄花供杖履** 避世老人在有白石菊花的庭院扶杖漫游。这是陶渊明辞官回乡后写自己的隐居生活。三径:泛指隐士幽居的田园。黄花:秋菊。陶渊明在《归去来兮辞》中写道:“三径就荒，松菊犹存……策扶老(拄着手杖)以流憩(流连休息)，时矫首而遐观(抬头远望)。”

㉝ **五湖烟景，青山绿水在樵渔** 樵夫渔翁在有青山绿水的山野过着清闲隐居生活。五湖:五湖四海，泛指各地。唐代诗人崔涂，字礼山，今浙江建德人，是唐僖宗光启四年(888)进士。他长年漂泊在外，足迹遍及巴、蜀、湘、鄂、秦、陇、豫等地。他思乡又不愿回乡，自称是“孤独异乡人”。他的羁旅离怨诗作，词情凄苦，佳句颇多。他的《春夕旅怀》诗作反映了他一生的羁旅生活:“故园书动经年绝，华发春唯满镜生。自是不归归便得，五湖烟景有谁争?”

七虞

hóng duì bái yǒu duì wú bù gǔ duì tí hú máo
红对白，有对无。布谷对提壶①。毛
zhuī duì yǔ shàn tiān què duì huáng dū xiè hú dié zhèng
锥对羽扇②，天阙对皇都③。谢蝴蝶④，郑
zhè gū dǎo hǎi duì guī hú huā féi chūn yǔ rùn zhú
鹧鸪⑤。蹈海对归湖⑥。花肥春雨润⑦，竹
shòu wǎn fēng shū mài fàn dòu mí zhōng chuàng hàn chún
瘦晚风疏⑧。麦饭豆糜终创汉⑨，莼
gēng lú kuài jìng guī wú qín diào qīng tán yáng liǔ yuè zhōng
羹鲈脍竟归吴⑩。琴调轻弹，杨柳月中
qián qù tīng jiǔ qí xié guà xìng huā cūn lǐ gòng lái gū
潜去听⑪；酒旗斜挂，杏花村里共来沽⑫。

注解

①**布谷** 鸟名。鸣叫时正值播种时节，故称其为劝耕之鸟。[唐]杜甫《洗兵马》诗云："田家望望惜雨干，布谷处处催春种。" **提壶** 鸟名，即"鹈鹕"。[唐]刘禹锡《和苏郎中寻丰安里旧居寄主客张郎中》诗云："池看科斗（即'蝌蚪'，我国古代字体之一。以其笔画头圆大尾细长，状似蝌蚪而得名）成文字，鸟听提壶忆献酬。"

②**毛锥** 毛笔，以束毛为笔，形状如锥，故称。[宋]杨万里《跋徐恭仲省干近诗》诗云："仰枕槽丘俯墨池，左提大剑右毛锥。" **羽扇** 用羽毛制的扇子。三国蜀诸葛亮、晋朝顾荣皆有持白羽扇指挥众军之事。[南

北朝］庾信《咏羽扇诗》诗云：“摇风碎朝翮，拂汗落毛衣。定似回溪路，将军垂翅归。”

③**天阙** 古代王宫门外两边高台上有楼观，称“双阙”，故称帝王所在为“天阙”，也指朝廷。［宋］岳飞《满江红》词云：“待从头收拾旧山河，朝天阙（朝拜朝廷）。” **皇都** 京城。［唐］韩愈《早春》诗云：“天街（京城长安街道）小雨润如酥，草色遥看近却无。最是一年春好处，绝胜烟柳满皇都。”

④**谢蝴蝶** 宋代诗人谢逸，字无逸，号溪堂。他幼年丧父，家境贫寒，操履峻洁，不附权贵。多次参加进士考试不第。后绝意仕进，终身隐居，便以作诗文自娱。作有蝴蝶诗三百首，人称“谢蝴蝶”。

⑤**郑鹧鸪** 唐代进士、诗人郑谷，字守愚，袁州人。官至都官郎中。少年即有名气，“当为一代风骚主”。其作《鹧鸪》诗闻名当时，人称“郑鹧鸪”。（见［元］辛文房《唐才子传·郑谷》）

⑥**蹈海** 投海自杀。战国时期，秦将白起率师围困赵都邯郸，魏王派客将军新垣衍去劝说赵王，要赵王尊秦昭王为帝，换取秦国罢兵。正游邯郸的齐国高士鲁仲连闻知，当面痛斥新垣衍说：“彼秦者，弃礼义而上首功之国也，权使其士，虏使其民。即肆然而为帝，过而为政于天下，则连（仲连）有蹈东海而死耳，吾不忍为之民也。”（见《史记·鲁仲连邹阳列传》） **归湖** 归隐五湖。春秋越国大夫范蠡，字少伯，楚国宛（今河南南阳）人。越国败于吴国后，蠡寻得美女西施献给吴王夫差求和。随后，蠡辅佐越王勾践卧薪尝胆，刻苦图强，终灭吴国，西施归范蠡。蠡知“勾践为人可与同患难，不能共安乐”，遂携西施隐姓埋名，云游五湖（各地）。入齐，更名“鸱夷子皮”；入陶，改名“陶朱公”，经商致富。（见《史记·货殖列传》）

⑦**花肥春雨润** 春雨滋润肥花。润：润泽。这是诗圣杜甫《春夜喜雨》中“随风潜入夜，润物细无声……晓看红湿处，花重（鲜花肥重沉甸甸）锦官城（指成都）”诗意的化用。

⑧**竹瘦晚风疏** 晚风缓吹瘦竹。晚风：夜晚凉风。疏：梳理。这是明朝洪自诚《菜根谭》中“风来疏竹，风过而竹不留声”句意的化用。[元]周衡之《次韵午溪竹》诗云：“瘦乃竹之形，苍乃竹之色……风来起清籁（清脆的响声），在我本恬寂（淡漠）。”

⑨**麦饭豆糜终创汉** 更始帝刘玄派刘秀赴河北整治乱局，吃了败仗，被困于饶阳，军饷匮乏，将士生活十分艰苦。《后汉书·冯异传》载：“汉光武兵败，冯异于滹沱河进麦饭（带麦皮煮的饭），芜蒌亭进豆粥。”刘秀因此渡过难关，战势出现转机，终于创建了东汉王朝。

⑩**莼羹鲈脍竟归吴** 晋朝吴郡吴人张翰，字季鹰。齐王司马冏召张翰为大司马东曹掾后，时政混乱，翰预感冏将败，借口“因秋风起，思吴中菰菜、莼羹、鲈鱼脍，欲归吴。”且说：“人生贵得适志（随己愿），何能羁宦数千里以要名爵乎？”遂命驾归里。后人便以“莼羹鲈脍”为辞官归乡的典故。（见《晋书·张翰传》）

⑪**琴调轻弹，杨柳月中潜去听** 在月光笼罩的杨柳树间偷听弹琴。潜听：偷听。这是《后汉书·蔡邕传》中“客有弹琴于屏，邕至门试潜听之”句意的化用。

⑫**酒旗斜挂，杏花村里共来沽** 结伴到酒旗高挂的杏花村买酒。酒旗：亦作“酒帘”、“望子”，用以招引顾客。这是宋朝诗人刘过《村店》中“一坞闹红春欲动，酒帘正在杏花西”和唐代诗人杜牧《清明》中“借问酒家何处有？牧童遥指杏花村”诗句的化用。

luó duì qǐ míng duì shū bǎi xiù duì sōng kū zhōng
罗对绮[13]，茗对蔬。柏秀对松枯。中

yuán duì shàng sì fǎn bì duì huán zhū yún mèng zé
元对上巳[14]，返璧对还珠[15]。云梦泽[16]，

dòng tíng hú yù zhú duì bīng hú cāng tóu xī jiǎo dài
洞庭湖[17]。玉烛对冰壶[18]。苍头犀角带[19]，

lǜ bìn xiàng yá shū sōng yīn bái hè shēng xiāng yìng jìng lǐ
绿鬓象牙梳[20]。松阴白鹤声相应[21]，镜里

qīng luán yǐng bù gū zhú hù bàn kāi duì yǒu bù zhī rén zài
青鸾影不孤[22]。竹户半开，对牖不知人在

fǒu chái mén shēn bì tíng chē huán yǒu kè lái wú
否[23]？柴门深闭，停车还有客来无[24]。

注解

⑬ **罗绮** 两种华丽的丝织品。多借指丝绸衣裳。[汉]张衡《西京赋》："始徐进而赢形，似不任乎罗绮。"[宋]周密《武林旧事·观潮》云："江干上下十余里间，珠翠罗绮溢目，车马塞途。"

⑭ **中元** 道家以农历七月十五日为中元节。中元节是中国的鬼节，祭祖日。这一天，道观作斋醮（祭祀），僧寺作盂兰盆斋。[唐]李商隐《中元节》诗云："绛节飘飘宫国来，中元朝拜上清回。" **上巳** 古时节日名。汉以前以农历三月上旬巳日为上巳，魏晋以后定为三月初三日，但不定为巳日。节日这天，官民聚集水滨饮宴，以祛除不祥。在水上放置酒杯，杯流行，停在谁前，当即取饮，称为"流觞曲水"。[晋]王羲之《兰亭序》云："此地有崇山峻岭，茂林修竹，又有清流激湍，映带左右，引以为流觞曲水。"

⑮ **返璧还珠** 返璧：指战国时，赵国蔺相如"完璧归赵"的故事。还珠：

指东汉时，合浦太守孟尝“合浦珠还”的故事。《幼学琼林·珍宝》云：“孟尝廉洁，克俾（能使）合浦还珠；相如勇忠，能使秦廷归璧。”

⑯ **云梦泽** 古说云梦为二泽，云在江北，梦在江南。秦汉所称云梦泽，大致包括湖南益阳湘阴两县以北、湖北江陵安陆两县以南、武汉市以西地区。（见《清朝通志·地理略》）

⑰ **洞庭湖** 位于湖南省北部，长江南岸，湘、资、沅、澧四水均汇流其中。湖水在岳阳城陵矶注入长江。湖中小山甚多，是游览胜地。［宋］范仲淹《岳阳楼记》云：“予观夫巴陵胜状，在洞庭一湖。衔远山，吞长江，浩浩荡荡，横无际涯。”

⑱ **玉烛** 四季气候调和，比喻人君德美如玉。形容太平盛世。《尔雅·释天》云：“四时和谓之玉烛。”［三国魏］何晏《瑞颂》云：“通政辰修，玉烛告祥，和风播烈，景星扬光。” **冰壶** 盛冰的玉壶，比喻人品清白高洁。［南朝宋］鲍照《代白头吟》诗云：“直如朱丝绳，清如玉壶冰。”［唐］王昌龄《芙蓉楼送辛渐》诗云：“洛阳亲友如相问，一片冰心在玉壶。”

⑲ **苍头犀角带** 苍头：白发老人。犀角带：古代朝廷高官官服上饰有犀牛角的腰带。［明］兰陵笑笑生《金瓶梅词话》云：“别的倒也罢了，自这条犀角带并鹤顶红，就是满京城拿着银子，也寻不出来。”［明］汤舜民《新小令·春日闺思》散曲云：“犀角带虎头牌，受用你翡翠衾象牙床凤毛毯。”

⑳ **绿鬓象牙梳** 绿鬓：乌黑的鬓发。象牙梳：用象牙制作的梳子。［唐］崔徽《嘲妓李端端》云：“爱把象牙梳掠鬓，昆仑顶上月初生。”

㉑ **松阴白鹤声相应** 白鹤在松阴下鸣叫，它的同类声声应和。这是《周易·中孚卦》中“九二，鸣鹤在阴，其子和之”语句的化用。

㉒ **镜里青鸾影不孤** 寓言故事。从前，罽宾（汉代西域国名）王在峻卯山捕获一只鸾鸟，王甚爱之，乃饰以金樊，飨以珍羞。但鸾三年不鸣。其夫人说：“尝闻鸟见其类而后鸣，何不悬镜以映之！”王从其言。鸾鸟睹其影，果奋鸣，哀响冲霄，一奋而绝（绝命）。（见［南朝宋］范泰《鸾鸟诗序》）

后以“镜鸾”比喻失偶。

㉓ **竹户半开，对牖不知人在否**　东晋张廌家有苦竹数十顷，在竹林中为屋，常居其中。大书法家王羲之闻而往访，张廌逃避竹林中，不与相见。郡人称张廌为“竹中高士”（多指超脱世俗的隐士）。（见《浙江通志·隐逸》）

㉔ **柴门深闭，停车还有客来无**　东汉弘农华阴（今陕西）人杨震，字伯起。少好学，博览群经，时称“关西孔子杨伯起”，历任荆州刺史、涿郡太守、司徒、太尉等职。汉安帝乳母王圣及中常侍樊丰等贪侈骄横，他多次上疏切谏，被樊丰、周广诬陷，“夜遣使者策收震太尉印绶，于是柴门绝宾客（不与人往来）”。杨震被遣归原郡途中饮鸩自杀。临没前他谓诸子，以牛车薄篑（竹席）载柩归里。（见《后汉书·杨震传》）

松鹤图（徐悲鸿）

bīn duì zhǔ bì duì nú bǎo yā duì jīn fú shēng
宾对主，婢对奴。宝鸭对金凫㉕。升
táng duì rù shì gǔ sè duì tóu hú chān hé bì sòng lián
堂对入室㉖，鼓瑟对投壶㉗。觇合璧，颂联
zhū tí wèng duì dāng lú yǎng gāo hóng rì jìn wàng
珠㉘。提瓮对当垆㉙。仰高红日近㉚，望
yuǎn bái yún gū xīn xiàng mì shū kuī èr yǒu jī yún fāng
远白云孤㉛。歆向秘书窥二酉㉜，机云芳
yù dòng sān wú zǔ jiàn sān bēi lǎo qù cháng zhēn huā xià
誉动三吴㉝。祖饯三杯，老去常斟花下
jiǔ huāng tián wǔ mǔ guī lái dú hè yuè zhōng chú
酒㉞；荒田五亩，归来独荷月中锄㉟。

注解

㉕ **宝鸭** 鸭形香炉名。［唐］孙魴《夜坐》云："划多灰杂苍虬（虬龙）迹，坐久烟消宝鸭香。" **金凫** 凫形香炉名。［唐］韦检《梦后自题》："始皇陵上千年树，银鸭金凫也变灰。"

㉖ **升堂入室** 古代宫殿，前面称堂，后面称室，要入室，必由堂进，入室才能达到见闻的最高境界。孔子说："由（仲由，即子路）也，升堂（已有所成就）矣，未入于室（造诣还不深）也。"（见《论语·先进》）

㉗ **鼓瑟** 传说舜帝死后葬在苍梧山，其妃子娥皇、女英因哀伤而投湘水自尽，变成了湘水女神；她们常常在江边鼓瑟，用瑟音表达自己的哀思。［唐］钱起《省试湘灵鼓瑟》诗云："善鼓云和瑟，常闻帝子灵。"《楚辞·远游》云："使湘灵（舜帝二妃化为湘水之神）鼓瑟兮，令海若（海神）舞冯夷（黄河之神）。" **投壶** 旧时宴饮时的娱乐游戏。设特制之壶，宾主依次投矢

（箭）其中，中多者为胜，负者饮酒。（见《礼记·投壶》）

㉘ **觇合璧，颂联珠**　合璧联珠：璧玉珍珠会聚。原指日月星辰的合聚。《汉书·律历志上》云："日月如合璧，五星（水星、金星、火星、木星与土星）如连珠。"［唐］颜师古注引孟康语："太初上元甲子夜半朔旦冬至时，七曜皆会聚斗、牵牛分度，夜尽如合璧连珠也。"后比喻人才或美好事物聚集在一起。［北周］庾信《周兖州刺史广饶公宇文公神道碑》云："发源纂胄，叶派枝分；开国承家，珠联璧合。"

㉙ **提瓮**　提着瓦罐出外汲水。《后汉书·列女传·鲍宣妻》载：西汉谏议大夫鲍宣，生活一向清苦。见其妻桓少君穿羽美服饰，鲍宣不悦。桓少君于是脱掉羽服，改穿布衣，"与宣共挽鹿车归乡里。拜姑（婆母）礼毕，提瓮出汲（打水），修行妇道，乡邦称之"。［明］谢铎《汤婆次韵》诗云："提瓮未能忘出汲，抱衾空自热中肠。"　**当垆**　亦作"当卢"，卖酒。卢：放酒坛的土台。《汉书·司马相如传》云："尽卖车骑，买酒舍，乃令文君当垆。"

㉚ **仰高红日近**　《晋书·明帝本纪》载：东晋元帝太子司马绍（明帝）幼时，元帝抱绍临朝。恰有长安（今西安）使者至（来到东晋京城今南京），元帝问绍："日与长安孰远近？"绍答："长安近。不闻'人从日边（遥远的太阳旁边）来？'"明日，帝宴群臣，大夸绍聪慧于众，而明帝又以为日近。元帝问其故，绍对曰："举头见日，不见长安。"众大奇之。唐代诗人元稹在《江陵三梦》中说："长安远于日，山川云间之。"但他在《酬李浙西先因从事见寄之作》的诗中又说："浙郡悬旌远，长安谕日遥。"

㉛ **望远白云孤**　唐朝宰相狄仁杰，字怀英，功勋卓著，且孝友绝人。起初，工部尚书阎立本举荐仁杰为并州法曹参军，其父母亲居河阳，仁杰赴并州登太行山，南望白云孤飞，对左右说："吾亲所居，在此云下。"瞻望良久，云移乃去。（见《唐书·狄仁杰传》）

㉜ **歆向秘书窥二酉**　二酉：湖南沅陵县有大酉小酉二山，秦时人于此石穴中藏书千卷，后称藏书多处为"二酉"。窥二酉：即研读藏书。汉代学

者刘向、刘歆父子二人是著名的经学家、目录学家和文学家。刘向在成帝时任光禄大夫，校阅经传诸子诗赋等书籍，写成《别录》一书，为我国最早的分类目录。向子刘歆与父总校群书，向死后，歆继父业，整理六艺群书，编成《七略》。（见《汉书·刘向刘歆传》）

㉝ **机云芳誉动三吴** 三吴：泛指三国时吴地。西晋文学家陆机陆云兄弟，吴郡华亭（今上海松江）人，祖陆逊、父陆抗，均为三国吴之名将。机云兄弟二人少时即文才出众，泰康末年，二人同至洛阳，文才倾动，声誉大震，时称“二陆”。（见《晋书·陆机陆云传》）

㉞ **祖饯三杯，老去常斟花下酒** 祖饯，也作“祖筵”，送别之宴。［宋］尹洙《郢州送路纶寺丞》云：“今日江头送归客，苇花深处祖筵开。”［唐］赵嘏《汾上宴别》云：“一尊（樽）花下酒，残日水西树。不待管弦终，摇鞭背花去。”也有“祖奠”之意，出殡前夕设奠以告亡灵。

㉟ **荒田五亩，归来独荷月中锄** 东晋诗人陶潜（渊明）辞去彭泽县令后，隐姓埋名，归故里种菊农耕，过隐居生活。在其《归园田居》诗作中写道：“晨兴理荒秽，戴月荷锄归。”

jūn duì fù wèi duì wú běi yuè duì xī hú cài
君对父，魏对吴[36]。北岳对西湖[37]。菜

shū duì chá chuǎn jù shèng duì chāng pú méi huā shù
蔬对茶荈[38]，苣藤对菖蒲[39]。梅花数[40]，

zhú yè fú tíng yì duì shān hū liǎng dū bān gù fù
竹叶符[41]。廷议对山呼[42]。两都班固赋[43]，

bā zhèn kǒng míng tú tián qìng zǐ jīng táng xià mào wáng
八阵孔明图[44]。田庆紫荆堂下茂[45]，王

póu qīng bǎi mù qián kū chū sài zhōng láng dī yǒu rǔ shí guī
裒青柏墓前枯[46]。出塞中郎，羝有乳时归

hàn shì zhì qín tài zǐ mǎ shēng jiǎo rì fǎn yān dū
汉室[47]；质秦太子，马生角日返燕都[48]。

注解

㊱ **魏吴** 指三国时期的曹魏和东吴。

㊲ **北岳西湖** 指北岳恒山和杭州西湖。

㊳ **茶荈** 泛称茶。荈：茶的老叶。《三国志·吴志·韦曜传》云："或密赐茶荈以当酒。"

㊴ **苣藤** 胡麻的别名。［唐］曹唐《游仙诗》云："吃尽溪头苣藤花。"亦作"巨胜"，食之可以延年。（见《政和证类本草·胡麻》） **菖蒲** 水边草，有香气，根入药。端午节人们取菖蒲叶插在门旁，还喝菖蒲酒，以驱邪避害。［宋］朱翌《重午菊有花遂与菖蒲同采》诗云："菖蒲秀端午，黄花作重阳。万物各归行，半岁遥相望。"

㊵ **梅花数** 即《梅花易数》，传说是宋代邵雍所作，是古时一种占卜法。占法是：任取一字的画数，减去八，余数得卦；再取一字的画数，减去

六，余数得爻。然后依《易》理，附会人事，以断吉凶。

㊶ **竹叶符** 亦作“竹使符”，汉代分与郡国守相的信符，右留京师，左留郡国。以竹箭五枚刻字制成。《汉书·文帝纪》云：“初与郡国守相为铜虎符、竹叶符。”

㊷ **廷议** 在朝廷上商议大事或发表议论。《后汉书·方术传上·郭宪》云：“时匈奴数犯塞，帝患之，乃召百僚廷议。”［唐］韩愈《送水陆运使韩侍御归所治序》云：“公卿廷议以转运使不得其人，宜选才干之士往换之。” **山呼** 旧时臣民对皇帝举行颂祝仪式，叩头高呼三声万岁，谓之“山呼”。［唐］张说《大唐祀封禅颂》云：“五色云起，拂马以随人。万岁山呼，从天而至地。”

㊸ **两都班固赋** 东汉建都洛阳后，“西土耆老”希望仍以长安为首都，班固遂作赋驳之。他写《西都赋》，以假想人物西都宾叙述长安形势险要、物产富庶、宫廷华丽等情况，暗示建都长安的优越性。他写《东都赋》则以另一假想人物东都主人对东汉建都洛阳后的各种政治措施进行美化和歌颂，意谓洛阳的盛况已远远超过长安。

㊹ **八阵孔明图** 古代一种战斗队形及兵力部署。战国齐威王的军师孙膑所作《孙膑兵法》即有“八阵篇”，但阵图失传。三国蜀诸葛亮曾在四川的奉节（一说在陕西的沔县，一说在四川的繁县）演兵，聚石布成天、地、风、云、龙、虎、鸟、蛇八种阵势的军事操练和作战的“八阵图”。《三国志·蜀志·诸葛亮传》云：“推演兵法，作八阵图。”

㊺ **田庆紫荆堂下茂** 汉代京兆田真、田庆、田广三兄弟欲分家，堂下有紫荆树一株，商定只好将树劈为三片。紫荆树闻听，突然枯萎。田庆哭着说：“树知即将分身，感伤而枯萎，我们人还不如树有感情。”真、广亦被感动，决定不分家。堂下紫荆树也立即枝挺叶茂。（见《汉书·田庆传》）

㊻ **王裒青柏墓前枯** 西晋城阳营陵人王裒，字伟元，博学多能，痛父王仪被司马昭杀害，在父墓前抱柏树痛哭，柏树突然枯萎。他隐居教书、躬耕，发誓不做官侍晋。及石勒攻陷洛阳，他守祖墓不去，被害。（见《晋

书·王裒传》)

㊼ **出塞中郎，羝有乳时归汉室** 汉武帝时，中郎将苏武奉节出使匈奴，匈奴逼降，苏武不屈，匈奴单于将武幽囚于大窖中，绝其饮食。天下雨雪，苏武便饮雨雪、嚼节毛强生，数日不死。匈奴以为神，又徙苏武到北海（今俄罗斯贝尔加湖）无人处牧羝（公羊），并说："到羝羊产奶了，你就可以回汉朝。"（见《汉书·苏武传》）

㊽ **质秦太子，马生角日返燕都** 战国末年，燕王喜的太子丹，作人质困于秦，不得归燕。丹求归，秦王说："如果午后太阳能再回正南，天上能下谷物，乌鸦头能变白，马头能长出角，厨房门枢能变成生肉一样的脚，就放你回燕国。"（见《史记·刺客列传》《风俗通义》）

苏武牧羊（王震）

八齐

luán duì fèng quǎn duì jī sài běi duì guān xī
鸾对凤①，犬对鸡②。塞北对关西③。

cháng shēng duì yì zhì lǎo yòu duì máo ní bān zhú cè
长生对益智④，老幼对旄倪⑤。颁竹策⑥，

jiǎn tóng guī pū zǎo duì zhēng lí mián yāo rú ruò liǔ
剪桐圭⑦。剥枣对蒸藜⑧。绵腰如弱柳⑨，

nèn shǒu sì róu tí jiǎo tù néng chuān sān xué yǐn jiāo liáo
嫩手似柔荑⑩。狡兔能穿三穴隐⑪，鹪鹩

quán jiè yì zhī qī lù lǐ xiān shēng cè zhàng chuí shēn fú
权借一枝栖⑫。甪里先生，策杖垂绅扶

shào zhǔ wū líng zhòng zǐ pì lú zhī lǚ lài xián qī
少主⑬；於陵仲子，辟纑织履赖贤妻⑭。

注解

①**鸾凤** 鸾鸟与凤凰。古人常以鸾凤比喻美善贤俊。［汉］贾谊《吊屈原赋》云：“鸾凤伏窜兮，鸱枭（鸱是猛禽，枭食母，比喻皆为奸邪恶人）翱翔。”比喻贤俊之士屈原受排挤。［唐］卢储《催妆》诗云：“今日幸为秦晋会，早教鸾凤下妆楼。”此喻美人。

②**犬鸡** 犬鸡是家畜家禽。俗语说“一人得道，鸡犬升天”，比喻一人当官，亲友也随之得势。［汉］王充《论衡·道虚》：“淮南王（刘安）学道招会天下有道之人……并会淮南，奇方异术莫不争出。王遂得道，举家升天，畜产皆仙，犬吠于天上，鸡鸣于云中。”

③**塞北** 泛指我国北方地区，诗文里常与“江南”对称。［宋］辛弃疾《独宿博山王氏庵》云：“平生塞北江南，归来华发苍头。” **关西** 泛指河南函谷关以西之地。古有“关西出将，关东出相”之说。秦郿白起，频阳王翦；汉义渠公孙贺、傅介子，成纪李广、李蔡，上邽赵充国，狄道辛武贤，称名将，皆关西人。汉丞相萧何、曹参、魏相、丙吉、韦贤、平当、孔光、翟方进，皆起关东。（见《后汉书·虞诩传》）

④**长生益智** 长生不老；增益智慧。《老子》云：“天地所以能长且久者，以其不自生，故能长生。”［宋］叶适《送赵几道邵武司户》云：“书多前益智，文古后垂名。”

长生益智，又指“续命（长生）汤”和“益智粽”。“续命汤”是指能延年益寿的汤药。“益智粽”是药用植物益智拌米做成的粽子。东晋安帝义熙元年（405），起兵反晋的广州刺史卢循，送给足智多谋的建武将军刘裕一包“益智粽”，以此讥讽刘裕已经智穷谋寡；刘裕则回赠卢循一袋“续命汤”，以此讥讽卢循已将命绝寿终。（见《艺文类聚》卷八七引《三十六国春秋》）

⑤**旄倪** 老幼的合称。旄：通“耄”，老人。倪：小儿。《孟子·梁惠王下》云：“王速出令，反其旄倪，止其重器，谋于燕众，置君而后去之。”

⑥**颁竹策** 颁：赏赐；颁发。竹策：竹杖。《北史·杨素传》云：“及平齐之役，素请率麾下先驱。帝从之，赐以竹策。”［唐］马戴《山中作》诗云：“屐齿无泥竹策轻，莓苔梯滑夜难行。”

竹策，或作“简策”，指古代用竹片书写帝王任免官员等命令的简策。《三国志·蜀志·诸葛亮传》云：“［先主刘备］策亮为丞相。”

⑦**剪桐圭** 年幼的周成王与其弟叔虞游戏，剪桐叶为圭（古时作瑞信的玉，也作“珪”）赠与叔虞，说：“余以此封若（你）！”史官请择吉日封虞时，成王说，那是游戏时的玩笑话。史官说：“君子无戏言。”于是封叔虞为唐王。（见《史记·晋世家》）

⑧**剥枣** 打枣。剥：是“扑”的古字，读 pū，打；击。《诗经·豳风·七月》云：“八月剥枣，十月获稻。”［唐］杜甫《又呈吴郎》诗云：“堂前扑枣

任西邻，无食无儿一妇人。”　**蒸藜**　原文为“蒸梨”，煮野菜。采藜的嫩叶蒸熟食用。后人多把“藜”误为果实之“梨”（见《辞源》）。传说孔子弟子曾参之母早亡，后母对他不好，而曾参依然孝顺后母。曾参之妻蒸藜不熟给后母吃，曾参便把妻子休了，终身不娶。（见《孔子家语·七十二弟子》）［唐］王维《积雨辋川庄作》诗云：“积雨空林烟火迟，蒸藜炊黍饷东菑（村东田头）。”

⑨**绵腰如弱柳**　形容美女腰肢细柔如柳。这是诗仙李白《劝酒》中“昨与美人对尊酒，朱颜如花腰似柳”诗句的化用。唐代诗人白居易曾写诗夸他的善歌的樊素和善舞的小蛮两个女伎：“樱桃樊素口，杨柳小蛮腰。”意思是：美姬樊素的嘴小巧鲜艳，如同樱桃；小蛮的腰柔弱纤细，如同杨柳。（见［唐］孟棨《本事诗·事感》）

⑩**嫩手似柔荑**　形容女子的白手如纤细的软草。柔荑：柔软而白的茅草嫩芽。这是《诗经·卫风·硕人》中“手如柔荑，肤如凝脂”诗句的化用。

⑪**狡兔能穿三穴隐**　孟尝君被齐王罢相驱回老家薛地，薛地人民夹道热烈欢迎。孟尝君激动地对冯谖说：“感谢你为我‘市义’（焚债证换好名）！”冯谖说：“狡兔有三窟，仅得免其死耳。君今有一窟，未得高枕而卧也，请为君复凿二窟。”于是，冯谖又游说于梁，使梁重金礼聘孟尝君；游说于齐，使齐复相孟尝君。孟尝君反复其间，身无祸患。（见《战国策·齐策四》）

⑫**鹪鹩权借一枝栖**　鹪鹩，原文为“鹪鹊”。鹪鹩善取茅苇麻发，就树之一枝构筑窝巢，大如鸡卵，十分精巧，故又称鹪鹩为“巧妇”。《庄子·逍遥游》云：“鹪鹩巢于深林，不过一枝；偃鼠（鼹鼠）饮河，不过满腹。”

⑬**甪里先生，策杖垂绅扶少主**　汉初，商山有四位隐士，名曰东园公、绮里季、夏黄公、甪里先生。四人须眉皆白，故称“四皓”。高祖刘邦慕四皓名，欲召为汉臣，不应。高祖欲废太子刘盈而立赵王如意，大臣谏争无用。张良应吕后请，出谋邀四皓辅太子读书。一天，四皓侍太子见高祖，高祖询明其名，大惊。高祖问自己屡诏不应，为何从太子，四皓说：“太子仁孝，恭敬爱士，天下莫不延颈欲为太子死者。”高祖说：“［太子］羽翼成

矣！”遂辍废太子之议。（见《汉书·张良传》）

⑭ **於陵仲子，辟纩织履赖贤妻** 战国齐国人陈仲子之兄陈戴，为该地吃万石俸禄的官。仲子以兄之禄为不义之禄、室为不义之室，不食不居，携妻住到於陵，以己织履（编草鞋）、妻辟纩（纺麻线）换粮度日。（见《孟子·滕文公下》）

溪山萧寺图（吴观岱）

míng duì fèi　fàn duì qī　yàn yǔ duì yīng tí
鸣对吠⑮，泛对栖⑯。燕语对莺啼⑰。
shān hú duì mǎ nǎo　hǔ pò duì bō lí　jiàng xiàn lǎo　bó zhōu
珊瑚对玛瑙，琥珀对玻璃。绛县老⑱，伯州
lí　cè lǐ duì rán xī　yú huái kān zuò yīn　táo lǐ zì
犁⑲。测蠡对燃犀⑳。榆槐堪作荫㉑，桃李自
chéng xī　tóu wū jiù nǚ xī mén bào　lìn huàn féng qī bǎi
成蹊㉒。投巫救女西门豹㉓，赁浣逢妻百
lǐ xī　què lǐ mén qiáng　lòu xiàng guī mó yuán bú lòu　suí
里奚㉔。阙里门墙，陋巷规模原不陋㉕；隋
dī jī zhǐ　mí lóu zōng jì yǐ quán mí
堤基址，迷楼踪迹已全迷㉖。

注解

⑮ **鸣吠**　鸡鸣狗叫。春秋战国时期，齐国孟尝君出使秦国，被秦昭王扣留，孟尝君一食客装狗叫钻入秦营偷出狐白裘，献给昭王之妾，以说情放孟尝君。孟尝君逃至函谷关时昭王反悔，又令追捕孟尝君。另一食客装鸡叫引众鸡齐鸣，骗开城门，孟尝君得以逃回齐国。(《史记·孟尝君列传》)

⑯ **泛**　浮行。《诗经·墉风·柏舟》云：“泛彼柏舟，在彼中河(河中)。”　**栖**　停留。《史记·伍子胥列传》云：“越王勾践乃以余兵五千人栖于会稽(山名)之上。”

⑰ **燕语莺啼**　亦作“莺啼燕语”。[唐]孟郊《伤春》诗云：“千里无人旋风起，莺啼燕语荒城里。”[唐]皇甫冉《春思》：“莺啼燕语报新年，马邑龙堆路几千。”

⑱ **绛县老**　春秋时期，晋悼公夫人慰劳杞国造车人时，绛县一位无子

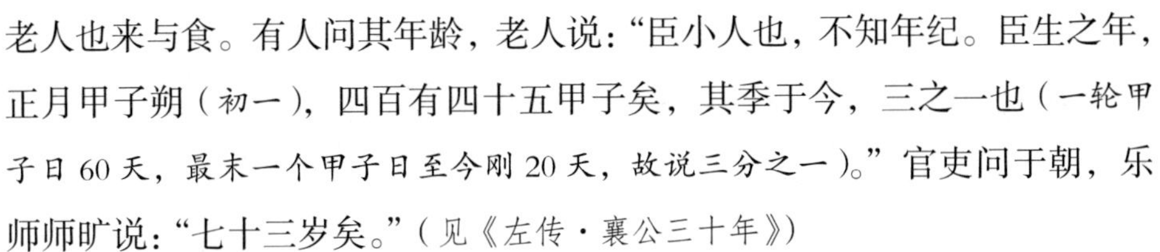

老人也来与食。有人问其年龄，老人说："臣小人也，不知年纪。臣生之年，正月甲子朔（初一），四百有四十五甲子矣，其季于今，三之一也（一轮甲子日60天，最末一个甲子日至今刚20天，故说三分之一）。"官吏问于朝，乐师师旷说："七十三岁矣。"（见《左传·襄公三十年》）

⑲ **伯州犁** 春秋时晋国贤大夫伯宗之子，吴国太宰伯嚭之祖父。伯宗受晋卿大夫却锜、却至、却犨诬陷，被晋君杀害，伯州犁逃往楚国，后任楚国太宰。伯州犁是审案作弊"暗示法（诱供）"的发明人。（见《春秋左传·襄公二十六年》）

⑳ **测蠡** 用瓠瓢测量海水。比喻不知高深的浅见。[汉]东方朔《答客难》云："语曰：以管窥天，以蠡（葫芦瓢）测海，以筳（竹制的垫席）撞钟，岂能通其条贯，考其文理，发其音声哉？" **燃犀** 传说晋代温峤任江州都督，上任路过牛渚矶，闻水下有音乐之声，水深不可测。人们说水下有很多怪物，温峤便燃犀牛角照水面，竟有各种奇形怪状、叫不出名堂的怪物。（见《晋书·温峤传》）后以"燃犀"比喻洞察奸邪。

㉑ **榆槐堪作荫** 榆槐树荫好乘凉。[晋]陶潜《归园田居》诗云："榆柳荫后檐，桃李罗（排列）堂前。"[宋]梅圣俞《宫槐》云："汉家宫殿荫长槐，嫩色葱葱不染埃（尘埃）。"[唐]王维《送邱为往唐州》有"槐色阴（荫）清昼，杨花惹暮春"句。

㉒ **桃李自成蹊** 桃李不言，下自成蹊。《史记·李将军列传》载："谚曰：'桃李不言，下自成蹊。'"[唐]司马贞《史记索隐》云："桃李本不能言，但以华实感物（众人），故人不期而往，其下自成蹊径也。"是说桃树李树虽不会说话，但是它们果实甜美，惹人喜爱，人们在它下面走来走去，走成了一条小路。

㉓ **投巫救女西门豹** 战国魏文侯时，西门豹为邺令，问民疾苦，老人说邺地三老、廷掾勾结女巫，以为河伯娶妇之名，害死民女，搜刮民财，是百姓的最大苦楚。西门豹便于为河伯娶妇之日来到河边，以为河伯所选之妇难看为由，令女巫下河求河伯缓期，另选美女送上。遂将女巫扔进河

里。待一会儿，不见女巫回来，西门豹又令三老入河报信，三老、廷掾等皆叩头流血求饶，承认骗局。从此无人敢再言为河伯娶妇。（见《史记·滑稽列传》）

㉔ **赁浣逢妻百里奚** 春秋战国时期，虞国百里奚，字井伯，三十余岁娶妻杜氏，生一子。家贫不遇，妻曰："妾闻'男子志在四方'，君壮年不出图仕，区区守妻坐困乎？"百里奚乃出游。晋灭虞时百里奚被俘，后作为秦穆公娶晋国伯姬之陪嫁臣送入秦国。后虽逃到楚，又被秦穆公以五张羊皮赎回，故得"五羖大夫"之名。秦穆公知百里奚之才，遂拜为相。百里奚之妻杜氏生活无着，携子寻食他乡，辗转入秦，以洗衣为活。闻夫已为秦相，便入相府洗衣，且自荐能鼓琴而到夫前弹奏，并扬声而歌："百里奚，五羊皮！夫文绣，妻浣（洗）衣。昔之日，君行而我啼；今之日，君坐而我离。"百里奚闻歌愕然，询之，正是常念之妻，不禁相拥大恸。（见［明］冯梦龙《东周列国志》）

㉕ **阙里门墙，陋巷规模原不陋** 阙里：相传为春秋时期孔子授徒之所，在洙、泗之间。西汉始有"阙里"之名，东汉时盛传为孔子故里。（见［清］阎若璩《四书释地·阙里》）传说孔子见其道在内地不能推行，想去东方边远的九夷地区教导"朴实"的当地民众。有人说，那里居住条件落后，人的素质鄙陋，怎能去呢？孔子说："君子居之，何陋之有！"意思是：君子住到那里，就不会鄙陋了。（见《论语·子罕》）

㉖ **隋堤基址，迷楼踪迹已全迷** 隋炀帝时，沿通济渠、邗沟开凿大运河，河岸修筑御道，道旁植杨柳，堤长一千三百余里，后人谓之"隋堤"。［唐］韩琮《杨柳枝》诗云："梁苑（西汉梁孝王在开封所建游赏驰猎的园林）隋堤事已空，万条犹舞旧东风。"隋炀帝还在扬州建造新宫，宫式回环四合，上下金碧，工巧弘丽，自古无有，费用金玉，帑库（国库）为之一空。人误入者虽终日不能出。隋炀帝顾左右曰："使真仙游其中，亦当自迷也，可目之曰'迷宫'。"（见《迷楼记》）

yuè duì zhào　chǔ duì qí　liǔ àn duì táo xī
越对赵㉗，楚对齐㉘。柳岸对桃蹊㉙。

shā chuāng duì xiù hù　huà lóu duì xiāng guī　xiū yuè fǔ
纱窗对绣户㉚，画楼对香闺㉛。修月斧㉜，

shàng tiān tī　dì dōng duì hóng ní　xíng lè yóu chūn pǔ
上天梯㉝。蝃蝀对虹霓㉞。行乐游春圃㉟，

gōng yú bìng xià qí　lǐ guǎng bù fēng kōng shè hǔ　wèi
工谀病夏畦㊱。李广不封空射虎㊲，魏

míng dé lì wèi cún ní　àn pèi xú xíng　xì liǔ gōng chéng láo
明得立为存麑㊳。按辔徐行，细柳功成劳

wáng jìng　wén shēng shāo wò　lín jīng míng zhèn zhǐ ér tí
王敬㊴；闻声稍卧，临泾名震止儿啼㊵。

注解

㉗**越**　国名。传说夏少康庶子无余，封于会稽，称“于越”。春秋末，一度被吴攻破，越王勾践卧薪尝胆，终灭吴国，成为“春秋五霸”之一，战国时被楚所灭。（见《史记·越王勾践世家》）　**赵**　国名。春秋时，周穆王封造父于赵，故址在今山西赵城县境。战国时，晋卿赵、韩、魏三家分晋，自立为王。赵得今河北南部、山西北部，后成为“战国七雄”之一，被秦所灭。（见《史记·赵世家》）

㉘**楚**　国名。周成王封熊绎于荆山一带，建都丹阳，后都于郢。春秋战国时，国势强盛，后被秦所灭。（见《史记·楚世家》）　**齐**　国名。周武王封太公望（姜子牙）于齐，至桓公为“春秋五霸”之一，田氏代齐后，为“战国七雄”之一，后被秦所灭。（见《史记·齐太公世家》）

㉙**柳岸**　植柳的堤岸。［宋］苏轼《好事近·黄州送君猷》云：“明年

春水漾桃花，柳岸隘舟楫。”唐宪宗时，柳宗元被贬为柳州刺史（太守），他在柳江岸边广植柳树，并作《种柳戏题》一文。后来，柳州百姓为歌颂柳宗元治理柳州的业绩，编出《种柳柳江边》民谣，广泛传播：“柳州柳太守，种柳柳江边；柳馆依然在，千秋柳拂天。” **桃蹊** 桃林的小路。化自谚语“桃李不言，下自成蹊”。西汉名将李广英勇善战，历经汉景帝、武帝，立下赫赫战功，对部下也很谦虚和蔼。文帝、匈奴单于都很敬佩他。但他老实厚道，不善言辞。公元前119年，他随大将军卫青率军出击匈奴迷路，被迫自杀，许多部下及不相识的人都不禁为他痛哭，司马迁称赞他是“桃李不言，下自成蹊”。

㉚ **绣户** 雕绘华美的门户。多指妇女居室。［南朝宋］鲍照《拟行路难》诗云：“璿闺玉墀上椒阁，文窗绣户垂罗幕。”

㉛ **香闺** 青年女子的内室。［唐］陶翰《柳陌听早莺》诗云：“乍使香闺静，偏伤远客情（埋怨莺啼惊好梦）。”［宋］柳永《临江仙引》词云：“香闺别来无信息，云愁雨恨难忘。”

㉜ **修月斧** 神话传说，月由七宝合成，常有八万二千户修之，故有此称。（见［唐］段成式《酉阳杂俎·天咫》）［金］元好问《蟾池》诗：“下界新增养蟾户，玉斧谁怜修月苦”。另，比喻尽文章之能事。［宋］苏轼《王文玉挽词》：“才名谁似广文寒，月斧云斤琢肺肝。”

㉝ **上天梯** ［汉］王逸《楚辞·九思·伤时》云：“缘天梯兮北上，登太一兮玉台。”原指登天之梯，后比喻高险的山路。［唐］李白《蜀道难》云：“地崩山摧壮士死，然后天梯石栈相钩连。”

㉞ **䗖蝀** 亦作“蝃蝀”，虹的别名。太阳光线与水气相映，出现在天空的彩晕，谓之“虹”。《诗经·墉风·䗖蝀》云：“䗖蝀在东，莫之敢指（古人认为虹出东方，是不祥之兆）。” **虹霓** 彩虹。传说虹有雌雄之分，色鲜盛者为雄，色暗淡者为雌；雄曰“虹”，雌曰“霓”，合称“虹霓”。《淮南子·原道》云：“虹霓不出，贼星不行，含德之所致也。”

㉟ **行乐游春圃** 这是宋朝冯平《睢阳五老会》中“醉游春圃烟霞暖，

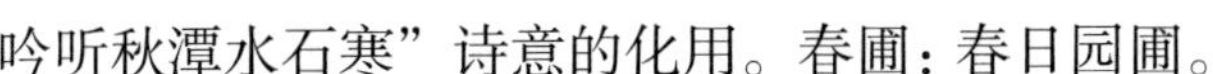
吟听秋潭水石寒”诗意的化用。春圃：春日园圃。

㊱ **工谀病夏畦** 这是《孟子·滕文公下》中“胁肩（耸着肩）谀笑（为谄媚而强笑），病于夏畦”文意的化用。意思是耸肩装笑谄媚别人，比炎夏在田间劳作还难受。工谀：善于阿谀奉迎。病：苦，引为难受。夏畦：炎夏在地里劳作。

㊲ **李广不封空射虎** 西汉名将李广，陇西成纪（今甘肃静宁西南）人。善骑射，不善言。有一次出猎，见草中石以为虎，射之，箭没石中，人传为奇。文帝时，为郎、武骑常侍。景帝、武帝时，任陇西、北地太守，未央卫尉，右北平太守。他前后与匈奴作战七十余次，以勇敢善战著称，匈奴谓之“飞将军”。他一生战功卓著，但终未封侯。（见《汉书·李广传》）

㊳ **魏明得立为存麑** 麑：幼鹿。魏文帝曹丕带十五岁的儿子曹睿出猎，山坞中奔出母子二鹿，文帝举箭射死母鹿。小鹿已跑到曹睿马前，曹丕大声喊道：“快射死它！”曹睿哭着说：“陛下已杀死其母，我不忍再将鹿子杀死。”曹丕听了，怦然心动，扔下弓箭，动情地说道：“我儿真是仁德之主！”遂封曹睿为平原王，继而立为太子，后继位称明帝。（见《三国志·魏志·明帝纪》）

㊴ **按辔徐行，细柳功成劳王敬** 汉文帝时，大臣周勃之子周亚夫为将军，屯军细柳，防备匈奴。军营纪律严明，文帝亲往劳军，亚夫传令：“[营内]御马不得驰驱。”帝与随从既入，“按辔徐行（皆牢控马缰徐徐前进）”。（见《汉书·周亚夫传》）

㊵ **闻声稍卧，临泾名震止儿啼** 唐时，吐蕃人犯我西境，大将军郝玭出任泾原节度使，破敌二万，威名远震，吐蕃不敢过临泾（今甘肃镇原）。时人也常用“快别哭，郝玭来了”吓唬小儿，使之不敢啼哭。（见《新唐书·郝玭传》）

九 佳

mén duì hù mò duì jiē zhī yè duì gēn gāi dòu
门对户①，陌对街②。枝叶对根荄③。斗

jī duì huī zhǔ fèng jì duì luán chāi dēng chǔ xiù dù
鸡对挥麈④，凤髻对鸾钗⑤。登楚岫⑥，渡

qín huái zǐ fàn duì fū chāi shí dǐng lóng tóu suō yín
秦淮⑦。子犯对夫差⑧。石鼎龙头缩⑨，银

zhēng yàn chì pái bǎi nián shī lǐ yán yú qìng wàn lǐ fēng
筝雁翅排⑩。百年诗礼延余庆⑪，万里风

yún rù zhuàng huái néng biàn míng lún sǐ yǐ yě zāi bēi jì
云入壮怀⑫。能辨名伦，死矣野哉悲季

lù bù yóu jìng dòu shēng hū yú yě yǒu gāo chái
路⑬；不由径窦，生乎愚也有高柴⑭。

注解

① **门户** 古称房屋墙院出入之门，两扇为门，单扇为户。

② **陌街** 街道，大街小巷。《三辅旧事》载：“长安城中，八街九陌。”形容长安城中街道纵横，市面繁华。

③ **枝叶** 树木的枝和叶。《庄子·山木》云：“见大木枝叶盛茂。” **根荄** 植物的根。荄：草根。［西汉］刘向《说苑·建本》云：“树本浅，根荄不深。”［唐］白居易《问友》诗云：“根荄相交长，茎叶相附荣。”

④ **斗鸡** 驱使公鸡互斗决胜负的游戏。《战国策·齐策一》云：“临淄甚富而实，其民无不吹竽鼓瑟，击筑弹琴，斗鸡走犬，六博蹴鞠者。”《史

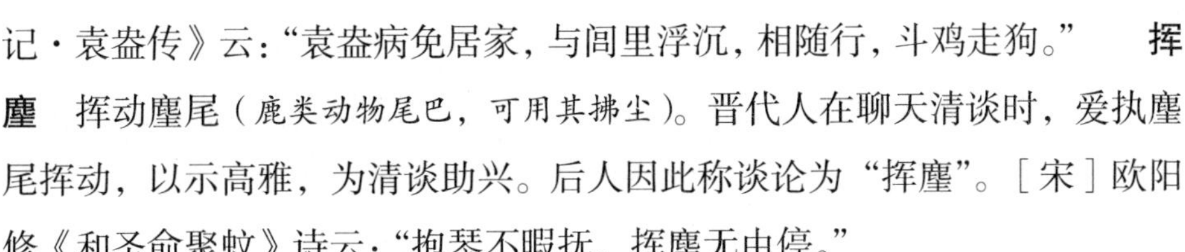

记·袁盎传》云:“袁盎病免居家,与闾里浮沉,相随行,斗鸡走狗。” **挥麈** 挥动麈尾(鹿类动物尾巴,可用其拂尘)。晋代人在聊天清谈时,爱执麈尾挥动,以示高雅,为清谈助兴。后人因此称谈论为“挥麈”。[宋]欧阳修《和圣俞聚蚊》诗云:“抱琴不暇抚,挥麈无由停。”

⑤ **凤髻** 古代一种发型。[唐]宇文氏《妆台记》云:“周文王于髻上加珠翠翘花,傅之铅粉,其髻高,名曰凤髻。”[后蜀]欧阳炯《凤楼春》词云:“凤髻绿云丛,深掩房栊。” **鸾钗** 鸾形的钗子。[唐]李商隐《河阳》诗云:“湿银注镜井口平,鸾钗映月寒铮铮。”[明]唐寅《题美人图》云:“鸾钗压鬓髻偏新,雾湿云低别种情。”

⑥ **登楚岫** 登楚地山。岫:山。楚岫:泛指南方的山。[唐]韦迢《早发湘潭寄杜员外院长》诗云:“楚岫千峰翠,湘潭一叶黄。”

⑦ **渡秦淮** 游秦淮河。相传秦始皇南巡至龙藏浦,发现该地有王气,于是在方山(在江苏南京市南,因山形如方印,故名)掘流,西入长江,以泄王气,名“淮”,通称“秦淮”。历代为著名的游览胜地。[唐]杜牧《泊秦淮》云:“烟笼寒水月笼沙,夜泊秦淮近酒家。”

⑧ **子犯** 春秋僖公二十二年,晋公子重耳出游过卫,卫文公很不礼遇。重耳向五鹿(地名)田农求食,田农给他土块吃。重耳发怒,欲鞭打田农。随臣子犯止之说:“天赐也。”古以得土为有国之吉兆,故谓“天赐”。(见《左传·僖公二十二年》) **夫差** 春秋末年吴国国君,吴王阖闾之子。起初,吴国在夫椒(今江苏吴县西南太湖)大败越国,攻破越都,夫差不听伍子胥乘胜灭越之言,允许越王勾践求和。勾践卧薪尝胆,休养生息二十年。公元前482年,吴国在黄池(今河南封丘西南)会盟,与晋国争霸,越王勾践乘虚攻入吴都,灭掉吴国。夫差自杀。(见《史记·吴世家》)

⑨ **石鼎龙头缩** 烹茶用的石鼎饰有小龙头,倒水伸,不倒水缩,也叫龙头缩。[唐]韩愈《石鼎联句》诗序云:“龙头缩菌蠢,豕腹涨彭亨。”

⑩ **银筝雁翅排** 古筝上的每根弦在面板上由筝码支撑起来,筝码斜着排列如飞雁成行。[唐]李商隐《昨日》诗云:“二八月轮蟾影破,十三弦

柱雁行斜。"

⑪ **百年诗礼延余庆** 这是宋朝王之道《哀周然明》中"功名到手身先死，诗礼传家道不孤。千里新封从马鬣，百年余庆萃鹓雏"诗意的化用。诗礼：指《诗经》《礼记》两部经书，这里是说"读经学礼"。余庆：即泽及后人的"余福"。

⑫ **万里风云入壮怀** 这是唐代诗人韩愈《送石处士赴河阳幕》中"风云入壮怀，泉石别幽耳"诗句的化用。[宋]岳飞《满江红》词云："抬望眼，仰天长啸，壮怀激烈。"壮怀：壮志。

⑬ **能辨名伦，死矣野哉悲季路** 季路懂得名分伦常，临死也伉直好勇，悲壮从容。孔子的学生子路，性格好勇，事亲孝顺，懂得伦理是非，但行为莽撞不稳。《论语·子路》："子（孔子）曰：'野哉（粗野啊），由（仲由，又名子路，字季路）也。'"春秋时期，卫灵公有宠姬名叫南子。灵公太子蒯聩得过南子，惧被诛，逃亡戚（小国）地。卫灵公死后，立蒯聩之子辄为君，是为"出公"。贵族大夫孔悝之母孔姬，是蒯聩的姐姐，她勾结家臣浑良夫逼孔悝和他们结盟作乱，让蒯聩登君位。出公辄逃往鲁国。孔悝的邑宰仲由欲保出公，毅然出面相救。孔子另一弟子子羔（名高柴）劝阻仲由，说："出公已逃走，你不要白白去送死。"仲由说："食人家的饭，不能避人家的难。"他闯进城关与叛军作战，搏斗中，仲由的缨（系帽带）被砍断，他慨然说："君子死，冠不免。"在他结缨整冠时被杀死。蒯聩登上君位，是为"庄公"。后人以"结缨"比喻从容就义，视死如归。（见《史记·仲尼弟子传》）

⑭ **不由径窦，生乎愚也有高柴** 不由径窦：不走邪门歪道。径：小路，引申为歪道。窦：洞，旁门，引申为邪门。高柴，孔子弟子。性忠厚纯正。孔子评他"柴也愚"。鲁哀公十五年，卫国太子蒯聩回国与其子争位。时高柴为卫国之士师，见卫国内乱，以政不及己，乃离此是非之地。高柴逃至郭门，见受其断足之刑者守门，告知高柴某处墙有缺口可逃，高柴说"君子不逾（越过）"；守门者又指点某墙有洞可出，高柴说"君子不隧（通道）"。最后守门者为其找一密室，始逃过追杀。（见《左传》《孔子家语》）

guān duì lǚ wà duì xié hǎi jiǎo duì tiān yá jī rén
冠对履，袜对鞋。海角对天涯⑮。鸡人

duì hǔ lǚ liù shì duì sān jiē chén zǔ dòu xì duī mái
对虎旅⑯，六市对三街⑰。陈俎豆⑱，戏堆埋⑲。

jiǎo jiǎo duì ái ái xián xiàng jù dōng gé liáng péng jí xiǎo
皎皎对皑皑⑳。贤相聚东阁㉑，良朋集小

zhāi mèng lǐ shān chuān shū yuè jué zhěn biān fēng yuè jì
斋㉒。梦里山川书越绝㉓，枕边风月记

qí xié sān jìng xiāo shū péng zé gāo fēng yí wǔ liǔ liù
齐谐㉔。三径萧疏，彭泽高风怡五柳㉕；六

cháo huá guì láng yá jiā qì zhòng sān huái
朝华贵，琅琊佳气种三槐㉖。

注解

⑮ **海角天涯** 极偏远的地方。[宋]张世南《游宦记闻》云：“今之远宦（到远处做官）及远服贾（做生意）者，皆曰‘天涯海角’，盖俗谈也。”

⑯ **鸡人虎旅** 鸡人：古时报晓之官。虎旅：是虎贲氏与旅贲氏的并称。两者均掌王之警卫。后因以“虎旅”为卫士之称。东汉天文学家张衡《西京赋》云：“陈虎旅于飞廉，正垒壁乎上兰。”[唐]李商隐《马嵬》诗云：“空闻虎旅传宵柝（巡夜梆子），无复鸡人报晓筹（拂晓的更筹，指拂晓时刻）。”

⑰ **六市三街** 原文为“六市三阶”，亦作“六街三市”，街市纵横，形容都市繁华。[金]董解元《西厢记诸宫调》云：“六街三市通车马，风流人物类京华。”

⑱ **陈俎豆** 俎豆：两种祭祀宴饮用的礼器，盛牲的礼器叫“俎”；盛羹的高脚盘叫“豆”。《史记·孔子世家》云：“孔子为儿嬉戏，常陈俎豆，设

礼容。”

⑲ **戏堆埋** 堆埋，原文为“堆理”，埋人垒墓头。孟子小时候，家住靠坟地的地方，他就和小朋友一起玩埋人堆墓头游戏，孟母把家搬到一所学校旁边，学生入学要先祭祀孔子，后学习礼仪，孟子就照学陈设俎豆，摆供品做祭祀之礼。（见《列女传·母仪》）

⑳ **皎皎** 洁白。《诗经·小雅·白驹》云：“皎皎白驹，食我场苗。” **皑皑** 雪白。[汉]班彪《北征赋》云：“飞云雾之杳杳，涉积雪之皑皑。”

㉑ **贤相聚东阁** 西汉宰相公孙弘，早年家贫，少年放猪，后当狱吏，四十岁读《春秋公羊传》。汉武帝任他为丞相，封平津侯。他“起客馆，开东阁（向东开的小门，以别于从正门），以延（招请）贤人，与参谋议”。后以“东阁”为宰相招致款待贤士的地方。（见《汉书·公孙弘传》）

㉒ **良朋集小斋** 唐代兵部尚书柳公绰，性耿介，举贤良方正，直言极谏。他在不上朝的日子，就到自己读书的小斋里，招他的弟弟柳公权，以及从堂兄弟们，一同会聚吃饭。晚上，点了蜡烛，自己读完了经史，就把子弟们叫进小斋来，对他们讲述居家和做官的道理。（见《礼篇·公绰小斋》）

㉓ **梦里山川书越绝** 东汉史学家袁康与吴平共著一部《越绝书》，广采传闻异说，详细记述了吴越两国的史地山川及伍子胥、子贡、范蠡、文种、计倪等人的活动，成为中国地方志之鼻祖。（见《辞海》）

㉔ **枕边风月记齐谐** 齐谐：古时记载奇闻逸事的书籍。《庄子·逍遥游》云：“齐谐者，志怪者也。”唐代道教学者成玄英说：“齐国有此俳谐之书也。”后世志怪之书，多用“齐谐”作书名。南朝宋东阳无疑有《齐谐记》、梁吴均有《续齐谐记》，清代袁枚有《新齐谐》，亦名《子不语》。（见《辞海》）

㉕ **三径萧疏，彭泽高风怡五柳** 东晋诗人陶潜（陶渊明），字元亮，号五柳先生。曾任江州祭酒、镇军参军、彭泽县令。因不肯“为五斗米而折腰”逢迎郡吏，辞县令回到“三径就荒，松菊犹存”的老家。从此，隐姓埋名，自号五柳先生，说自家“宅边有五棵柳树，因以为号”。他说自己“读书，

废寝忘食；嗜酒，必醉而返；常著文章自娱，忘怀得失，以此自终。”（见《晋书·陶潜传》、陶渊明《五柳先生传》）

㉖ **六朝华贵，琅琊佳气种三槐** 北宋晋国公王祜（一作“祐”），是源出琅琊、世居六朝都城开封的“三槐王氏”之祖。宋太祖（赵匡胤）时，拜知制诰，因以全家百口保魏州刺史符彦卿无罪而遭贬黜。世人赞其“多阴德”。他手植三槐于庭，说：“吾子孙必有为三公者。”后来，他的儿子王旦果然中了进士，做了宰相。

孟氏三迁图（钱慧安）

qín duì jiǎn qiǎo duì guāi shuǐ xiè duì shān zhāi
勤对俭，巧对乖㉗。水榭对山斋㉘。
bīng táo duì xuě ǒu lòu jiàn duì gēng pái hán cuì xiù guì
冰桃对雪藕㉙，漏箭对更牌㉚。寒翠袖㉛，贵
jīn chāi kāng kǎi duì huī xié zhú jìng fēng shēng lài huā
金钗㉜。慷慨对诙谐㉝。竹径风声籁㉞，花
xī yuè yǐng shāi xié náng jiā yùn suí shí zhù hè chú chén
蹊月影筛㉟。携囊佳韵随时贮㊱，荷锄沉
hān dào chù mái jiāng hǎi gū zōng xuě làng fēng tāo jīng lǚ
酣到处埋㊲。江海孤踪，雪浪风涛惊旅
mèng xiāng guān wàn lǐ yān luán yún shù qiè guī huái
梦㊳；乡关万里，烟峦云树切归怀㊴。

注解

㉗**巧乖** 机灵。《儒林外史》云："匡超人为人乖巧，在船上不拿强拿，不动强动，一口一声，只叫'老爹'。"

㉘**水榭** 建筑在水边或水上的亭阁。《唐书·裴度传》云："东都立第（宅第）于集贤里，筑山穿池，竹木丛萃，有风亭水榭。" **山斋** 山中居室。［南朝梁］简文帝《晚春》诗云："风花落未已，山斋开夜扉。"［明］袁宏道《和王以明山居韵》诗云："山斋通夜雨，肠断子瞻诗。"

㉙**冰桃雪藕** 神话传说中仙人所食之桃藕。［晋］王嘉《拾遗记·周穆王》云："西王母乘翠凤之辇而来……又进万岁冰桃，千常碧藕。"

㉚**漏箭** 古时用漏壶计时间。上放播水壶，靠底部一侧凿滴水孔，播水壶下置受水壶，壶中放浮漂，漂扎有刻度的箭，受水壶慢慢积水，浮漂则慢慢上浮，箭则从受水壶慢慢显露，刻度数字则由上而下逐一增大，以

此计时。受水壶中带刻度的浮漂就叫“漏箭”，亦作“更箭”。　**更牌**　亦作“更笺”、“更筹”，古时夜间报更的牌。[南朝梁]庾肩吾《奉和春夜应令》诗云：“烧香知夜漏，刻烛验更筹。”

㉛ **寒翠袖**　寒凉的绿色衣袖。[唐]杜甫《佳人》诗云：“天寒翠袖薄，日暮倚修竹。”[宋]苏轼《王晋叔所藏画跋尾·芍药》诗云：“倚竹佳人翠袖长，天寒犹着薄罗裳。”

天寒翠衣袖（溥儒）

㉜ **贵金钗**　贵重的金制首饰。[南朝宋]鲍照《拟行路难》诗云：“还君金钗玳瑁簪，不忍见之益愁思。”

㉝ **慷慨**　意气风发，情绪激昂。《三国志·魏志·臧洪传》云：“洪辞气慷慨，涕泣横下，闻其言者，虽卒伍厮养（奴仆），莫不激扬，人思致节。”　**诙谐**　谈吐幽默风趣。《汉书·东方朔传》云：“其言专商鞅、韩非之语也，指意放荡，颇复诙谐。”[唐]杜甫《社日》诗云：“尚想东方朔，诙谐割肉归。”

㉞ **竹径风声籁**　风声自竹林中传出。竹径：指竹与竹间的通道。籁：三孔管乐器。指从孔穴中发出的声音。[元]周衡之《次韵午溪竹》诗云：“风来起清籁，在我本恬寂（淡漠）。”

㉟ **花蹊月影筛**　月光从花丛间透来。花蹊：与“竹径”对应，即“花径”，指花与花间的缝隙。月影：月光。筛：底部有小孔的筛子。指穿过孔隙。[元]王

实甫《西厢记·络丝娘》云:“空撇下碧澄澄苍苔露冷,明皎皎花筛月影。”

㊱ **携囊佳韵随时贮** 传说,唐代诗人李贺,每骑驴出游,令奴僮背一古锦囊,得佳句即投入其中,后成李贺诗集《昌谷集》。待李贺将死时,梦见一穿大红衣者,手持板书,对李贺说:“上帝筑成白玉楼,命你去作记。”李贺以母老且病,哭泣不愿随往,不久,气绝。(见李商隐《李贺小传》)

㊲ **荷锄沉酣到处埋** 西晋建威参军刘伶,“竹林七贤”之一。纵酒放荡,乘鹿车,携一壶酒,使人荷锸(铁锹,锄、锸均为农具)相随,说:“死便埋我。”曾著《酒德颂》,自称“惟酒是务,焉知其余”。(见《晋书·刘伶传》)东晋诗人陶渊明《归园田居》中有“带月荷锄归”之句。

㊳ **江海孤踪,雪浪风涛惊旅梦** 清朝雍正皇帝胤禛年轻时,随父亲康熙出巡,途中给在京都的诸弟写诗《早起寄都中诸弟》云:“一雁孤鸣惊旅梦,千峰攒立(簇集竖立)动诗思。凤城诸弟应相忆,好对黄花泛酒卮。”表明他愿做群雁而不做孤雁的心意。

㊴ **乡关万里,烟峦云树切归怀** 反映了远离家乡的人因思念亲人切望尽快归里的心情。[唐]钱起《寄永嘉王十二》诗云:“梦里还乡不相见,天涯忆戴复谁传……愿得回风吹海雁,飞书一宿到君边。”[唐]岑参《暮春虢州东亭送李司马归扶风别庐》诗云:“到来函谷愁中月,归去磻溪梦里山……西望乡关肠欲断,对君衫袖泪痕斑。”

qǐ duì zǐ guì duì kǎi shuǐ pō duì shān yá wǔ qún
杞对梓[40]，桧对楷。水泊对山崖。舞裙
duì gē xiù yù bì duì yáo jiē fēng rù mèi yuè yíng huái
对歌袖，玉陛对瑶阶[41]。风入袂[42]，月盈怀[43]。
hǔ sì duì láng chái mǎ róng táng shàng zhàng yáng kǎn shuǐ
虎兕对狼豺[44]。马融堂上帐[45]，羊侃水
zhōng zhāi běi miàn hóng gōng yí shí jiè dōng xún dài zhì
中斋[46]。北面黉宫宜拾芥[47]，东巡岱畤
dìng fán chái jǐn lǎn chūn jiāng héng dí dòng xiāo tōng bì luò
定燔柴[48]。锦缆春江，横笛洞箫通碧落[49]；
huá dēng yè yuè yí zān duò cuì biàn xiāng jiē
华灯夜月，遗簪堕翠遍香街[50]。

注解

⑩ **杞梓**　两种优质木材。用来比喻优秀人才。《晋书·陆机陆云传》云：“陆机陆云实荆衡之杞梓，挺圭璋于秀实，驰英华于早年。”

㊶ **玉陛**　帝王殿阶。《三国志·魏志·陈思王植传》陈审举疏曰：“常愿得一奉朝觐，排金门，蹈玉陛。”　**瑶阶**　玉砌的台阶，也是石阶的美称。［晋］王嘉《拾遗记·炎帝神农》云：“筑圆丘以祀朝日，饰瑶阶以揖夜光。”［唐］杜牧《秋夕》诗云：“瑶阶夜色凉如水，坐看牵牛织女星。”

㊷ **风入袂**　袂：衣袖。［清］纳兰性德《天仙子·渌水亭秋夜》词云：“水浴凉蟾（水中月亮）风入袂，鱼鳞触损金波碎（游鱼搅碎了水中月亮）。”［宋］苏轼《浣溪沙·端午》诗云：“入袂轻风不破尘，玉簪犀壁醉佳辰。”

㊸ **月盈怀**　亦作“月入怀”，旧时认为日月入怀是生贵男贵女的吉兆。传说汉朝末年，孙坚之妻吴夫人，孕而梦月入其怀，继而生孙策。到孕孙

权时又梦日入其怀。吴夫人以孕间日月入怀事发问孙坚，坚曰："日月者阴阳之精，极贵之象（征兆），吾子孙其兴乎？"（见《三国志·吴志·孙破虏吴夫人传》）又传说王莽之姑政君，在其母李氏身孕时，梦月入其怀，不久政君出世，后来她成为汉元帝的皇后。（见《汉书·元后传》）"日月入怀"也比喻胸襟开朗。《世说新语·容止》云："时人目（发现）夏侯太初（玄）朗朗如日月之入怀。"也作"明月入怀"。［南朝宋］鲍照《代淮南王之二》云："朱城九门门九闺，愿逐明月入君怀。"

㊹ **虎兕** 两种凶猛野兽。兕：犀牛类野兽。《诗经·小雅·何草不黄》云："匪（非）兕匪虎，率彼旷野。" **狼豺** 两种野兽。《左传·襄公十四年》云："赐我南鄙之田，狐狸所居，豺狼所嗥。"常喻凶恶之人。《三国志·魏志·杜袭传》云："方今豺狼当道，而狐狸是先（先打狐狸），人将谓殿下避强攻弱。"

㊺ **马融堂上帐** 东汉学者马融，字季长，扶风茂陵（今陕西兴平东北）人。才高博识，为当世通儒，学生常以千数。常坐高堂，施绛帐，于帐前授生徒。（见《后汉书·马融传》）

㊻ **羊侃水中斋** 南朝梁国都官尚书羊侃，字祖忻，今山东泰安人。幼好文史，兼有武力。善音律，能造曲。生活奢侈，在水中结舟为斋，亭馆皆备，日事游宴。侯景之乱时，他固守京城（今南京），景不能破，苦战中病死。（见《南史·羊侃传》）

㊼ **北面黉宫宜拾芥** 入学拜师读经书，求官如拾草芥。北面：旧时君见臣、长见幼、师见徒，均面向南而坐，臣幼徒面向北而拜，故称"北面"。黉宫：古代学校名。拾芥：捡取地上的草芥。比喻取之极易。《汉书·夏侯胜传》："胜每讲授，常谓诸生曰：'士病（怕）不明经书。经书苟（如果）明，其取青紫（古时丞相太尉穿金印紫绶官服，御史大夫穿银印青绶官服），如俯拾地芥耳。"

㊽ **东巡岱畤定燔柴** 岱：泰山。畤：古代祭天地五帝之处。 燔柴：烧柴烤玉及牲，腾其味以祭天。《礼记·祭法》："燔柴于泰坛，祭天地。"始

皇二十八年（前225），秦始皇东巡，“上泰山，立石（颂秦德之刻石），封（设坛于泰山之巅以祭天，叫‘封’），祠祀（在泰山脚下梁父小山祠祭祀）。”（见《史记·秦始皇本纪》）

㊾ **锦缆春江，横笛洞箫通碧落** 这是描写富贵人家乘彩船且歌且舞游春的景象。锦缆：精美的缆绳。春江：春天的江河。横笛：竹笛，古称“横吹”，今称“七孔笛”。洞箫：单管直吹，正面五孔、背面一孔者为“洞箫”。碧落：天空。［元］赵孟頫《溪上》诗云：“锦缆牙樯非昨梦，凤笙龙管是谁家？”［唐］赵嘏《闻笛》诗云：“响遏行云横碧落，清和冷月到帘栊……曲罢不知人在否，余音嘹亮尚飘空。”

㊿ **华灯夜月，遗簪堕翠遍香街** 这是描写正月十五元宵节观灯时人潮涌动的景象。［宋］刘邦彦《上元十五夜观灯》诗云：“归迟不属金吾禁（金吾是掌管京城戒备、禁人夜行的官。但元宵夜开放夜禁），争觅遗簪与坠钿。”

江头送别（邓芬）

十灰

chūn duì xià xǐ duì āi dà shǒu duì cháng cái fēng
春对夏，喜对哀。大手对长才①。风

qīng duì yuè lǎng dì kuò duì tiān kāi yóu làng yuàn zuì péng
清对月朗②，地阔对天开。游阆苑③，醉蓬

lái qī zhèng duì sān tái qīng lóng hú lǎo zhàng bái yàn
莱④。七政对三台⑤。青龙壶老杖⑥，白燕

yù rén chāi xiāng fēng shí lǐ wàng xiān gé míng yuè yì tiān
玉人钗⑦。香风十里望仙阁⑧，明月一天

sī zǐ tái yù jú bīng táo wáng mǔ jǐ yīn qiú dào jiàng
思子台⑨。玉橘冰桃，王母几因求道降⑩；

lián zhōu lí zhàng zhēn rén yuán wèi dú shū lái
莲舟藜杖，真人原为读书来⑪。

注解

①**大手** 高手，常称著名写作家为“大手笔”。［唐］僧鸾《赠李粲秀才》诗云：“飒风驱雷暂不停，始向场中称大手。”《陈书·徐陵传》云：“世祖、高宗之世，国家有大手笔，皆陵草之。” **长才** 英才。［唐］杜甫《述古》诗云：“经纶中兴业，何代无长才？”

②**风清月朗** 微风清凉，月光明朗。形容夜景美好。［唐］段成式《酉阳杂俎续集·支诺皋下》云：“时春季夜间，风清月朗。”

③**游阆苑** 阆苑：本指昆仑之巅阆风山仙人所居之宫苑。唐初鲁王灵夔、滕王元婴相继镇守阆州（今四川阆中），嫌衙宇卑陋，遂修饰扩建成宫

苑，谓之“隆苑”。后为避唐玄宗隆基“隆”字之讳，改为“阆苑”。（见［宋］王象之《舆地纪胜》）［宋］苏轼《和子由送将官梁左藏仲通》诗云：“问羊他日到金华，应许相将游阆苑。”

④**醉蓬莱**　蓬莱：方士传说是渤海中仙人所居之山名。汉武帝游东莱郡黄县，望渤海蓬莱山，因筑城为蓬莱。唐神龙三年（707），设蓬莱县。（见《太平寰宇记·登州·蓬莱县》）［宋］无名氏《蓦山溪》词云：“正快活年时，庆新寿，万年欢，人醉蓬莱里。”宋代词人把“醉蓬莱”列为词牌名。

⑤**七政**　指日月和金、木、水、火、土五星。（见《尚书·舜典》）一说春、秋、冬、夏、天文、地理、人道为“七政”。（见《尚书·大传》）　**三台**　古有灵台、时台、囿台，合称“三台”。［汉］许慎《五经异义》云：“天子有三台：灵台以观天文，时台以观四时施化，囿台以观鸟兽鱼鳖。”

⑥**青龙壶老杖**　据道家传说，东汉费长房从壶公学仙，辞归时，壶公给他一支竹杖，说：“骑着它即可到家。”费长房到家后把杖投入葛陂（地名，在今河南新蔡境），竹杖立化为青龙。（见《后汉书·费长房传》）

⑦**白燕玉人钗**　钗为女子头上饰品。传说有神女留赠玉钗给汉武帝，武帝又赐予宠妃赵婕妤。至汉昭帝元凤中，宫人犹见过此玉钗。后来有人打开装有玉钗的宝匣，只见一白燕飞出升天。后来，宫人学做此钗，命名“玉燕钗”，象征吉祥。（见［汉］郭宪《洞冥记》）

⑧**香风十里望仙阁**　南朝陈国末代皇帝陈后主陈叔宝，极端奢靡挥霍。为讨取贵妃、宠姬的欢心，至德二年（584），又在金陵（今南京）光照殿前修建了临春、结绮、望仙三座楼阁，门窗栏槛皆用高级香木做成，“饰以金玉，间以珠翠”。后主自用临春阁，张贵妃独占结绮阁，龚、孔二嫔共居望仙阁。阁下积石为山，引水为池，山水间广植奇花异卉，加上贵妃嫔姬所涂脂粉之气，“每微风暂至，香闻数里”。隋兵攻入金陵，尽焚于火。（见《南史·张贵妃传》）

⑨**明月一天思子台**　汉武帝的宠臣江充诬告太子刘据搞“巫蛊”谋反，外逃的刘据在湖县（今河南灵宝西）自杀。后，武帝知其冤，即在长安建“思

子宫”，并在湖县建“归来望思之台”（即思子台）。（见《汉书·戾太子传》）

⑩ **玉橘冰桃，王母几因求道降** 《太平广记·周穆王》引《仙传拾遗》载：“[周穆王]登群玉山（昆仑山之连麓）西王母所居……饮琬琰之膏，进甜雪之味；素莲黑枣，碧橘白藕（嫩藕，嫩而白，故又叫雪藕），皆神仙之物。”又据汉代班固所撰《汉武故事》载：七月七日西王母降汉武宫中授成仙之道。帝燃九光之灯，列玉门之枣，摆葡萄之酒，以迎王母。王母至，帝跪拜寒暄。王母带来非地上所有之丰珍之果，清香之酒，又命侍女端来三千年一结果的仙桃七颗，四颗与帝，三颗自食。

⑪ **莲舟藜杖，真人原为读书来** 汉成帝末年，刘向专心致志校书于天禄阁。一天夜里，一个着黄衣的老人（一说是太乙真人），乘莲舟、执藜杖，叩阁而进见。刘向在暗中独坐诵书，老人乃吹杖端烟然（燃），因以见向，授五行洪范之文……至天亮而去。（见《汉书·刘向传》）

山水（冯超然）

zhāo duì mù qù duì lái shù yǐ duì kāng zāi mǎ
朝对暮，去对来。庶矣对康哉⑫。马
gān duì jī lèi xìng yǎn duì táo sāi jiā xìng shì hǎo huái
肝对鸡肋⑬，杏眼对桃腮。佳兴适⑭，好怀
kāi shuò xuě duì chūn léi yún yí zhī què guàn rì shài
开⑮。朔雪对春雷。云移鸩鹊观⑯，日晒
fèng huáng tái hé biān shū qì yíng fāng cǎo lín xià qīng fēng
凤凰台⑰。河边淑气迎芳草，林下轻风
dài luò méi liǔ mèi huā míng yàn yǔ yīng shēng hún shì xiào
待落梅⑱。柳媚花明，燕语莺声浑是笑⑲；
sōng háo bǎi wǔ yuán tí hè lì zǒng chéng āi
松号柏舞，猿啼鹤唳总成哀⑳。

注解

⑫ **庶矣康哉** 人民安居乐业。庶：众百姓。《论语·子路》云：“子（孔子）适卫（到卫国），冉有仆（随从）。子曰：‘庶矣哉！’”《尚书·益稷》载舜帝君臣作歌：“元首明（圣明）哉，股肱（指辅臣）良哉，庶时康（百姓安居乐业）哉。”后以“康哉”比喻太平盛世。

⑬ **马肝** 相传马肝有毒，食之丧命。《论衡》云：“气热而毒盛，故食走马肝杀人。”《汉书·辕固传》中景帝曰：“食肉毋食马肝，未为不知味也；言学者毋言汤武受命，不为愚。”其语意为不该议论的事不去议论。 **鸡肋** 曹操攻汉中，不克。屯兵日久，是进是退，犹豫不决。适有厨官送来鸡汤，操见鸡肋，颇有感触。这时，夏侯惇来请示夜间口令，操随口说：“鸡肋。”主簿杨修即令军士准备归程。夏侯惇不知何意。杨修说：“所谓‘鸡肋’，食之无肉，弃之有味。今进不能胜，退恐人笑，示欲还（撤军）也！”

（见《三国志·魏志·武帝纪》）

⑭ **佳兴适** 兴适：兴致得到满足。晋代王徽之（字子猷）居山阴时，忽然想念居于剡地（今浙江嵊县西）的故友戴逵（字安道），便驾舟雪夜造访，一夜方至，舍舟登至戴逵之门而不入，竟乘舟而返。人问其故，子猷说：“本乘兴而来，兴尽而返，何必见安道？”（见《世说新语·任诞》）［唐］王维《崔濮阳兄季重前山兴》诗云：“秋色有佳兴，况君池上闲。悠悠西林下，自识门前山。”

⑮ **好怀开** 即“好开怀”，开心，内心舒畅。［宋］孙应时《答王甫抚干和荆江亭韵》诗云：“乐哉新相知，开怀接谈晏。插花醉不辞，风光惜流转。”［元］刘秉忠《木兰花慢》词云：“镜里不堪看鬓，尊前且好开怀。”

雪夜访戴（郑慕康）

⑯ **云移鳷鹊观** 鳷鹊观：汉宫观名。汉武帝建元年间，建在云阳（今西安附近）甘泉宫外。（见《三辅黄图》）［汉］司马相如《上林赋》云：“过鳷鹊，望露寒。”谈“鳷鹊观”，莫与“鳷鹊楼”相混。“鳷鹊楼”是南朝时的楼阁名，在今南京市。［唐］李白《永王东巡歌》诗云：“春风试暖昭阳殿，明月还过鳷鹊楼。”

⑰ **日晒凤凰台** “弄玉吹箫”中的“凤台”是一种神话传说。实有的

凤凰台，在我国有好几处：一、东晋升平年间（一说宋元嘉十四年），有鸟集于江宁（今南京市）山上，文彩如孔雀，时人传为凤凰，因谓此山为凤凰山，并于此山建凤凰台。（见《嘉庆一统志·江宁府》）唐代大诗人李白在《登金陵凤凰台》中“凤凰台上凤凰游，凤去台空江自流”的描述，就是指的南京凤凰台。二、在甘肃成县东南“凤溪中，有二石双高，其形若阙（古代宫庙及墓门所立之双柱称为‘阙’）。汉世有凤凰止焉，故谓之凤凰台。”（见《水经注·漾水》）唐代诗圣杜甫在《凤凰台》中“亭亭凤凰台，北对西康州”的描述，即此。三、传说三国时期，有凤凰出现于湖北鄂城县东，吴主孙权遂筑凤凰台于此，并令周瑜、鲁肃定建都之计。（见《嘉庆一统志·武昌府》）。此外，还有河南省柘城县凤凰台和河北省成安县凤凰台等多处遗址。

⑱ **河边淑气迎芳草，林下轻风待落梅**　这两句引自唐代孙逖《和左司张员外自洛使入京中路先赴长安逢立春日赠韦侍御及诸公》诗中“河边淑气迎芳草，林下轻风待落梅”。淑气：早春的温和之气。落梅：立春前后是腊梅开始凋落的时候，满地落花似雪，林下可以赏梅。另外，有一古笛曲名叫《梅花落》，有一种酒名叫“落梅清酒”。那么，坐在清风林下，一边饮“落梅酒”，一边赏雪梅花，一边听“梅花落”，一举三得，岂不快哉。

⑲ **柳媚花明，燕语莺声浑是笑**　柳媚花明，燕语莺声：形容春光明媚，喜气盎然。又比喻女子体态优美，笑声悦耳。《笠翁对韵》作者李渔在《无声戏·谭楚玉戏里传情刘藐姑曲终死节》中说：“只因他学戏的时节，把那些莺啼燕语之声、柳舞花翻之态操演熟了，所以走到人面前，不消作意，自有一种云行水流（自然无拘）的光景。”

⑳ **松号柏舞，猿啼鹤唳总成哀**　松号柏舞，猿啼鹤唳：形容环境阴森，声音凄凉。东晋医药学家葛洪《抱朴子》云：“周穆王南征，一军尽化（死亡），君子为猿为鹤，小人为虫为沙。”比喻战乱使将士变成了非人的猿鹤虫沙等异物。汉代经学大师郑玄注云：“[猿鹤]鸣，其声哀。”

zhōng duì xìn bó duì gāi cǔn duó duì yí cāi xiāng
忠对信，博对该㉑。忖度对疑猜。香

xiāo duì zhú àn què xǐ duì qióng āi jīn huā bào yù jìng
消对烛暗㉒，鹊喜对蛩哀。金花报㉓，玉镜

tái dǎo jiǎ duì xián bēi yán diān héng lǎo shù shí dèng
台㉔。倒斝对衔杯㉕。岩巅横老树㉖，石磴

fù cāng tái xuě mǎn shān zhōng gāo shì wò yuè míng lín xià
覆苍苔㉗。雪满山中高士卧，月明林下

měi rén lái lǜ liǔ yán dī jiē yīn sū zǐ lái shí zhòng
美人来㉘。绿柳沿堤，皆因苏子来时种㉙；

bì táo mǎn guàn jìn shì liú láng qù hòu zāi
碧桃满观，尽是刘郎去后栽㉚。

注解

㉑**博该** 博学多闻。博：丰富；众多。该：通“赅”，完备；俱全。《晋书·索靖传》云：“唯靖该博经史，兼通内纬。”

㉒**香消** 比喻美丽的女子死亡。[唐]刘沧《经炀帝行宫》云：“香销（通‘消’）南国美人尽，怨入东风芳草多。”[明]无名氏《寻亲记》云：“玉碎香消镜台荒，绿云缭乱懒梳妆。” **烛暗** 比喻残年老人。[宋]莫仑《生查子》词云：“衾单容易寒，烛暗相将灭。”[宋]赵长卿《浣溪沙》词云：“五云楼阁羡刘郎，酒阑烛暗断回肠。”

㉓**金花报** 亦作“金花笺”、“金花帖子”。唐宋时期，科举考试状元及第的报喜帖子上贴以金花，谓之“金花笺”。[宋]乐史《杨太真外传》云：“[上]遽命龟年（李龟年）持金花笺，宣赐翰林学士李白，立进《清平乐》词三篇。”

㉔ **玉镜台** 玉制的镜台。晋朝温峤随刘琨北征时，得一玉镜台。温峤妻丧，从姑母刘氏有一女，甚有姿慧。姑母托峤觅婚，峤有自娶之意。少日，峤对姑母说找到了，门第不错，是官宦家，各方面都不比峤差。顺手交给姑母玉镜台一枚为聘，姑母大喜。婚成，姑母之女抚掌大笑，说："我早就猜着是你这老东西！"（见《世说新语·假谲》）

㉕ **倒斝** 敬酒。斝：古代酒器。《诗经·大雅·行苇》云："肆筵设席，授几有缉御。或献或酢，洗爵奠斝。"［唐］韩愈《祭河南张员外文》云："哭不凭棺，奠不亲斝。" **衔杯** 饮酒。［唐］李白《广陵赠别》诗云："系马垂杨下，衔杯大道间。"

仿袁安卧雪图（冯超然）

㉖ **岩巅横老树** 山顶横卧老树。这是唐朝诗圣杜甫《奉先刘少府新画山水障歌》中"能添老树巅崖里"诗句的化用。

㉗ **石磴覆苍苔** 石阶长满青苔。比喻破屋久无人居。这是唐代诗人刘沧《经无可旧居兼伤贾岛》中"苍苔封（覆盖）砌（石阶）竹成竿（枯死）"诗意的化用。石磴：用石头铺砌成的台阶。苍苔：绿色苔藓。

㉘ **雪满山中高士卧，月明林下美人来** 这两句引自明朝高启《咏梅》诗句"雪满山中高士卧，

月明林下美人来”。

东汉楚郡太守袁安，字邵公，汝南汝阳人。自幼好学，生性倔强，为人严谨，受人敬重，洛阳令举为孝廉。洛阳郡下大雪，人多外出乞食。袁安为避免与贫民争食，掩门卧床不出，故有积雪拥掩其门。（见《后汉书·袁安传》）

隋朝开皇年间，赵师雄游罗浮，天将黑，卧于松林一家酒店旁休息。不一会儿，一个素服淡妆美女向他走来，交谈时，芳香袭人。二人一起进酒店共饮，师雄醉倒。醒来，见自己原来是躺在一株梅花树下，上有翠鸟啾嘈相顾，月落参横，但觉惆怅而已。（见［唐］柳宗元《龙城录》）

㉙ **绿柳沿堤，皆因苏子来时种** 宋元祐年间，苏轼（东坡）任杭州知府时，在西湖筑堤，横截湖面，用以开湖蓄水。中为六桥九亭，夹道植柳，名为“苏公堤”。（见《宋史·河渠志·东南诸水下》）

㉚ **碧桃满观，尽是刘郎去后栽** 唐代诗人刘禹锡因参加革新，被从监察御史贬为朗州司马。过了十年，朝廷想重新起用他，但他刚回长安即写《游玄都观》诗称：“玄都观（在长安）里桃千树（暗指朝中爬上来的新贵），尽是刘郎（指自己）去后（被贬朗州以后）栽。”这下又得罪了新权贵，再度被挤出长安派当连州刺史。十四年后再度被召回京都任职时，他又写《再游玄都观》诗云：“百亩庭中半是苔，桃花（暗指新权贵）净尽菜花开。种桃道士归何处？前度刘郎今又来。”

十一真

lián duì jú fèng duì lín zhuó fù duì qīng pín yú
莲对菊，凤对麟[①]。浊富对清贫[②]。渔
zhuāng duì fó shè sōng gài duì huā yīn luó yuè sǒu gě tiān
庄对佛舍，松盖对花茵[③]。萝月叟[④]，葛天
mín guó bǎo duì jiā zhēn cǎo yíng jīn liè mǎ huā zuì yù lóu
民[⑤]。国宝对家珍。草迎金埒马，花醉玉楼
rén cháo yàn sān chūn cháng huàn yǒu sài hóng bā yuè shǐ
人[⑥]。巢燕三春尝唤友[⑦]，塞鸿八月始
lái bīn gǔ wǎng jīn lái shuí jiàn tài shān céng zuò lì tiān
来宾[⑧]。古往今来，谁见泰山曾作砺[⑨]；天
cháng dì jiǔ rén chuán cāng hǎi jǐ yáng chén
长地久，人传沧海几扬尘[⑩]。

注解

①**凤麟** 凤凰和麒麟，古代传说中的神鸟神兽，象征祥瑞。《管子·封禅》云：“今凤凰麒麟不来，嘉谷不生。”

②**浊富** 靠巧取豪夺而得的不义之富。［唐］姚崇《冰壶诫》诗云：“与其浊富，宁比清贫。”［明］杨慎《佛书》诗云：“宁可清贫自乐，不作浊富多忧。” **清贫** 贫寒而有节操。《后汉书·刘陶传》云：“陶既清贫而耻以钱买职（买官），称疾不听政。”《三国志·魏志·华歆传》云：“歆素清贫，禄赐（所受薪水）以赈施亲戚故人，家无担石（形容粮食很少）之储。”

③**松盖** 把茂密的乔松枝叶当伞盖。唐代诗人钱起登秦岭，在半山坡

遇雨，遂躲在岩崖松树下避雨，并作诗云：“依岩假（借）松盖，临水羡荷衣。”（见钱起《登秦岭半崖遇雨》） **花茵** 把聚拢的树上落花当坐垫。茵：通“裀”。唐代学士许慎，字谨选，与亲友结宴于花园中，不设帷幄和坐具，使仆童辈聚树上落花当坐垫，还风趣地说：“吾自有花裀，何消坐具？”（见五代后周王仁裕《开元天宝遗事上·花茵》）

④**萝月叟** 月下藤萝间的老人。反映老人过着清静的田园生活。大诗人李白在《下终南山过斛斯山人宿置酒》诗中写了他月夜造访山中隐士的情景：“暮从碧山下，山月随人归。却顾所来径，苍苍横翠微。相携及田家，童稚开荆扉。绿竹入幽径，青萝拂行衣。”

⑤**葛天民** 葛天氏之民。传说，帝王葛天氏，在伏羲氏之前，其治世之道“不言而自信，不化而自行”，是古代理想中的自然、淳朴之世。［晋］陶渊明《五柳先生传》云：“衔觞（把酒）赋诗，以乐其志，无怀氏（传说中的古帝名）之民与？葛天氏之民与？”［元］沈禧《山寺樵歌》词云：“忘世虑，断尘缘。逍遥傲葛天。醒时一曲醉时眠。风清月正圆。”

⑥**草迎金埒马，花醉玉楼人** 这是写后期的唐玄宗李隆基荒淫误国的生活。金埒：用金钱筑成的墙。西晋富豪王济（武子）、石崇好比富，竞输赢。王济善马射，买地作金埒，与石崇骑马比赛跨越。（见《世说新语·汰侈》）这里用“金埒马”一词，是比喻唐玄宗春巡马勒（金饰的带嚼口的马络头）的华贵。玉楼：华丽的楼房。诗圣杜甫在《哀江头》诗中写道：“昭阳殿里第一人（指杨贵妃），同辇随君侍君侧。辇前才人（指随从女官们）带弓箭，白马嚼啮黄金勒。”［唐］白居易在《长恨歌》长诗中也写道：“云鬓花颜（指杨贵妃）金步摇，芙蓉帐暖度春宵。春宵苦短日高起，从此君王（指唐玄宗）不早朝……金屋妆成娇侍夜，玉楼宴罢醉和春。”通过描述唐玄宗与杨贵妃的同辇春巡和贪淫不早朝，暗示唐明皇李隆基的荒淫误国。元代吴伯宗在《大驾春巡诗应制》中综合了杜白两位大诗人对唐玄宗的揭露：“金勒马嘶芳草地，玉楼人醉杏花天。”

⑦**巢燕三春尝唤友** 这是《诗经·小雅·伐木》中“嘤（鸟叫声）其

鸣矣，求其友声”、宋朝辛弃疾《满江红·点火樱桃》中“乳燕引雏飞力弱，流莺唤友娇声怯”和宋朝曹勋《小园午集坐间呈处和瞻明诸友》中“暖景迟迟莺唤友，落英寂寂草成茵”各诗句的化用。三春：农历三月。

⑧**塞鸿八月始来宾** 这是《礼记·月令》中“季秋之月……鸿雁来宾（来南方作宾）”文意的化用。塞鸿：北方的鸿雁。鸿雁是候鸟，每年秋分（农历八月）后飞往南方越冬，次年春分（三月）后北返繁殖。人们把八月雁赴南方越冬视为作宾，把雁返北方繁殖视为回家。

⑨**古往今来，谁见泰山曾作砺** 这是明朝诗人高启《缶鸣集》中“人生富贵知几时，泰山作砺徒相期”诗意的化用。意思是说，人生短暂，想等着看到泰山变成小砺石，那是徒劳的。“泰山若砺”一语，出自汉高祖刘邦之口。《史记·高祖功臣侯年表序》载：“封爵之誓曰：‘使河如带，泰山若厉（通“砺”），国以永宁，爰及苗裔。’”意思是说，即使有朝一日黄河狭如衣带，泰山小若砺石，封国永存。

⑩ **天长地久，人传沧海几扬尘** 这是东晋葛洪在《神仙传》中讲的一个故事的化用。《神仙传》载：仙人麻姑说，历史上东海已经三次变为桑田了。现在蓬莱水又少了一半，这岂不是预示东海又要变为高山和平原了吗？仙人王远（字方平）叹息说，大海又要扬起尘土了。

xiōng duì dì lì duì mín fù zǐ duì jūn chén gōu dīng
兄对弟，吏对民。父子对君臣。勾丁
duì fǔ jiǎ fù mǎo duì tóng yín zhé guì kè zān huā rén
对甫甲[11]，赴卯对同寅[12]。折桂客[13]，簪花人[14]。
sì hào duì sān rén wáng qiáo yún wài xì guō tài yǔ zhōng
四皓对三仁[15]。王乔云外舄[16]，郭泰雨中
jīn rén jiāo hǎo yǒu qiú sān yì shì yǒu xián qī bèi wǔ lún
巾[17]。人交好友求三益[18]，士有贤妻备五伦[19]。
wén jiào nán xuān wǔ dì píng mán kāi bǎi yuè yì qí xī zhǐ
文教南宣，武帝平蛮开百越[20]；义旗西指，
hán hóu fú hàn juǎn sān qín
韩侯扶汉卷三秦[21]。

注解

⑪ **勾丁甫甲** 男子够十八岁开始当兵。勾：通“够”，达到。丁：男女十八岁以上的成年人谓之“丁”。甫：开始。甲：铠甲，引为穿铠甲的士兵。《史记·主父偃列传》云：“丁男被（通‘披’）甲，丁女转输（指缴税），苦不聊生。”

⑫ **赴卯** 亦作“画卯”、“应卯”。旧时官吏每日清晨卯时（早五时至七时）赴官府签到上班，叫“画卯”、“应卯”或“赴卯”。《水浒传》云：“次日武松清早出去县里画卯，直到日中未归。” **同寅** 旧时称在同一处做官的同僚。［宋］张镃《送赵季言知抚州》诗云：“同寅心契每难忘，林野投闲话最长。”

⑬ **折桂客** 科举时代俗称考试及第者为月宫折桂。折桂客指的是在朝廷科举中考中进士的人。后在各种考试或比赛中获得第一，也称“折桂”。

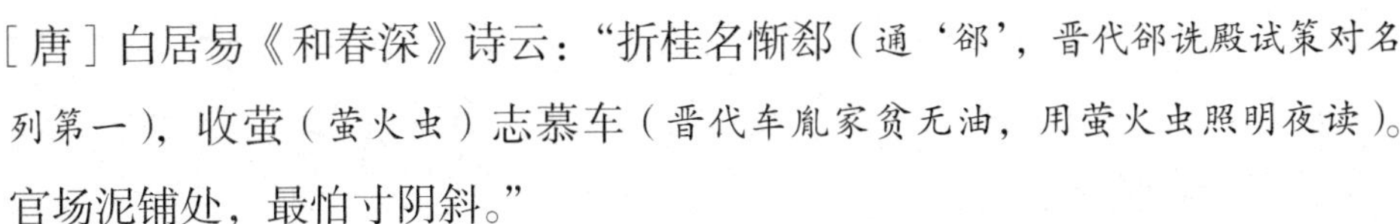

［唐］白居易《和春深》诗云："折桂名惭郄（通'郤'，晋代郤诜殿试策对名列第一），收萤（萤火虫）志慕车（晋代车胤家贫无油，用萤火虫照明夜读）。官场泥铺处，最怕寸阴斜。"

⑭ **簪花人** 头上插花的美人。常用来比喻书法或诗文清新秀丽。［南朝梁］袁昂《古今书评》云："卫常书，如插花美人，舞笑镜台。"古时遇典礼宴会佳节，男女皆头上戴花。［唐］杜牧《为人题赠》诗云："有恨簪花懒，无寥斗草稀。"

⑮ **四皓** 指汉初商山的四位隐士东园公、绮里季、夏黄公、角里先生。（参见本卷"八齐"注⑬） **三仁** 殷商末年，纣王暴虐无道，纣之庶兄微子劝谏纣王，不听，微子出走；纣之叔父箕子进谏，不听，箕子佯狂为奴；纣之叔父比干犯颜强谏，纣怒，剖其心，比干死。孔子曰："殷有三仁（指微子、箕子、比干）焉。"（见《论语·微子》）

⑯ **王乔云外舄** 舄：鞋。东汉尚书王乔，河东（在今山西）人，有神术。传说他任叶县县令时，每当初一、十五他从县里到都城洛阳参加朝会，从不乘车马。明帝很感奇怪，就密令太史暗察。太史偷窥后报告明帝说，王乔来时，总有双凫（野鸭）从东南方向飞来。张罗网之，乃是帝赐王乔穿的一双尚书官官靴。（见《后汉书·方术传》）有人说，王乔即周灵王太子晋，也就是那个驾鹤飞天的仙人王子乔。［晋］孙绰《游天台山赋》云："王乔控鹤以冲天，应真飞锡以蹑虚。"

⑰ **郭泰雨中巾** 东汉经学家郭泰，字林宗，太原介休人。博通经典，居家教授，弟子至千人。与河南尹李膺友好。一次外出遇雨，头巾被雨压折一角，人见皆仿效折巾，称为"林宗巾"。（见《汉书·郭泰传》）

⑱ **人交好友求三益** 孔子说：交朋友，有增益的三友，有坏事的三友。友直（正直）、友谅（诚信）、友多闻（见识广博），自己就会受益匪浅。友便辟（好谄媚）、友善柔（善奉承）、友便佞（能花言巧语），就会坏事屡见。所以，交朋友应该求三益。（见《论语·季氏》）

⑲ **士有贤妻备五伦** 五伦：亦称"五常"，封建礼教规定的君臣、父子、

兄弟、夫妻、朋友之间的人伦关系。《孟子·滕文公上》云："[舜]使契(传说是殷朝的祖先)为司徒，教以人伦：父子有亲，君臣有义，夫妇有别，长幼有序(排次序)，朋友有信。"

⑳ **文教南宣，武帝平蛮开百越** 蛮：古代对我国长江中游及其以南和西南地区各少数民族的泛称。百越：亦作"百粤"，古代对我国长江中下游以南地区众多越族部落的总称。汉武帝时期，除北攻匈奴，解除了匈奴的威胁外，又发兵平定百越，设置九郡；击西南夷、夜郎、滇等国和部落，设置八郡，为促进我国多民族的发展起了积极作用，为现代中国疆域奠定了初步基础。(见《汉书·武帝本纪》)

㉑ **义旗西指，韩侯扶汉卷三秦** 西汉大将韩信，淮阴人。初随项羽，后归刘邦，拜为大将。伐魏、举赵、降燕、破楚、定齐地，战功卓著。先后受封为齐王、楚王。项羽破秦入关后，三分秦之关中之地，封章邯为雍王、董翳为翟王、司马欣为塞王，分治关中，合称三秦。韩信领军助刘扫三秦，后与汉师会围项羽于垓下，羽走自杀。萧何、张良、韩信并称"汉兴三杰"。后来，高祖疑其背叛，伪游云梦，擒往咸阳，降封淮阴侯。终为吕后所杀。(见《史记·淮阴侯列传》)

shēn duì shì kǎn duì yín ā wèi duì yīn chén
申对示[22]，侃对訚[23]。阿魏对茵陈[24]。

chǔ lán duì xiāng zhǐ bì liǔ duì qīng yún huā fù fù yè
楚兰对湘芷[25]，碧柳对青筠。花馥馥[26]，叶

zhēn zhēn fěn jǐng duì zhū chún cáo gōng jiān sì guǐ yáo
蓁蓁[27]。粉颈对朱唇。曹公奸似鬼[28]，尧

dì zhì rú shén nán ruǎn cái láng chā běi fù dōng shī chǒu
帝智如神[29]。南阮才郎差北富[30]，东施丑

nǚ xiào xī pín sè yàn běi táng cǎo hào wàng yōu yōu shèn
女效西颦[31]。色艳北堂，草号忘忧忧甚

shì xiāng nóng nán guó huā míng hán xiào xiào hé rén
事？香浓南国，花名含笑笑何人[32]？

注解

㉒ **申示** 申明表示。《后汉书·张纲传》云：“求得与长老相见，申示国恩。”现在有的版本作“申对午”。

㉓ **侃訚** 言论和悦而中正。《论语·乡党》云：“［孔子上］朝，与下大夫言，侃侃（和颜悦色貌）如也；与上大夫言，訚訚（正直恭敬貌）如也。”

㉔ **阿魏** 木本植物。三月生叶，无花实。断其枝，汁出如饴，装竹筒中，日久坚凝，即成阿魏，入药。一说其汁有毒。（见《本草纲目·阿魏》） **茵陈** 草本植物。经冬不死，因旧而生，故名。有香气，入药。（见《政和证类本草·茵陈》）

㉕ **楚兰湘芷** 亦作“澧兰沅芷”或“沅芷澧兰”。楚、湘：指湖南。沅、澧：指湖南境内的沅水和澧水。沅澧二水流域生长有芷兰香草，人们常以“芷兰”比喻人品高洁。［战国楚］屈原《九歌·湘夫人》云：“沅有芷兮澧

有兰，思公子兮未敢言。”［东汉］王逸注：“言沅水之中有盛茂之芷，澧水之外有芬芳之兰，异于众草，以兴湘夫人美好亦异于众人。”

㉖ **花馥馥** 花香浓烈。［晋］陆机《文赋》云：“播芳蕤（花下垂貌）之馥馥，发青条之森森。”

㉗ **叶蓁蓁** 树叶茂盛。《诗经·周南·桃夭》云：“桃之夭夭，其叶蓁蓁。”

㉘ **曹公奸似鬼** 这是三国时期谋士许攸对曹操的评语。《三国志·魏志·武帝纪》载：“汉末曹操尝问许攸（子远）‘我何如人？’攸曰：‘子治世之能臣，乱世之奸雄（富于权诈，才足欺世的野心家）。’”

㉙ **尧帝智如神** 这是《史记》中颂尧的话。《史记·五帝本纪》云：“帝尧者，放勋（名子）。其仁如天，其知（智）如神，就之如日，望之如云，富而不骄，贵而不舒（傲慢）。”

㉚ **南阮才郎差北富** 晋代阮氏家族共居于道北和道南，故有南阮、北阮之分，北阮富，而南阮贫，贫富分明。名人阮咸与阮籍同居道南。（见《晋书·阮籍传》）［唐］戴叔伦《旅次寄湘南张郎中》诗云：“闭门茅底偶为邻，北阮那怜南阮贫。”

㉛ **东施丑女效西颦** 春秋越国美女西施，因患心病而捧心皱眉行于里巷，邻里丑女东施觉得她的样子特别美，于是也仿效西施捧心皱眉走路，然其丑更甚。富人见之，闭门不出，贫人见之，携妻子而奔。（见《庄子·天运》）

㉜ **色艳北堂，草号忘忧忧甚事？香浓南国，花名含笑笑何人** 这两句是宋代丁谓的《知命集》中“草解忘忧忧底（何）事，花能含笑笑何人”诗句的化用。北堂：也称“萱堂”，旧指母亲（主妇）的居室。萱：萱草，别名谖草、忘忧草、宜男草。南国：中国南部。含笑花，产于中国南部，有浓郁的香蕉气味。花不满开，如含笑，故名。

十二文

yōu duì xǐ qī duì xīn èr diǎn duì sān fén fó
忧对喜，戚对欣[1]。二典对三坟[2]。佛
jīng duì xiān yǔ xià nòu duì chūn yún pēng zǎo jiǔ jiǎn
经对仙语[3]，夏耨对春耘[4]。烹早韭[5]，剪
chūn qín mù yǔ duì zhāo yún zhú jiān xié bái jiē huā
春芹[6]。暮雨对朝云[7]。竹间斜白接[8]，花
xià zuì hóng qún zhǎng wò líng fú wǔ yuè lù yāo xuán bǎo
下醉红裙[9]。掌握灵符五岳箓[10]，腰悬宝
jiàn qī xīng wén jīn suǒ wèi kāi shàng xiàng qū tīng gōng lòu
剑七星纹[11]。金锁未开，上相趋听宫漏
yǒng zhū lián bàn juǎn qún liáo yǎng duì yù lú xūn
永[12]；珠帘半卷，群僚仰对御炉熏[13]。

注解

①**戚欣** 亦作“欣戚”。喜乐和忧戚。《魏书・孙绍传》云：“奉国四世，欣戚是同。”

②**二典三坟** 二典：是《尚书》中《尧典》《舜典》的合称。［唐］孔颖达疏云：“今《尧典》《舜典》，是二帝‘二典’。”三坟：传说中我国最古老的书籍。［汉］孔安国《尚书序》云：“伏羲、神农、黄帝之书谓之三坟，言大道也；少昊、颛顼、高辛、唐（尧）、虞（舜）之书谓之五典，言常道也。”

③**佛经** 佛教的经典，也叫“释典”，又叫“大藏经”。佛：是佛教徒对佛祖释迦牟尼的称呼，一般教徒称为“僧”。 **仙语** 道教的经典，也

叫“道经”，又叫“仙籍”。道家修行求成仙，故道家经典亦称“仙籍”。

④**夏耨春耘** 春季耕种，夏天除草。耨、耘，均指用农具除草。

⑤**烹早韭** 早韭：初春的韭菜芽。诗圣杜甫《赠卫八处士》诗云：“夜雨剪春韭，新炊间黄粱。”

⑥**剪春芹** 春芹：春季的嫩芹菜。［宋］苏轼《新城道中二首》诗云：“西崦人家应最乐，煮芹烧笋饷春耕。”［元］仇远《食芹寄天竺山友》诗云：“青青泥中芹……风味胜葱韭，煎之以牛酥……不但甘如荠（甜菜），咀嚼香溢口。”

⑦**暮雨朝云** 亦作“朝云暮雨”。战国时期，楚怀王游高唐，梦见一妇人（女神）说：“妾在巫山之阳，高丘之阻，旦为朝云，暮为行雨。”（见［战国楚］宋玉《高唐赋》）后人为该女神立庙，号曰“朝云”。［宋］陆游《三峡歌》诗云：“朝云暮雨浑虚语，一夜猿啼明月中。”

⑧**竹间斜白接** 白接：即“白接篱”，帽名。西晋“竹林七贤”山涛之幼子山简，字季伦，河内怀县（今河南武陟西）人。曾任征南将军，都督荆、湘、交、广四州诸军事，镇守襄阳。嗜酒，荆州豪族习氏有佳园酒池，山简常去嬉游，至醉倒载（烂醉倒卧在车上）而归。儿童为之歌曰：“山公时一醉，径造（直往）高阳池。日暮倒载归，酩酊无所知。复能乘骏马，倒着白接篱（刚醒酒又歪戴帽子骑骏马）。”（见《世说新语·任诞》）

⑨**花下醉红裙** 红裙：妇女穿的红彩裙，代指美女。这是唐代诗人李商隐《花下醉》中“寻芳不觉醉流霞，倚树沉眠日已斜”和韩愈《醉赠张秘书》中“不解文字饮，惟能醉红裙”诗意的化用。

⑩**掌握灵符五岳箓** 符箓：道家的秘密文书，道士用来召神驱鬼、治病延年的符。据道教传说，修炼到一定程度的道士，可以掌握三山五岳灵符，统领鬼神。［唐］郑綮《开天传信记》云：“道士叶法善，精于符箓之术。”

⑪**腰悬宝剑七星纹** 古宝剑有七星图纹。战国时期，楚兵追捕誓为父兄报仇的伍子胥。子胥逃至鄂渚（长江），渔父帮他渡过。子胥用三世传家之宝七星剑酬谢渔父，渔父不受。子胥遂逃往吴国。后借吴兵打回楚国，

并掘墓鞭打楚平王之尸。（见《东周列国志》）

⑫ **金锁未开，上相趋听宫漏永** 这是朝臣一大早在宫门等候上班的情形。宫漏：宫中的铜壶滴漏，古代宫中的计时器具。[宋]欧阳修《内直奉寄圣俞博士》诗云："独直偏知宫漏永（宫漏长时间滴个没完），稍寒尤觉玉堂清。"[唐]戴叔伦《春日早朝应制》诗云："月沉宫漏静，雨湿禁花寒。"

⑬ **珠帘半卷，群僚仰对御炉熏** 这是朝臣上朝时罗立殿侧的情形。[唐]贾至《早朝大明宫》诗云："剑佩身随玉墀（铺砌玉石的台阶）步，衣冠犹惹御炉香。"唐代诗人岑参在《寄左省杜拾遗》中描写了退朝的情形："晓随天仗（皇帝驾前的仪仗）入（上朝），暮惹（沾引）御香（宫中御案上火炉的香气）归。"

竹石美人（吴光宇）

cí duì fù lǎn duì qín lèi jù duì qún fēn luán xiāo
词对赋，懒对勤。类聚对群分⑭。鸾箫

duì fèng dí dài cǎo duì xiāng yún yān xǔ bǐ hán liǔ wén
对凤笛，带草对香芸⑮。燕许笔⑯，韩柳文⑰。

jiù huà duì xīn wén hè hè zhōu nán zhòng piān piān jìn yòu jūn
旧话对新闻。赫赫周南仲⑱，翩翩晋右军⑲。

liù guó shuì chéng sū zǐ guì liǎng jīng shōu fù guō gōng xūn
六国说成苏子贵⑳，两京收复郭公勋㉑。

hàn què chén shū kǎn kǎn zhōng yán tuī jiǎ yì táng tíng duì cè
汉阙陈书，侃侃忠言推贾谊㉒；唐廷对策，

yán yán zhí jiàn yǒu liú fén
岩岩直谏有刘蕡㉓。

注解

⑭ **类聚群分** 各种方术（某一方面的主张或学说）因种类相同而聚合，各种事物因类别不同而区分。《周易·系辞上》云："方以类聚，物以群分。"

⑮ **带草** 草名。叶长而极其坚韧，相传汉郑玄门下取以束书，故名。《后汉书·郡国志四》东莱郡刘昭注引晋伏琛《三齐记》云："郑玄教授不其山，山下生草大如［木］，叶长一尺余，坚韧异常，土人名曰康成书带。" **香芸** 草名。俗称"七里香"。有特异香气，能去蚤虱，辟蠹奇验，古来藏书家多用以防蠹。［唐］杨炯《卧读书架赋》云："开卷则气杂香芸，挂编则色连翠竹。"［宋］刘克庄《鹊桥仙·庚申生日》词云："香芸辟蠹，青藜烛阁，天上宝书万轴。"

⑯ **燕许笔** 唐玄宗时，燕国公张说、许国公苏颋，皆以文章显世，号称"燕许大手笔"。（见《新唐书·苏颋传》）

⑰ **韩柳文** 唐朝的韩愈和柳宗元，皆为一代文章大家，后世合称“韩柳”。［唐］杜枚《冬至日寄小侄阿宜》诗云：“李杜泛浩浩，韩柳摩苍苍。”

⑱ **赫赫周南仲** 周宣王派大将南仲征讨西戎（古代西北少数民族），战功显赫，名扬四海。《诗经·小雅·出车》云：“王命南仲，往城于方（城防北方）……赫赫南仲，薄伐（战胜）西戎。”

⑲ **翩翩晋右军** 晋朝书法家王羲之，曾为右军将军。擅长书法，备精诸体，笔势翩翩，“飘若浮云，矫若惊龙”，世称“书圣”。（见《晋书·王羲之传》）

⑳ **六国说成苏子贵** 战国时，东周洛阳人苏秦，是著名说客。背后斜挎长剑用于防身。初说秦惠王吞并天下，不用。后游说燕赵韩魏齐楚六国，合纵抗秦，佩六国相印，为纵约之长。待纵约被张仪所破，苏秦转至齐国为客卿，与齐大夫争宠，被刺死。（见《史记·苏秦列传》）

㉑ **两京收复郭公勋** 唐朝大将郭子仪，今陕西华县人。以武举累官至天德军使兼九原太守。安史叛乱时，任朔方节度使，在河北击败史思明。肃宗即位，任关内河东副元帅，配合回纥兵收复长安、洛阳两京，封汾阳王。（见《唐书·郭子仪传》）

㉒ **汉阙陈书，侃侃忠言推贾谊** 西汉政论家、文学家贾谊，时称贾生，洛阳（今河南洛阳东）人。少有“博学能文”之誉。汉文帝召为博士，不久迁至太中大夫。他好议国家大事，曾多次忠言上疏，批评时政。建议削弱诸侯势力，加强中央集权；主张重农抑商，驱民归农；力主抗击匈奴的攻掠。因遭大臣周勃、灌婴排挤，被贬为长沙王太傅，后为梁怀王太傅。他往长沙就任时，渡湘水作《吊屈原赋》，借以抒发自身的哀怨。任长沙王太傅时，有鵩（俗称“猫头鹰”，楚人叫“鹏鸟”）飞入他的舍内，以为不祥，又作《鹏鸟赋》，自伤不遇。死时只有三十三岁。（见《史记·屈原贾生列传》）

㉓ **唐廷对策，岩岩直谏有刘蕡** 唐代进士刘蕡，字去华，幽州昌平人。他沉健善谋，尤精《左氏春秋》，常言古代兴亡诸事，有救世之志。文宗年间，于举贤良对策时，极力劝谏皇帝诛杀权奸、宦官，但不为皇帝赏识，

遂落第。同考李郃不平地说："刘蕡不第，我辈登科，实厚颜矣！"并上书，愿以授己之官让与刘蕡。（见《新唐书·刘蕡传》）［元］关汉卿《救风尘·第一折》曲云："刘蕡下第千年恨，范丹守志一生贫。"

霜江独钓图（林琴南）

yán duì xiào jì duì xūn lù shǐ duì yáng fén xīng
言对笑，绩对勋。鹿豕对羊羵㉔。星

guān duì yuè shàn bǎ mèi duì shū qún tāng shì gě yuè
冠对月扇㉕，把袂对书裙㉖。汤事葛㉗，说

xīng yīn luó yuè duì sōng yún xī chí qīng niǎo shǐ běi
兴殷㉘。萝月对松云㉙。西池青鸟使㉚，北

sài hēi yā jūn wén wǔ chéng kāng wéi yí dài wèi wú shǔ
塞黑鸦军㉛。文武成康为一代㉜，魏吴蜀

hàn dìng sān fēn guì yuàn qiū xiāo míng yuè sān bēi yāo qū
汉定三分㉝。桂苑秋宵，明月三杯邀曲

kè sōng tíng xià rì xūn fēng yì qū zòu tóng jūn
客㉞；松亭夏日，薰风一曲奏桐君㉟。

注解

㉔ **羊羵** 即“羵羊”，土中怪羊，雌雄不分。《国语·鲁语下》云：“季桓子穿井，获如土缶，其中有羊焉。使问之仲尼曰：‘吾穿井而获狗，何也？’对曰：‘以丘之所闻，羊也。丘闻之：土之怪，曰羵羊。’”

㉕ **星冠** 通常指道士的帽子。[唐]戴叔伦《汉宫人入道》诗云：“萧萧白发出宫门，羽服星冠道意存。”此处“星冠”是指“星晕”，亦作“日冠”，日晕出现在太阳上方，形如冠。（见《初学记·日引杂兵书》） **月扇** 团扇，形如满月，故称“团扇”。[汉]班婕妤《怨歌行》诗云：“裁为合欢扇，团团似明月。”[北周]庾信《北园新斋成应赵王教》诗云：“文弦入舞曲，月扇掩歌儿。”

㉖ **把袂** 握袖，表示亲昵。袂：衣袖。李白初到长安，首先接触到的是长安县尉崔叔封、起居郎崔宗之等人。崔宗之是长安城中有名的“酒

中仙”，他与李白虽是初交，却一见倾心，遂赋《赠李十二》诗曰：“李侯（指李白）忽来仪，把袂苦不早。清论既抵掌，玄谈又绝倒。”感叹相见恨晚。　**书裙**　南朝宋书法家羊欣，字敬元，泰山南城（今山东费县西南）人。官至中散大夫、义兴太守。博览经籍，尤长隶书，深受书法家王献之所爱。王献之任吴兴太守时，到羊欣之父、乌程县令羊不疑家走访，十三岁的羊欣正着新绢裙午睡，王献之就在羊欣的新绢裙上题书数幅而去。羊欣视为珍宝揣摩，书法大进。（见《宋书·羊欣传》）

㉗ **汤事葛**　商朝都城在亳（今山东曹县南），与葛国为邻。葛伯（国君）放纵，不祭祀祖先。商汤王问其原因，葛伯说没有牛羊祭品。商汤赠给葛伯一些牛羊，但葛伯偷着把牛羊自食了，并说还没有谷米祭品呢。商汤又派人去葛地帮种谷物，派弱小儿童给耕者送饭。但葛伯竟派人去抢粮，并杀死送饭儿童。于是商汤王出兵灭掉了葛国。这就是《尚书》上说的“葛伯仇饷”。（见《孟子·滕文公下》）

㉘ **说兴殷**　相传殷商筑墙奴隶傅说，筑于傅岩（地名）之野，为殷高宗武丁访得，举为宰相，殷商出现中兴局面。（见《尚书·说命》《史记·殷纪》）

㉙ **萝月**　萝藤间的月色。［唐］卢照邻《悲昔游》诗云：“萝月寡色，风泉罢声。”　**松云**　青松白云，一般指隐居之处。［唐］李白《赠孟浩然》诗云：“红颜弃轩冕，白首卧松云。”

㉚ **西池青鸟使**　神话传说中，七月七日，汉武帝在承华殿斋戒。日正中，忽见住在昆仑山瑶池的西王母使者青鸟从西方来。武帝问东方朔青鸟来故，朔对曰：“西王母暮必降尊像。”天将暮，王母至，乘紫车，玉女夹驭，载七胜（俗话说“救人一命，胜造七级浮屠”，指救人性命功德无量），清气如云，有二青鸟如鸾，夹侍王母旁。（见班固《汉武故事》）后以“青鸟使”泛指信使。［唐］孟浩然《清明日宴梅道士房》诗云：“忽逢青鸟使，邀我赤松家。”

㉛ **北塞黑鸦军**　唐末西突厥族沙陀部人李克用，其父朱邪赤心助唐镇压庞勋起义，唐懿宗赐名李国昌。李克用自幼随父征战，冲锋陷阵，号称“飞虎子”，别号“李鸦儿”，所率沙陀兵被称为“鸦儿军”。黄巢起义军攻

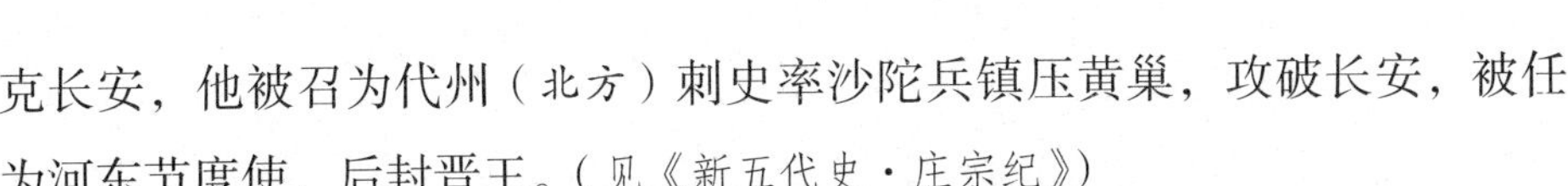

克长安，他被召为代州（北方）刺史率沙陀兵镇压黄巢，攻破长安，被任为河东节度使，后封晋王。（见《新五代史·庄宗纪》）

㉜ **文武成康为一代** 文王、武王、成王、康王是周代的前四位明君。《尚书·君牙》云："予小子（周穆王谦称）嗣守文武成康遗绪（遗业），亦惟先正之臣（希望先王的忠臣），克（能够）左右（辅佐）乱四方（治理天下）。"

㉝ **魏吴蜀汉定三分** 汉朝末年，魏、蜀、吴三国各据一方，使天下形成"三分鼎足"之势。元代无名氏《隔江斗智》诗云："汉家王气已将终，鼎足三分各自雄。"

㉞ **桂苑秋宵，明月三杯邀曲客** 中秋，在桂苑月下独酌邀圆月。秋宵：中秋之夜。曲客：酒友。［唐］李白《月下独酌》诗云："花间一壶酒，独酌无相亲。举杯邀明月，对影成三人。"

举杯邀明月（徐菊庵）

㉟ **松亭夏日，熏风一曲奏桐君** 夏日，在松亭平台抚琴奏南风。桐君：古琴名。熏风（南风）一曲：传说舜帝用五弦琴作《南风歌》，反映当时的"太平盛世"。歌词曰："南风之熏（香气）兮，可解吾民之愠（忧郁）兮；南风之时（季节）兮，可阜（丰盛）吾民之财兮。"（见《孔子家语·辨乐篇》）

十三元

卑对长①，季对昆②。永巷对长门③。山亭对水阁，旅舍对军屯④。扬子渡⑤，谢公墩⑥。德重对年尊⑦。承乾对出震，叠坎对重坤⑧。志士报君思犬马⑨，仁王养老察鸡豚⑩。远水平沙，有客泛舟桃叶渡⑪；斜风细雨，何人携榼杏花村⑫。

注解

①**卑长** 地位低下与年长位高。《孟子·滕文公下》云："在王所者（在君王身边的人），长幼卑尊皆薛居州（人名）也。"

②**季昆** 即昆季，兄弟。昆为兄（长），季为弟（幼）。［唐］李德裕《次柳氏旧闻》云："玄宗于诸昆季，友爱弥笃，呼宁王为大哥。"

③**永巷** 汉宫中的深巷，是幽禁妃嫔、宫女的地方。《史记·吕太后本纪》云："吕后最怨戚夫人及其子赵王（如意），乃令永巷囚戚夫人。" **长门** 宫名。汉武帝刘彻娶表妹陈阿娇为妻，爱甚，以金屋藏之。十年过后，阿娇无子，有沉鱼落雁之容的歌女卫子夫闯入了武帝的生活，阿娇失宠，

独居长门宫。她请求司马相如作《长门赋》，以感动武帝回心转意。（见班固《汉武故事》）

④**军屯**　即“军营”，军队驻扎之所。［唐］卢纶《送卫司法河中觐省》诗云：“晓山临野渡，落日照军营。”

⑤**杨子渡**　亦名“扬子渡”，江苏古津渡名。古时在长江北岸，由此南渡京口（今镇江市），自古为江滨要津。隋开皇十年（590），大臣杨素率舟师自此渡江，击朱莫问于京口，故名“杨子渡”。大业七年（611）隋炀帝升钓台，临此津，置“临江宫”（亦名“扬子宫”）。（见《嘉庆一统志·扬州府》）

⑥**谢公墩**　古迹名，在金陵（今江苏南京）半山。晋大将军谢安（字安石）曾登临半山，并建屋在此居住，故名“谢公墩”。后来宋朝王安石也曾居此。王安石有《谢公墩》诗云：“我名公字偶相同，我屋公墩在眼中。公去我来墩属我，不应墩姓尚随公。”

⑦**德重年尊**　指年龄高迈、品德高尚的人。［宋］邵伯温《闻见前录》云：“潞公慕唐白乐天（李白）九老会，乃集洛（洛阳）中卿大夫年德高者，为‘耆英会’。”也作“德高望重”、“德尊望重”，指年长而名位高的人。［宋］司马光《辞入对小殿札子》云：“臣窃惟富弼（宋仁宗、英宗、神宗时重臣）三世辅臣，德高望重。”

⑧**承乾出震，叠坎重坤**　乾、震、坎、坤是《周易》八卦中的四个卦名，又是两卦重叠变换所得六十四卦中的四卦。承乾、出震、叠坎、重坤，是反映这四卦的卦象特征。

承乾：表示乾卦符号☰之上摞着一个乾卦符号，即䷀。

出震：表示震卦符号☳之上再加一个震卦符号，即䷲。震：当“雷”讲。《周易·震卦》云：“《象》曰：‘洊雷，震。’”《正义》云：“洊者，重也；雷相因仍（沿袭），乃为威震也。此是重震之卦，故曰‘洊雷，震’也。”

叠坎：表示坎卦是两个坎卦符号☵相重叠，即䷜。有版本作“习坎”，“习”同“叠”，均为重复意。《周易·坎卦》云：“《象》曰：习坎，重险也。”

重坤：表示坤卦是两个坤卦符号☷相重叠，即䷁。

⑨**志士报君思犬马** 旧时的臣仆把自己比作君王的犬马，甘愿终身效劳。《汉书·赵充国传》云："臣位至上卿，爵为列侯，犬马之齿七十六。"《汉书·孔光传》云："臣光智谋浅短，犬马齿载诚恐一旦颠仆，无以报称。"

⑩**仁王养老察鸡豚** 战国思想家、政治家、思想家孟轲的仁政思想之一，是在位仁君要确保百姓家业，上能养父母，下足育妻子。让百姓在住宅四周植桑树，五十岁人有丝绸衣服；让百姓饲养鸡豚狗彘之畜，七十岁人有肉吃。（见《孟子·梁惠王上》）

⑪**远水平沙，有客泛舟桃叶渡** 传说东晋书法家王献之（子敬）爱妾桃叶，常在今江苏南京秦淮、青溪合流处渡江，王献之放心不下，常常亲自在渡口迎送，并作《桃叶歌》示爱，歌曰："桃叶复桃叶，渡江不用楫；但渡无所苦，我自迎接汝（你）。"后称此渡口为"桃叶渡"。（见《隋书·五行志》）

⑫**斜风细雨，何人携榼杏花村** 榼：古时的一种盛酒器具。"清明时节雨纷纷，路上行人欲断魂。借问酒家何处有？牧童遥指杏花村。"这是唐代诗人杜牧的名诗。杏花村在哪里？这个问路的买酒人是谁？传说杏花村在江苏南京；在安徽贵池；在湖北麻城；在山西汾阳……各说不一。明朝嘉靖年间的《金陵历代名胜志》上有一首诗写道："江南春雨梦无垠，沽酒旗亭白下门。一自樊川（杜牧的号）题句后，至今人说杏花村。"杏花村究竟在何地，还有待考证。

jūn duì xiàng zǔ duì sūn xī zhào duì zhāo xūn lán
君对相，祖对孙。夕照对朝曛⑬。兰

tái duì guì diàn hǎi dǎo duì shān cūn bēi duò lèi fù zhāo
台对桂殿⑭，海岛对山村。碑堕泪⑮，赋招

hún bào yuàn duì huái ēn líng mái jīn tǔ qì tián zhòng
魂⑯。报怨对怀恩。陵埋金吐气⑰，田种

yù shēng gēn xiàng fǔ zhū lián chuí bái zhòu biān chéng huà
玉生根⑱。相府珠帘垂白昼⑲，边城画

jiǎo dòng huáng hūn fēng yè bàn shān qiū qù yān xiá kān yǐ
角动黄昏⑳。枫叶半山，秋去烟霞堪倚

zhàng lí huā mǎn dì yè lái fēng yǔ bù kāi mén
杖㉑；梨花满地，夜来风雨不开门㉒。

注解

⑬ **夕照朝曛** 与“夕照”相对的应为“朝曦”，即傍晚的阳光与早晨的阳光。有人解释说：“曛，本义为落日的余光，此处与朝联用，指早晨的阳光。”此论欠妥。因为“曛”字只有“日落的余光”和“黄昏”之解。宋朝诗人秦观《送张和叔兼简黄鲁直》诗中有“学官冷如水，齑盐度朝曛”两句，但这里的“朝曛”是指“早晚”或“白天和黄昏”。“朝曛”如改为“朝曦”虽平仄相合，但“曦”属“支”韵，用在此处不妥。若是把“夕照对朝曛”改为“朝旭对夕曛”，即“初升的太阳对落日的余晖”较好。［唐］韦承庆《灵台赋》云：“怒则烈火扇于衡飙，喜则春露融于朝旭。”［元］冯子振《十八公赋》云：“午曦斜而东箔撤蔽，朝旭警而西棂透明。”［南朝宋］谢灵运《晚出西射堂》诗云：“晓霜枫叶丹，夕曛岚气阴。”［唐］戴叔伦《晚望》诗云：“山气碧氤氲，深林带夕曛。”

⑭ **兰台** 一说为战国楚台名。故址传说在今湖北省钟祥市东。宋玉《〈风赋〉序》载："楚襄王游于兰台之宫，宋玉、景差侍。"一说为汉代宫内收藏典籍之处。因汉代的御史中丞掌管兰台，故称御史中丞为"御史台"。［元］黄溍《日损斋笔记·杂辩》云："盖御史有两丞，其一在兰台，谓之中丞。"又东汉时班固为兰台令史，受诏撰《光武本纪》，故史官亦称"兰台"。一说为唐代秘书省。［唐］白居易《秘书省中忆旧山》诗云："犹喜兰台非傲吏，归时应免动移文。" **桂殿** 一说为对寺观殿宇的美称。［北周］庾信《奉和同泰寺浮屠》诗云："天香下桂殿，仙梵如伊笙。"［宋］范成大《宿妙庭观次东坡旧韵》云："桂殿吹笙夜不归，苏仙诗板挂空悲。"一说为指后妃所住的深宫。［唐］骆宾王《上吏部侍郎帝京篇》诗云："桂殿阴岑对玉楼，椒房窈窕连金屋。"［唐］李白《长门怨》诗云："桂殿长愁不记春，黄金四屋起秋尘。"一说为传说月中有桂树，故称月亮为"桂殿"。［元］萨都剌《和马伯庸除南台中丞以诗赠别》诗云："桂殿且留修月斧，银河未许度星轺。"

⑮ **碑堕泪** 西晋大将羊祜为荆州都督，与东吴相对抗，颇多建树，民望甚高。羊祜死后，襄阳民众为他常在岘山游览的去处建碑立庙，以示纪念。后人看见碑文，无不落泪，因而称"堕泪碑"，或"羊公碑"。（见《晋书·羊祜传》）

⑯ **赋招魂** 传说，我国伟大的爱国诗人屈原，深痛楚怀王之客死秦国而招其魂，并讽谏楚顷襄王之宴安淫乐，而作《招魂赋》一篇。（见《楚辞·招魂赋》）有人说是屈原自招其魂。也有人认为是宋玉哀屈原之死而作。

⑰ **陵埋金吐气** 传说战国时期，楚威王灭了越国，尽取吴地，以今之江苏南京地区有王气（若干年后当有天子出），甚恐，遂埋金于此地之钟山，以镇压王气，并称此地为"金陵"。后来，秦始皇南巡，改金陵为"秣陵"。汉末孙权迁都于此，改称"建业"。晋建兴初改称"建康"。明洪武元年（1368）建都于此，曰"南京"。（见《景定建康志》）

⑱ **田种玉生根** 神话传说，洛阳人杨伯雍，生性纯孝。父母亡故，埋

葬在无终山，他就在墓侧建房守孝。无终山山高没水，杨伯雍从山下汲水，在坡头上备茶水免费供往来行人取饮。有一人饮水后，送给他一斗石子，让他种于田中，竟生白璧，其地一顷，名为“玉田”。（见晋代干宝《搜神记》）

⑲ **相府珠帘垂白昼** 南朝宋顾觊之，曾任尚书吏部郎、御史中丞、吏部尚书等职。他出任山阴县令时，将各种繁杂的政务民事逐一作出明确规定，形成一套相对完备的办事制度，严格照章办事，这种“理繁以约”的治理方式，使各种政务民事井井有条，以致“县用无事，昼日垂帘，门阶闲寂”。（见《南史·顾觊之传》）

⑳ **边城画角动黄昏** 这是戍边将士紧张战斗生活的描绘。画角：古乐器名，发音哀厉高亢，古时军中多用来警昏晓、振士气。［宋］沈蔚《汉宫春》词云：“黄昏画角重城。更伤高念远，怀抱何胜。良时好景，算来半为愁生。”［宋］陆游《秋波媚》词云：“秋到边城角声哀，烽火照高台。悲歌击筑，凭高酹酒，此兴悠哉！”

㉑ **枫叶半山，秋去烟霞堪倚杖** 深秋枫林美景值得拄杖出门欣赏。烟霞：山水胜景。倚杖：拄着手杖。唐代杜甫有“倚杖看孤石”之句。［唐］杜牧《山行》诗云：“停车坐爱枫林晚，霜叶红于二月花。”

㉒ **梨花满地，夜来风雨不开门** 这是唐代诗人刘方平《春怨》中“寂寞空庭春欲晚，梨花满地不开门”和宋朝词人李重元《忆王孙》中“欲黄昏，雨打梨花深闭门”诗词的化用。

十四寒

jiā duì guó zhì duì ān dì zhǔ duì tiān guān kǎn nán
家对国，治对安。地主对天官①。坎男

duì lí nǚ zhōu gào duì yīn pán sān sān nuǎn jiǔ jiǔ
对离女②，周诰对殷盘③。三三暖④，九九

hán dù zhuàn duì bāo tán gǔ bì qióng shēng zā xián
寒⑤。杜撰对包弹⑥。古壁蛩声匝⑦，闲

tíng hè yǐng dān yàn chū lián biān chūn jì jì yīng wén zhěn
亭鹤影单⑧。燕出帘边春寂寂⑨，莺闻枕

shàng lòu shān shān chí liǔ yān piāo rì xī láng guī qīng suǒ
上漏珊珊⑩。池柳烟飘，日夕郎归青琐

tà qì huā yǔ guò yuè míng rén yǐ yù lán gān
闼⑪；砌花雨过，月明人倚玉栏干⑫。

注解

①**地主天官** 此指天地神仙。天官：当官的天上神仙，亦称“天主”。《史记·封禅书》云：“八神：一曰天主，祠天齐。……二曰地主，祠泰山梁父。”

②**坎男离女** 坎和离是《周易》中的两个卦名。研究《周易》之卦，必须察看卦形。八卦（经卦）和六十四卦（别卦）都是由⚊和⚋阳阴两个卦形符号重叠组成的，⚊代表男，⚋代表女。坎、离两卦卦形分别是☵和☲，表示坎卦外为阴（女）中为阳（男）；离卦外为阳（男）中为阴（女）。这叫阴阳互藏，夫妻匹配。《易·说卦》云：“坎再索而得男，故谓之中男；

离再索而得女，故谓之中女。”［唐］吕岩《直指大丹歌》：“欲得坎男求匹偶，须凭离女结因缘。”

③**周诰殷盘** 周诰：是《尚书》中《周书》的《大诰》《康诰》《酒诰》《召诰》《洛诰》五篇文章的合称。殷盘：是《尚书》中《商书》的《盘庚上》《盘庚中》《盘庚下》三篇文章的合称。［唐］韩愈《进学解》云：“上规姚姒，浑浑无涯，周诰殷盘，佶屈聱牙。”

④**三三暖** 旧俗，农历三月三日暖春，官民聚集水滨洗饮，以祛除不祥。［唐］杜甫《丽人行》诗云：“三月三日天气新，长安水边多丽人。”众游人在水上放置酒杯，杯流行，停在谁前，当即取饮，称为“流觞曲水”。［晋］王羲之《兰亭序》云：“此地有崇山峻岭，茂林修竹，又有清流激湍，映带左右，引以为流觞曲水。”

⑤**九九寒** 旧俗，农历九月九日寒秋重阳节，老人相率登高、饮菊花酒、佩戴茱萸以避凶厄。［唐］孟浩然《秋登兰山寄张五》诗云：“何当载酒来，共醉重阳节。”

⑥**杜撰** 没有根据的臆造。《朱子语类·诗》云：“因论诗，历言《小序》大无义理，皆是后人杜撰，先后增益，凑合而成。” **包弹** 批评；指责。宋代谚语称人或事有缺点的叫有包弹，没有缺点的叫没包弹。［金］董解元《西厢记诸宫调》云：“苦爱诗书，素爱琴画，德行文章没包弹。”

⑦**古壁蛩声匝** 古壁蟋蟀叫声不绝于耳。匝：遍；满。［唐］孟郊《西斋养病夜怀多感因呈上从叔子云》诗云：“一床空月色，四壁秋蛩声。”［唐］白居易《禁中闻蛩》诗云：“西窗独暗坐，满耳新蛩声（蟋蟀鸣叫）。”

⑧**闲亭鹤影单** 苏轼任彭城（今徐州）郡守时，上云龙山访见隐士张君。张山人养二鹤，甚训而善飞。山上有亭，名之“放鹤亭”。苏轼写了《放鹤亭记》一文，描述张山人超凡拔俗，飘飘欲仙，有如野鹤闲云，过着比“南面而君”的皇帝还要逍遥自在的快活日子。（见《放鹤亭记》）

⑨**燕出帘边春寂寂** 春天，主人坐庭院赏帘边燕子飞舞。寂寂：寂静。［唐］刘兼《春燕》诗云：“多时窗外语呢喃，只要佳人卷绣帘。”［唐］杜

甫《涪城县香积寺官阁》诗云："小院回廊春寂寂，浴凫飞鹭晚悠悠。"

⑩ **莺闻枕上漏珊珊** 清晨，东家卧枕上听舒缓漏滴莺啼。珊珊：舒缓。［唐］白居易《闻早莺》诗云："日出眠未起，屋头闻早莺。"［宋］石孝友《临江仙》词云："枕上莺声初破睡，峭寒轻透帘帏。"［唐］莫宣卿《百官乘月早朝听残漏》诗云："星河犹皎皎，银箭（滴漏壶的部件。上刻时辰度数，随水浮沉以计时）尚珊珊。"

⑪ **池柳烟飘，日夕郎归青锁闼** 从早到晚，黄门侍郎天天在池柳烟绕的宫禁中值班待诏。日夕：从早到晚。郎：指黄门侍郎。青锁闼：宫门上刻画有青色连锁花纹，因称宫门为"青锁闼"，即"皇宫"。这里是黄门侍郎上朝值班之所。［唐］韦应物《送褚校书归旧山歌》云："朝朝待诏青锁闼，中有万年之树蓬莱池。"

⑫ **砌花雨过，月明人倚玉栏干** 雨过月明，愁闷佳人站立在雨浸砌花的玉栏边望月思亲。砌花：楼前台阶上花卉。［唐］白居易《寄湘灵》诗云："遥知别后西楼上，应凭栏杆独自愁。"［宋］李清照《念奴娇·春情》词云："楼上几日春寒，帘垂四面，玉栏干慵倚。"

féi duì shòu zhǎi duì kuān huáng quǎn duì qīng luán
肥对瘦，窄对宽。黄犬对青鸾⑬。

zhǐ huán duì yāo dài xǐ bō duì tóu gān zhū nìng jiàn jìn
指环对腰带，洗钵对投竿⑭。诛佞剑⑮，进

xián guān huà dòng duì diāo lán shuāng chuí bái yù zhù jiǔ
贤冠⑯。画栋对雕栏。双垂白玉筯⑰，九

zhuǎn zǐ jīn dān shǎn yòu táng gāo huái shào bó hé yáng
转紫金丹⑱。陕右棠高怀召伯⑲，河阳

huā mǎn yì pān ān mò shàng fāng chūn ruò liǔ dāng fēng pī
花满忆潘安⑳。陌上芳春，弱柳当风披

cǎi xiàn chí zhōng qīng xiǎo bì hé chéng lù pěng zhū pán
彩线㉑；池中清晓，碧荷承露捧珠盘㉒。

注解

⑬ **黄犬** 指“黄耳”。晋陆机有犬名黄耳，机甚爱之。后陆机到洛阳做官，久无家信，便对犬戏语说：“我家久无书信，你能跑着送书回家并取回消息吗？”黄耳摇尾巴并叫着答应了。陆机写好信，放入竹筒，系于犬颈。犬跑向吴地，至机家，得报回洛。（见［南朝梁］任昉《述异记》） **青鸾** 古代传说中凤凰一类的神鸟。赤色多者为凤，青色多者为鸾。［唐］李白《凤凰曲》：“嬴女（指弄玉）吹玉箫，吟弄天上春。青鸾不独去，更有携手人。”另有传说，罽宾王于峻祁之山，获一鸾鸟，饰以金樊，食以珍羞，但三年不鸣。其夫人说：“尝闻鸟见其类而后鸣，何不悬镜以映之。”王从其意，鸾睹形悲鸣，哀响中霄，一奋而绝。后因以“青鸾”借指镜。（见［南朝宋］范泰《鸾鸟诗序》）

⑭ **洗钵** 钵：指僧人用的食器。唐代一个僧人来到赵州观音院学禅法。

早饭后，他去向赵州禅师请教："师傅，请问什么是禅？"师傅问："你吃粥了吗？"僧答："吃粥了。"师傅说："吃过了就去洗钵吧！"僧人省悟师傅的话意是禅要从日常的衣食住行中用心体会。（见《无门关·从容录三十九则》）［唐］李端《夜投豊德寺谒海上人》诗云："半夜中峰有磬声，偶寻樵者问山名……愿得远山知姓字，焚香洗钵过余生。" **投竿** 垂钓。这是"放长线钓大鱼"的寓言故事。任国公子做了个大鱼钩，用粗大黑绳为钓线，用五十头牛作钓饵，蹲在会稽山（在浙江绍兴南）上，投竿于东海，一年以后有一条大鱼吞食鱼饵，牵着钓竿忽沉海底，忽腾身而起，掀起如山的白浪，涛声震惊千里。任公子钓得这条大鱼，让浙江以东、苍梧以北之人食用，人人皆饱。（见《庄子·外物》）［三国魏］嵇康《四言》诗云："放棹投竿，优游卒岁。"［唐］李白《赠钱征君少阳》诗云："秉烛唯须饮，投竿也未迟。如逢渭水猎，犹可帝王师。"

⑮ **诛佞剑** 西汉槐里令朱云，字游，鲁人。任侠，不畏权贵。成帝时，上书求赐上方剑，斩佞臣成帝老师安昌侯张禹，成帝怒而欲杀云，御史把云劝走，朱云攀折殿槛栏求死，被辛庆忌救援得免。后欲修复槛栏，成帝阻止，留作对直臣的怀念。（见《汉书·朱云传》）

⑯ **进贤冠** 古时儒者和百官所戴之缁布（黑布）冠，以帽上梁数多少分贵贱。［唐］杜甫《丹青引赠曹将军霸》诗云："良相头上进贤冠，猛将腰中大羽箭。"

⑰ **双垂白玉筯** 玉筯：原文误为"玉筋"。佛教称人死后下垂的两道鼻涕为"玉筯"。［明］陶宗仪《辍耕录·嗓》云："王（王和卿）忽坐逝（逝世），而鼻垂双涕尺余，人皆叹骇，关（关汉卿）来吊唁，询其由。或对云：'此释家所谓坐化也。'复问鼻悬何物，又对云：'此玉筯也。'"

⑱ **九转紫金丹** 道家称炼烧丹药，时间愈久，则转数愈多，以九转为贵，效能最高，称"紫金丹"。（见葛洪《抱朴子·金丹》）［唐］岑参《下外江舟中怀终南旧居》诗云："早年好金丹，方士传口诀。"［唐］杜甫《将赴成都草堂途中有作先寄严郑公》诗云："生理只凭黄阁老（指时镇成都的唐朝

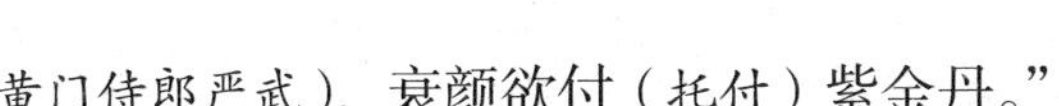
黄门侍郎严武），衰颜欲付（托付）紫金丹。”

⑲ **陕右棠高怀召伯** 周武王之臣姬奭，因封地在召，故称召公或召伯。武王灭纣后，封召公于北燕。成王时，与周公旦分陕而治，“自陕而西（陕右），召公主之；自陕而东，周公主之。”召伯主陕右时，巡行乡邑，曾在甘棠树下决狱治事，政绩卓著，深得民心。后人怀念召伯，不忍伐其树，故作《甘棠》诗歌颂之：“蔽芾（茂盛）甘棠，勿剪勿败（毁坏），召伯所憩（休息）。”（见《史记·燕召公世家》《诗经·召南·甘棠》）

⑳ **河阳花满忆潘安** 西晋潘岳，字安仁，今河南中牟人。任河阳（今河南孟津）县令时，在全县广植桃李，好花绚烂，万民称赞，并称河阳为“潘岳县”。（见《晋书·潘岳传》）［北周］庾信《春赋》云：“河阳一县并是花，金谷（石崇的金谷园）从来满园树。”

㉑ **陌上芳春，弱柳当风披彩线** 春天，田间路边细柳迎风，好像披彩线。陌：田间小路。芳春：春天。［明］张时彻《陌上柳》云：“陌上柳，春风披拂长短条。”

㉒ **池中清晓，碧荷承露捧珠盘** 清晨，池中荷叶捧珠，犹如承露盘。清晓：天刚亮的时候。承露盘：汉武帝迷信神仙，于神明台上立铜仙人伸双臂捧掌以接甘露，名曰承露盘，以为饮之可以延年。（见《三辅故事》）

xíng duì wò tīng duì kàn lù dòng duì yú tān jiāo
行对卧，听对看。鹿洞对鱼滩[23]。蛟

téng duì bào biàn hǔ jù duì lóng pán fēng lǐn lǐn xuě
腾对豹变[24]，虎踞对龙蟠[25]。风凛凛[26]，雪

màn màn shǒu là duì xīn suān yīng yīng duì yàn yàn xiǎo
漫漫[27]。手辣对心酸[28]。莺莺对燕燕[29]，小

xiǎo duì duān duān lán shuǐ yuǎn cóng qiān jiàn luò yù shān gāo
小对端端[30]。蓝水远从千涧落，玉山高

bìng liǎng fēng hán zhì shèng bù fán xī xì liù líng chén zǔ
并两峰寒[31]。至圣不凡，嬉戏六龄陈俎

dòu lǎo lái dà xiào chéng huān qī zhì wǔ bān lán
豆[32]；老莱大孝，承欢七秩舞斑斓[33]。

注解

㉓ **鹿洞** 指白鹿洞，即宋代朱熹讲学的庐山白鹿洞书院。［宋］韩补《紫阳山赋》云：“既表章乎鹿洞，宜敷锡乎枌榆。” **鱼滩** 指严滩，是后汉严光隐居时的钓鱼处。后汉严光，字子陵，会稽余姚人。少与光武帝刘秀同学，有高名。刘秀称帝，光改姓名隐遁。刘秀召光到京，授谏议大夫，不受，退隐于浙江富春山农耕、钓鱼自乐。后人名其处为“严陵濑”，亦称“严滩”。（见《后汉书·隐逸传》）

㉔ **蛟腾** 亦作“腾蛟”。比喻人的才华焕发。［唐］王勃《滕王阁序》云：“腾蛟起凤，孟学士之词宗；紫电清霜，王将军之武库。” **豹变** 豹纹变美。比喻人的迁善去恶。《易经·革卦》云：“君子豹变（愈变愈有文采），小人革面。”今称人由贫贱而显达。

㉕ **虎踞龙蟠** 比喻地势雄壮险要，如有虎在卧，有龙在蟠。传说汉末

刘备使诸葛亮去金陵（今南京），对孙权说：“秣陵地形，钟山龙蟠，石城虎踞，此帝王之宅。”（见［晋］张勃《吴录》）［唐］李白《永王东巡歌》诗云：“龙盘虎踞帝王州，帝子金陵访古丘。”

㉖ **风凛凛** 秋风寒冷。［元］郝经《秋思》诗云：“静听风雨急，透骨寒凛凛。”

㉗ **雪漫漫** 大雪铺天盖地。漫漫：遍布貌。［宋］向子堙《阮郎归·绍兴乙卯大雪行鄱阳道中》词云：“江南江北雪漫漫。遥知易水寒。”［宋］赵时韶《林下》诗云：“山前山后雪漫漫，输与田夫野老看。”

㉘ **手辣** 手段毒辣。林平《从夏三虫说开去》云：“他颐指气使，心狠手辣。”锦衣居士陈雪松有副佛教楹联云：“不顾手辣成误会，但将心狠作慈航。” **心酸** 心中悲痛。［汉］蔡文姬《胡笳十八拍》云：“十七拍兮心鼻酸，关山修阻行路难。”

㉙ **莺莺燕燕** 传说钱塘（杭州）范十二郎有二女，名叫莺莺燕燕，为富民陆氏之妾。宋代诗人张子野八十五娶妾，苏东坡作诗嘲讽他说：“诗人老去莺莺在，公子归来燕燕忙。”（见苏轼《张子野年八十五尚闻买妾述古令作诗》）

㉚ **小小** 南齐钱塘（杭州）有著名歌妓苏小小，又名简简。［唐］白居易《杨柳词》云：“若解多情寻小小，绿杨深处是苏家。”［唐］白居易《简简吟》云：“苏家小女名简简，芙蓉花腮柳叶眼。” **端端** 唐代扬州名妓，姓李。李端端性格傲然。唐代诗人崔涯曾写诗嘲笑她肤黑脸丑：“黄昏不语不知行（晚上她不吭声看不到她是行人），鼻似烟窗耳似铃。”李端端遂去哀求崔涯把自己写得美一点。于是崔涯又写赞美她的诗一首：“觅得黄颗被绣眈，善和坊外取端端。扬州今日浑成错，一朵能行白牡丹。”明代画家唐寅（伯虎）画了一幅李端端找诗人崔涯说理的画《李端端落籍图》，画上并题诗一首：“善和坊里李端端，信是能行白牡丹。谁信扬州金满市，胭脂价到属穷酸。”

㉛ **蓝水远从千涧落，玉山高并两峰寒** 这是唐肃宗乾元元年（758），

杜甫任华州司功（官名）游蓝田时所作《九日蓝田崔氏庄》诗中的两句，抒发其伤离悲秋叹老、尽欢至醉的情感。原诗曰：“老去悲秋强自宽，兴来终日尽君欢……蓝水远从千涧落，玉山高并两峰寒。”

㉜ **至圣不凡，嬉戏六龄陈俎豆**　孔子在儿童时期就常玩祭祀祖先、习练礼法的游戏。孔子死后被尊为“至圣先师”。《史记·孔子世家》载：“孔子为儿嬉戏，常陈俎豆（祭祀用礼器），设礼容（礼节法度）。”

㉝ **老莱大孝，承欢七秩舞斑斓**　秩：十年。春秋末期，楚国老莱子隐居于蒙山之阳，自耕而食。他很孝道，年逾七十，还常穿五色彩衣，扮成婴儿状，嬉戏啼哭，逗父母开心。楚王召其出仕，不就，偕妻迁居江南。（见［晋］皇甫谧《高士传》）

戏彩娱亲（陈少梅）

十五删

lín duì wù　lǐng duì luán　zhòu yǒng duì chūn xián　móu
林对坞，岭对峦。昼永对春闲①。谋

shēn duì wàng zhòng　rèn dà duì tóu jiān　qún niǎo niǎo　pèi
深对望重②，任大对投艰③。裙袅袅④，佩

shān shān　shǒu sài duì dāng guān　mì yún qiān lǐ hé
珊珊⑤。守塞对当关⑥。密云千里合⑦，

xīn yuè yì gōu wān　shū bǎo jūn chén jiē zòng yì　chóng huá
新月一钩弯⑧。叔宝君臣皆纵逸⑨，重华

fù mǔ shì yín wán　míng dòng dì jī　xī shǔ sān sū lái rì
父母是嚚顽⑩。名动帝畿，西蜀三苏来日

xià　zhuàng yóu jīng luò　dōng wú èr lù qǐ yún jiān
下⑪；壮游京洛，东吴二陆起云间⑫。

注解

①**昼永**　亦作“永昼”，漫长的白天。［宋］林逋《病中谢马彭年见访》诗云：“山空门自掩，昼永枕频移。”［宋］李清照《醉花阴》词云：“薄雾浓云愁永昼，瑞脑销金兽。”　**春闲**　农事以冬春为清闲月份。《汉书·刘般传》云：“且以冬春闲月，不妨农事。”［唐］白居易《观刈麦》诗云：“田家少闲月，五月人倍忙。”

②**谋深**　即“深谋”，计谋深远。太史公司马迁说：“贾谊曰：‘深谋远虑，行军用兵之道，非及乡时之士也。’”　**望重**　名望威重。多用来称颂老年人。《晋书·简文三子传》云：“元显因讽礼官下议，称己德隆望重，

既录百揆，内外群僚皆应尽敬。”

③**任大投艰** 亦作“遗大投艰”。语出《尚书·大诰》“予造天役（我受上天支使），遗大投艰于朕（天子自称）身”。意思是，上天把重大而艰巨的责任托付给我。遗、投：均为“降给”之意。

④**裙袅袅** 袅袅：随风飘动貌。［南朝梁］王筠《楚妃吟》云：“蝶飞兰复熏，袅袅轻风入翠裙。”

⑤**佩珊珊** 珊珊：声音清脆悦耳舒缓。［唐］白居易《霓裳羽衣舞歌》诗云：“虹裳霞帔步摇冠（凤冠），钿璎累累佩珊珊。”［唐］杜甫《郑驸马宅宴洞中》诗云：“自是秦楼压郑谷，时闻杂佩声珊珊。”

⑥**守塞** 防守边塞。《汉书·晁错传》云：“然令远方之卒守塞，一岁而更，不知胡人之能，不如选常居者，家室田作，且以备之。”［南朝宋］谢灵运《上书劝伐河北》诗云：“若游骑长驱，则沙漠风靡。若严兵守塞，则冀方山固。” **当关** 把守关口。［唐］李白《蜀道难》云：“剑阁（关名）峥嵘而崔嵬，一夫当关，万夫莫开。”

⑦**密云千里合** 这是明朝朱希晦《寄李适菴陈叔向二先生》中“江东千里暮云合”诗句的化用。

⑧**新月一钩弯** 这是宋朝诗人陆游《倚楼》中“新月纤纤玉一钩”诗句的化用。

⑨**叔宝君臣皆纵逸** 南朝陈国末代皇帝陈叔宝，字符秀，小字黄奴。在位时大建宫室，生活侈靡，纵情声色，贪图安逸，整日与妃嫔、文臣游宴，制作艳词，如《玉树后庭花》《临春乐》等。隋兵南下时，他恃长江天险，不以为意。不久，隋兵攻入京都健康（今南京），被隋兵俘虏，陈国灭亡。（见《南史·陈后主本纪》）

⑩**重华父母是嚚顽** 嚚顽，蠢而顽固。古帝虞舜，名重华。父是盲人，母早亡，父又娶妻而生象。父顽（顽固），母嚚（奸诈），象傲，常共谋杀害重华。父母叫舜修理粮仓，待舜上仓后，父母撤去梯子，放火烧仓，幸好舜设法逃脱。父母又让他淘井，舜下井后，父象就填土埋井，幸好舜从匿

（暗）孔逃出。（见《孟子·万章上》）

⑪ **名动帝畿，西蜀三苏来日下** 北宋眉州眉山（今属四川）人苏洵与二子苏轼、苏辙，皆以文学出众，名震日下（京都，帝王所在地称“日下”）汴梁，都被列为“唐宋八大家”，世称“三苏”。（见《宋书·苏洵传》）

⑫ **壮游京洛，东吴二陆起云间** 西晋吴郡吴县（今上海松江，古称“云间”）人陆机、陆云兄弟二人，为三国时期吴国名将吴逊、吴抗之后。吴亡后，居家勤学。太康末年，同到洛阳，文才倾动一时，世称“二陆”。后被成都王司马颖杀害。（见《晋书·陆机传》）

东坡先生品砚图（沈心海）

lín duì fǎng lìn duì qiān tǎo nì duì píng mán
临对仿，吝对悭[13]。讨逆对平蛮[14]。

zhōng gān duì yì dǎn wù bìn duì yún huán mái bǐ zhǒng
忠肝对义胆[15]，雾鬓对云鬟[16]。埋笔冢[17]，

làn kē shān yuè mào duì tiān yán lóng qián zhōng dé yuè
烂柯山[18]。月貌对天颜[19]。龙潜终得跃[20]，

niǎo juàn yì zhī huán lǒng shù fēi lái yīng wǔ lǜ xiāng yún
鸟倦亦知还[21]。陇树飞来鹦鹉绿[22]，湘筠

tí chù zhè gū bān qiū lù héng jiāng sū zǐ yuè míng yóu chì
啼处鹧鸪斑[23]。秋露横江，苏子月明游赤

bì dòng xuě mí lǐng hán gōng xuě yōng guò lán guān
壁[24]；冻雪迷岭，韩公雪拥过蓝关[25]。

注解

⑬ **吝悭** 吝啬。［唐］韩愈《辞唱歌》云：“复遣悭吝者，赠金不皱眉。”

⑭ **讨逆平蛮** 讨伐叛逆，平定蛮人。旧时称南方少数民族为蛮人。（参见本卷“十一真”注⑳）

⑮ **忠肝义胆** 赤胆忠心。［宋］汪元量《浮丘道人招魂歌》云：“忠肝义胆不可状，要与人间留好样。”

⑯ **雾鬓云鬟** 亦作“雾鬓风鬟”，形容妇女发髻松散飘逸。［宋］苏轼《题毛女真》诗云：“雾鬓风鬟木叶衣，山川良是昔人非。”

⑰ **埋笔冢** 埋笔的坟。唐书法家怀素，本姓钱，僧人，字藏真，长沙人。精勤学书，以善“狂草”出名。传说他用过的秃笔成堆，埋于山下，号曰“笔冢”。（见［唐］李肇《国史补》）另传，陈、隋间吴兴永欣寺僧人智永是著名的书法家，相传他写字积下来的秃笔头就有十瓮，后埋成一墓，号曰“退

笔冢”。（见［唐］张怀瓘《书断·僧智永》）

⑱ **烂柯山** 烂柯山原名石室山，在浙江衢州市郊。传说晋人樵夫王质到石室山砍柴，看到两个童子在下围棋，便放下斧头观看。童子送给王质一枚似枣核的东西，王质将其含于口中，不觉饥饿。未久，童子对王质说：“你为何还不回家？”王质起身欲归，看斧，斧锈柄烂；回到村里，与己同龄者都已过世。（见［南朝梁］任昉《述异记》）围棋的别称叫“烂柯”，因为有烂柯山，浙江衢州成为中国围棋之乡，烂柯山又成为围棋之根。

⑲ **月貌** 形容美女的面貌丰满如圆月。［隋］江总《优填像铭》云：“眸云齿雪，月貌金容。” **天颜** 帝王的容颜。［唐］杜甫《紫宸殿退朝口号》诗云：“昼漏稀闻高阁殿，天颜有喜近臣知。”

⑳ **龙潜终得跃** 《周易·乾卦》云：“初九，潜龙勿用（潜伏水中之龙，暂难施展其才能）……九四，或跃在渊（时机到，则腾跃于渊）。”比喻好环境宜于英雄用武。

㉑ **鸟倦亦知还** 疲倦的飞鸟也知道回巢，比喻厌倦游宦生涯的人。［晋］陶潜《归去来兮辞》云：“云无心以出岫（浮云悠然飘出山坳），鸟倦飞而知还。”

㉒ **陇树飞来鹦鹉绿** 绿羽鹦鹉陇西来。绿羽鹦鹉多产于陇西，故也称为“陇禽”，人舌能言。这是唐代诗人白居易《鹦鹉》中“陇西鹦鹉到江东，养得经年嘴渐红”诗意的化用。

㉓ **湘筠啼处鹧鸪斑** 舜妃泪沾竹呈斑。筠：竹的别名。这是明朝史谨《谢郭舍人赠斑竹杖》中“乡日（从前。乡，通‘向’，往日）曾沾妃子泪，至今犹带鹧鸪斑”诗句的化用。神话传说，舜帝死于南巡，葬于苍梧（今湖南九嶷山）。舜妃娥皇、女英思念舜帝，痛楚不已，滴泪沾竹，竹呈斑纹，故称“斑竹”。二妃死后，化为湘水之神，故又称“湘妃竹”。（见［南朝梁］任昉《述异记》）

㉔ **秋露横江，苏子月明游赤壁** 苏轼在黄州做官，曾与客月夜泛舟游赤壁。他在《前赤壁赋》中写道：“壬戌之秋，七月既望（月圆之日），苏子（苏

轼自称）与客泛舟，游于赤壁之下。”“月出于东山之上，徘徊于斗牛之间。白露横江，水光接天。”

㉕ **冻雪迷岭，韩公雪拥过蓝关** 唐代诗人韩愈，曾任刑部侍郎，因上书谏阻唐宪宗“迎佛骨”，触怒宪宗，被贬到距长安八千里之遥的潮州任刺史。韩愈赴任时路过蓝关，天下大雪，遂借秦岭云横之景赋诗《左迁至蓝关示侄孙湘》，抒发其离开长安的心情：“一封朝奏九重天，夕贬潮州路八千。云横秦岭家何在？雪拥蓝关（即蓝田关）马不前。”

赤壁泛舟（倪墨耕）

下卷

『笠翁对韵』探源精解

一先

hán duì shǔ　rì duì nián　cù jū duì qiū qiān　dān
寒对暑，日对年。蹴踘对秋千①。丹
shān duì bì shuǐ　dàn yǔ duì qīng yān　gē wǎn zhuǎn　mào chán
山对碧水，淡雨对轻烟。歌宛转②，貌婵
juān　xuě fù duì yún jiān　huāng lú qī nán yàn　shū liǔ
娟③。雪赋对云笺④。荒芦栖南雁⑤，疏柳
zào qiū chán　xǐ ěr shàng féng gāo shì xiào　zhé yāo kěn shòu
噪秋蝉⑥。洗耳尚逢高士笑⑦，折腰肯受
xiǎo ér lián　guō tài fàn zhōu　zhé jiǎo bàn chuí méi zǐ yǔ
小儿怜⑧。郭泰泛舟，折角半垂梅子雨⑨；
shān jiǎn qí mǎ　jiē lí dǎo zhuó xìng huā tiān
山简骑马，接篱倒着杏花天⑩。

注解

①**蹴踘**　又写作“蹴鞠”，古代军中习武游戏，类似今之足球赛。［汉］刘向《别录》云：“蹴鞠者，传言黄帝所作，或曰起战国之时。”［唐］韦应物《寒食后北楼作》诗云：“遥闻击鼓声，蹴鞠军中乐。”　**秋千**　我国的传统游戏。在架上悬两根绳，下系横板，在板上或立或坐，两手握绳身躯随而向空中摆动。传说是春秋时齐桓公从北方山戎族引入。唐代宫中每年寒食节竞搭秋千，宫嫔辈戏笑以为乐，唐玄宗呼为“半仙戏”。（见［唐］韩鄂《寒食》、［宋］高承《岁时风俗》）

②**歌宛转**　声音抑扬起伏。［唐］刘方平《宛转歌》云：“歌宛转，宛

转伤别离。愿作杨与柳，同向玉窗垂。”

③**貌婵娟**　体态容貌美好。［唐］刘长卿《赠花卿》诗云：“窈窕淑女身如燕，兰心蕙质貌婵娟。”

④**雪赋**　文章篇名。南朝宋文学家谢惠连，幼年即能诗善赋，以“高丽见奇”，犹以《雪赋》最著名。他与族兄谢灵运并称为当时文坛“大小谢”。（见《宋书·谢惠连传》）　**云笺**　一种书信字体。唐代韦陟用五彩笺写信，由他人代笔，自己签名。由于他写的“陟”字像五朵云，因而后来人们称书信为五云笺或云笺。［元］虞集《寄贺吴宗师七十寿诞》诗云：“簪花当日今谁是，试向云笺阅旧章。”［明］张景《飞丸记·邂逅参商》云：“掩映芙蓉面，想起心事寄云笺。相思一线悬，怀人何日重相见。”

⑤**荒芦栖南雁**　南雁：入秋南飞的雁。这是宋朝吴仲孚《孤雁》中“羽翰纵有飞高势，月满芦花又独栖”诗句的化用。

⑥**疏柳噪秋蝉**　秋蝉：也称“寒蝉”，入秋将退的蝉。这是南朝陈张正见《赋得新题寒树晚蝉疏》中“寒蝉噪杨柳，应朔吹梧桐”诗句的化用。

⑦**洗耳尚逢高士笑**　传说，尧帝欲让位于许由，由不受，逃到中岳颍水之阳、箕山之下，自耕而食。尧又召由为九州岛岛长，由不愿闻之，以为污耳，遂洗耳于颍水之滨。（见［晋］皇甫谧《高士传·许由》）

⑧**折腰肯受小儿怜**　东晋诗人陶潜，一名陶渊明，字元亮，今江西九江人。他人品高尚，博学善文。他任彭泽县令时，从不巴结权贵。一次，郡府派督邮来县视察，县中官吏要陶潜束腰带出迎督邮，陶潜说：“我不能为五斗米而折腰，拳拳事（侍奉）乡里小人！”不久，辞官归隐，并作《归去来兮辞》。（见《晋书·陶潜传》）

⑨**郭泰泛舟，折角半垂梅子雨**　梅子雨：指梅子成熟时多雨的秋季。东汉经学家郭泰，字林宗，太原介休人。博通经典，居家教授，弟子至千人。与河南尹李膺友好。一次驾舟外出遇雨，头巾被雨压塌一角，下垂，人见皆以为美，仿效折巾，称为“林宗巾”。（见《汉书·郭泰传》）

⑩**山简骑马，接篱倒着杏花天**　山简：原文误为“山涛”。杏花天：是

卖酒处的代称。西晋名将山简，字季伦，河内怀县（今河南沁阳）人，是西晋名臣山涛的幼子。他嗜酒成癖，人称“醉山翁”。他任征南将军时，镇守襄阳，常赴高阳池纵酒，烂醉后歪戴头巾倒卧在车上而归。《世说新语·任诞》中有一则嬉笑山简醉酒的童谣：“山公时一醉，径造（直往）高阳池。日暮倒载归，酩酊无所知。复能乘骏马，倒着白接篱（古代一种头巾）。”

挹兰高士（任熊）

qīng duì zhòng féi duì jiān bì yù duì qīng qián
轻对重，肥对坚⑪。碧玉对青钱⑫。
jiāo hán duì dǎo shòu jiǔ shèng duì shī xiān yī yù shù
郊寒对岛瘦⑬，酒圣对诗仙⑭。依玉树⑮，
bù jīn lián záo jǐng duì gēng tián dù fǔ qīng xiāo lì
步金莲⑯。凿井对耕田⑰。杜甫清宵立⑱，
biān sháo bái zhòu mián háo yǐn kè tūn bō dǐ yuè hān yóu rén
边韶白昼眠⑲。豪饮客吞波底月，酣游人
zuì shuǐ zhōng tiān dòu cǎo qīng jiāo shù háng bǎo mǎ sī jīn
醉水中天⑳。斗草青郊，数行宝马嘶金
lè kàn huā zǐ mò shí lǐ xiāng chē yōng cuì diàn
勒㉑；看花紫陌，十里香车拥翠钿㉒。

注解

⑪ **肥坚** “乘坚策肥”的缩语。乘坚车策肥马。比喻富贵奢华。《汉书·食货志上》：“乘坚策肥，履丝曳缟。”

⑫ **碧玉** 青玉。《山海经·北山径》云：“西百五十里曰高山，其上多银，其下多青碧。”再者，晋代汝南王司马亮的妾名碧玉，甚受宠爱。《乐府诗集·碧玉歌》云：“碧玉小家女，来嫁汝南王。旧时亦称小户人家美丽的年轻女子为“小家碧玉”。 **青钱** 铜钱。[唐]杜甫《北邻》诗云：“青钱买野竹，白帻岸江皋。”再者，唐代张鷟甚有才名，时人称之为“青钱学士”。

⑬ **郊寒岛瘦** 孟郊的诗失于寒，贾岛的诗失于瘦。唐代诗人孟郊，字东野，湖州武康人。其诗多倾诉穷愁孤苦之情，因称郊诗为“寒”。唐代诗人贾岛，字浪仙，初为僧人，号“无本”，范阳（今河北省涿县）人。其诗消峭瘦硬，好作苦语，风格近似孟郊，因称岛诗为“瘦”。[宋]苏轼《祭

柳子玉文》云："元（元稹）轻白（白居易）俗，郊寒岛瘦。"

⑭ **酒圣** 嗜酒豪饮之人。晋"竹林七贤"之刘伶，旷达放饮，曾作《酒德颂》，后人因称刘伶为"酒圣"。[唐]李白《月下独酌》诗云："所以知酒圣，酒酣心自开。" **诗仙** 诗才飘逸如仙。李白的诗，深得贺知章的赏识，贺赞誉李白为"谪仙人"，后人因称李白为"诗仙"。[唐]白居易《待漏入阁书事奉赠元九学士阁老》诗云："诗仙归洞里，酒病滞人间。"

⑮ **依玉树** 三国魏明帝（曹睿）使皇后弟毛曾与夏侯玄共坐，夏侯玄感到与毛曾并坐是一种耻辱。时人谓"蒹葭依玉树"。蒹葭：是初生芦苇，比喻地位微贱的人，指毛曾；玉树：是仙树，比喻姿貌俊美、才干优异的人，指夏侯玄。后以"蒹葭玉树"表示地位低的人仰攀、依附地位高贵的人。（见[南朝宋]刘义庆《世说新语·容止》）

⑯ **步金莲** 据《南史》记载：齐国东昏侯，穷奢极欲，"凿金为莲花以贴地，令潘妃行其上，曰：'此步步生莲花也。'"（见《南史·齐东昏侯妃》）[唐]李商隐《隋宫守岁》："昭阳第一倾城客，不踏金莲不肯来。"后以金莲比喻女子的小脚。

⑰ **凿井耕田** 传说尧帝时，天下太平，百姓安乐，有八十岁老人击壤（一种游戏）于道。观者叹曰："大哉，帝之德也！"有老人曰："吾日出而作，日入而息，凿井而饮，耕田而食，帝何力于我哉！"（见[晋]皇甫谧《帝王世家》）

⑱ **杜甫清宵立** 安史之乱年间，杜甫别离故乡洛阳，辗转到了成都，思念故乡与亲人，写下《恨别》一诗，其中有："思家步月清宵立（晚上睡不着觉，月下忽步忽立），忆弟看云白昼眠（白天卧观飞云，看久困极而眠）。"

⑲ **边韶白昼眠** 东汉经学家边韶，字孝先，利口善辩，白天好眠。其弟子偷笑他，说："边孝先，腹便便，懒读书，但欲眠。"边韶闻听嘲笑后，对曰："边为姓，孝为字，腹便便，五经笥（肚大如袋是因装五经多）；但欲眠，思经事，寐与周公通梦，静与孔子同意；师而可嘲，出何典记？"嘲者大惭。（见《后汉书·边韶传》）

⑳ **豪饮客吞波底月，酣游人醉水中天** 这是对嗜酒人醉后情态的描绘。杜甫就唐代八位酒仙醉后的各自典型情态，作了一首《饮中八仙歌》，全诗如下：

知章（贺知章）骑马似乘船（摇摇晃晃），眼花落井水底眠。

汝阳（唐汝阳王李琎）三斗始朝天（拜见皇帝），道逢曲车（酒车）口流涎，恨不移（改）封向酒泉（借用甘肃酒泉地名）。

左相（左丞相李适之）日兴（酒兴）费万钱，饮如长鲸吸百川，衔杯乐圣称避贤（罢相后不改狂饮）。

宗之（崔宗之）潇洒美少年，举觞白眼望青天，皎如玉树临风前（风摇树摆）。

苏晋（中书舍人）长斋绣佛前（信佛斋戒），醉中往往爱逃禅（酒兴胜过斋戒）。

李白一斗诗百篇，长安市上酒家眠，天子呼来不上船（不闻召即到），自称臣是酒中仙。

张旭三杯草圣传（张旭善草书，时称“草圣”），脱帽露顶王公前（狂傲不恭），挥毫落纸如云烟。

焦遂五斗方卓然（显醉意），高谈雄辩惊四筵。

㉑ **斗草青郊，数行宝马嘶金勒** 斗草：古代民俗，五月初五市民有踏青草斗百草的游戏。诗圣杜甫在《哀江头》诗中描写了唐玄宗与杨贵妃同游曲江南苑的情景，暗示唐明皇李隆基的荒淫。“昭阳殿里第一人（指杨贵妃），同辇随君侍君侧。辇前才人（指随从女官们）带弓箭，白马嚼啮黄金勒。”《水浒传》云：“金勒马嘶芳草地，玉楼人醉杏花天。”

㉒ **看花紫陌，十里香车拥翠钿** 这是写贵妇人游春的情景。紫陌：京城郊外的道路。翠钿：碧玉制的妇女头饰。这里是代指贵妇。［唐］刘禹锡《元和十年自郎州承召京戏赠看花诸君子》诗云：“紫陌红尘（宝马香车飞驰扬起的尘土）拂面来，无人不道看花回。”［唐］薛逢《开元后乐》诗云：“邠王玉笛三更咽，虢国金车十里香。”

yín duì yǒng shòu duì chuán lè yǐ duì qī rán fēng
吟对咏，授对传。乐矣对凄然。风

péng duì xuě yàn dǒng xìng duì zhōu lián chūn jiǔ shí suì
鹏对雪雁㉓，董杏对周莲㉔。春九十㉕，岁

sān qiān zhōng gǔ duì guǎn xián rù shān féng zǎi xiàng wú
三千㉖。钟鼓对管弦。入山逢宰相㉗，无

shì jí shén xiān xiá yìng wǔ líng táo dàn dàn yān huāng suí
事即神仙㉘。霞映武陵桃淡淡㉙，烟荒隋

dī liǔ mián mián qī wǎn yuè tuán chuò bà qīng fēng shēng yè
堤柳绵绵㉚。七碗月团，啜罢清风生腋

xià sān bēi yún yè yǐn yú hóng yǔ yùn sāi biān
下㉛；三杯云液，饮余红雨晕腮边㉜。

注解

㉓ **风鹏** 《庄子·逍遥游》载：北海有大鱼，名曰“鲲”，变为大鸟，名“鹏”。“鹏之徙（迁徙）于南冥（南海）也，水击三千里，抟扶摇（狂风盘旋）而上者九万里……则风斯在下矣，而后乃今培（凭借）风；背负青天而莫之夭阏（堵塞）者，而后乃今将南图。”后以“风鹏”比喻得时势而有作为的人。［唐］白居易《与元九书》云：“大丈夫所守者道，所待者时。时之来也，为云龙，为风鹏，勃然突然，陈力以出。” **雪雁** 鸟类。亦称“白雁”。羽毛洁白，翼角黑色，喜群居，为一夫一妻制。有迁徙的习性，迁飞距离也较远。［明］朱恬《闻砧》诗云：“何处砧声急，天高白雁分。”

㉔ **董杏** 三国吴董奉，字君异，侯官人。善医道。传说，董奉居庐山，不种田，为人治病也不收钱，重病得愈者，为他栽五棵杏树；轻病得愈者，为他栽一棵杏树。如此数年，得杏林万株。后人常以“杏林”颂赞医生。（见

葛洪《神仙转》）　**周莲**　北宋哲学家周敦颐，字茂叔，道州营道（今湖南道县）人。曾任大理寺丞、国子博士。他是宋明理学的奠基人。性爱莲花，曾筑室居于庐山莲花峰下，并作《爱莲说》，盛赞莲花出污泥而不染的高洁品质，故谓“周莲”。他在庐山莲花峰小溪上的筑室，取家乡故居濂溪之名，命名为“濂溪书堂”，故世称他为“濂溪先生”。（见《宋史·道学传》）

㉕ **春九十**　春季共九十天。春季三个月，共九十天。正月称孟春，二月称仲春，三月称季春。“春九十”，意味着春光将尽，初夏来临。［西汉］班固《终南山赋》云：“三春（指春末）之季，孟夏之初。”

㉖ **岁三千**　年高达三千岁。西汉文人东方朔，字曼倩，平原厌次（今山东东陵或惠民县）人。汉武帝用为太中大夫。以诙谐滑稽而著名。神话传说，东方朔本为仙人，西王母种仙桃，三千年一结果，东方朔竟偷吃过三次，说明他已有三千多岁。西王母生气，就把他谪降到了人间。（见《汉武故事》）

㉗ **入山逢宰相**　南朝梁陶弘景，博学多能，初为齐国左卫殿中将军，后弃官入梁，隐居句曲山。梁武帝即位，屡次礼聘，他仍不出山。但国家每有吉凶、征讨大事，梁武帝就去向他请教，故称他是“山中宰相”。（见《南史·陶弘景传》）

㉘ **无事即神仙**　这是隐者的人生观。他们认为不为尘事所扰，就是神仙生活。［宋］汪洙《神童诗·消遣》诗云：“诗酒琴棋客（指文人的娱乐），风花雪月天（指夏春冬秋四季的风光）。有名闲富贵，无事散神仙（无官一身轻）。”

㉙ **霞映武陵桃淡淡**　此为晋陶渊明《桃花源记》故事。文曰：“晋太元中，武陵人捕鱼为业。缘溪行，忘路之远近。忽逢桃花林，夹岸数百步，中无杂树，芳草鲜美，落英缤纷……”后人以此为“世外桃源”。

㉚ **烟荒隋堤柳绵绵**　隋炀帝时沿通济渠（古大运河）、邗沟（邗江）河岸修筑的御道，道旁植杨柳，绿影一千三百里，后人谓之“隋堤”。［唐］韩琮《杨柳枝》诗云：“梁苑（西汉梁孝王所建供游赏驰猎的园林）隋堤事已空，

万条犹舞旧东风。”

㉛ **七碗月团，啜罢清风生腋下**　七碗茶过，神态飘飘欲仙。月团：茶名。唐代诗人卢仝在其《走笔谢孟谏议寄新茶》诗篇中描述了连喝七碗新茶的感受：一碗喉吻润，两碗破孤闷，三碗搜枯肠，四碗发轻汗，五碗肌骨清，六碗通仙灵，“七碗吃不得也，唯觉两腋习习清风生”。

㉜ **三杯云液，饮余红雨晕腮边**　仲秋，黄州通判孟亨之置酒秋香亭，迎接太守徐君猷，二人都不会喝酒，稍饮几杯，便红雨（脸如桃红）晕腮边。亭内有木芙蓉花开，新来的太守苏轼写《定风波》词嬉笑他们：“两两轻红半晕腮，依依独为使君（指徐君猷）回。若道使君无此意。何为，双花不向别人开？”云液：美酒。红雨：一般指落地桃花。

桃源问津图（钱慧安）

zhōng duì wài hòu duì xiān shù xià duì huā qián yù
中对外，后对先。树下对花前㉝。玉

zhù duì jīn wū dié zhàng duì píng chuān sūn zǐ cè zǔ
柱对金屋㉞，叠嶂对平川㉟。孙子策㊱，祖

shēng biān shèng xí duì huá yán jiě zuì zhī chá lì xiāo
生鞭㊲。盛席对华筵㊳。解醉知茶力㊴，消

chóu shí jiǔ quán cǎi jiǎn jì hé kāi dòng zhǎo jǐn zhuāng
愁识酒权㊵。彩剪芰荷开冻沼㊶，锦妆

fú yàn fàn wēn quán dì nǚ xián shí hǎi zhōng yí pò wéi jīng
凫雁泛温泉㊷。帝女衔石，海中遗魄为精

wèi shǔ wáng jiào yuè zhī shàng yóu hún huà dù juān
卫㊸；蜀王叫月，枝上游魂化杜鹃㊹。

注解

㉝ **树下花前** 常指男女青年谈情说爱的场所。［唐］刘希夷《代悲白头翁》诗云：“公子王孙芳树下，清歌妙舞落花前。”也作“月下花前”。［元］乔吉《两世姻缘》曲云：“想着他锦心绣腹那才能，怎教我月下花前不动情？”

㉞ **玉柱** 玉雕的柱子，形容宫室的华丽。［唐］韩偓《苑中》诗云：“金阶铸出狻猊（狮子）立，玉柱雕成狒狖（猿类）啼。” **金屋** 极华丽的屋。汉武帝刘彻初封胶东王时，年方数岁，其姑母长公主刘嫖把他抱在膝上，让他从眼前百余宫女中挑妇，刘彻皆说不要。长公主把自己的女儿阿娇叫到跟前，问刘彻：“阿娇好不？”刘彻笑而答道：“好，若得阿娇作妇，当作金屋贮之。”这就是“金屋藏娇”之典的来源。（见汉班固《汉武故事》）

㉟ **叠嶂** 重叠的山峰。《水经注·江水》云：“自三峡七百里中，两岸

连山，略无阙（缺）处，重岩叠嶂，隐天蔽日。”　**平川**　广阔平坦的陆地。［唐］杜甫《寄郑监李宾客一百韵》云：“有时惊叠嶂，何处觅平川？”

㊱**孙子策**　指春秋末齐国孙武的《孙子兵法》或战国时齐国孙膑的《孙膑兵法》。孙武，字长卿，曾以兵法十三篇见吴王阖闾，被任为将，率吴军攻破楚国。是他提出了“知彼知己，百战不殆”。孙膑，兵家孙武的后代，曾与庞涓同学兵法，被齐威王任为军师，施计先后大败以庞涓为大将的魏军于桂陵和马陵。他认为采取“营而离之（迷惑敌人，使之兵力分散），并卒（集中兵力）而击之”等方法，寡可以敌众，弱可以胜强。（见《史记·孙子吴起列传》）

㊲**祖生鞭**　晋朝刘琨与祖逖是同寝好友。他们每天闻鸡鸣就起床舞剑，立志收复中原。闻听祖逖被晋元帝司马睿用为豫州刺史，率军渡江，收复中原，刘琨立刻致书祖逖说：“我枕戈待旦，志枭逆虏，常恐祖生先吾着鞭。”后常以“祖生鞭”为勉人努力进取的典故。（见《晋书·刘琨传》）

㊳**盛席**　亦作“盛筵”，盛大的筵席。明清禁书《世无匹奇传》第五回云：“当下盛席款留，写了合同议单，兑足银两。”［唐］王勃《滕王阁诗序》云：“胜地不常，盛筵难再。”　**华筵**　盛美的筵席。［唐］杜甫《法曹郑霞邱石门宴集》诗云：“能吏逢联璧，华筵直一金。”

㊴**解醉知茶力**　茶有解酒的功力。［三国魏］张揖《广雅》云：“喝茶可以醒酒，又可以提神。”［唐］刘肃《大唐新语》引綦毋旻《茶饮序》云：“获益则归功茶力，贻患则不谓茶灾。”［宋］杨万里《桐庐道中》诗云：“肩舆坐睡茶力短，野堠无人山路长。”

㊵**消愁识酒权**　酒有消愁的功效。［唐］郑谷《中年》诗云：“情多最恨花无语，愁破方知酒有权。”曹操有“何以解忧？惟有杜康（酒名）”之名句（见《短歌行》）；陆游有“闲愁如飞雪，入酒即消融”的佳话（见《对酒》）。更妙的“酒消愁”说，是古代无名氏的《四不如酒》所云：“刀不能剪心愁，锥不能解肠结，线不能穿泪珠，火不能销鬓雪；不如饮此神圣杯，万念千忧一时歇。”

㊶ **彩剪芰荷开冻沼** 隋炀帝奢侈荒淫，大建宫苑，华丽至极。冬天，宫苑树花凋落，就命人用绿色丝帛制成花叶点缀，水池中也放上剪彩而成的芰、荷、芡、菱等水生植物，以增游兴。（见《隋书・炀帝传》）

㊷ **锦妆凫雁泛温泉** 相传唐玄宗扩建华清宫汤池，规模宏丽，汤池内以玉莲为喷泉，又缝锦绣为凫雁，放于水中，乘小舟从中游嬉，极尽奢欲。（见《唐书・玄宗传》）

㊸ **帝女衔石，海中遗魄为精卫** 神话传说，炎帝之少女，名叫女娃，在东海游泳被淹死，化为精卫鸟。它嫉恨东海，决心衔西山之木石，填平东海。（见《山海经・北山径》）［晋］陶渊明《读山海经》诗云："精卫衔微木，将以填沧海。"

㊹ **蜀王叫月，枝上游魂化杜鹃** 神话传说，战国时期，蜀主杜宇，号望帝，他命令鳖冷开凿巫山治水，鳖冷治水功高，望帝自以德薄，效法尧舜，禅位于鳖冷，帝号"开明"，望帝遂隐于西山。后来，鳖冷失国，望帝痛悔而死，其魂化为鹃鸟，春天夜夜登枝悲鸣，泪尽继而泣血。蜀民问它是谁，它说："我望帝魄也。"故称鹃鸟为"杜鹃"，又名"子归"。（见《华阳国志・蜀志》）

二萧

qín duì guǎn　fǔ duì piáo　shuǐ guài duì huā yāo　qiū
琴对管，釜对瓢①。水怪对花妖②。秋
shēng duì chūn sè　bái jiān duì hóng xiāo　chén wǔ dài　shì
声对春色③，白缣对红绡④。臣五代⑤，事
sān cháo　dǒu bǐng duì gōng yāo　zuì kè gē jīn lǚ　jiā
三朝⑥。斗柄对弓腰⑦。醉客歌金缕⑧，佳
rén pǐn yù xiāo　fēng dìng luò huā xián bù sǎo　shuāng yú cán
人品玉箫⑨。风定落花闲不扫⑩，霜余残
yè shī nán shāo　qiān zǎi xīng zhōu　shàng fù yì gān tóu wèi
叶湿难烧⑪。千载兴周，尚父一竿投渭
shuǐ　bǎi nián bà yuè　qián wáng wàn nǔ shè jiāng cháo
水⑫；百年霸越，钱王万弩射江潮⑬。

注解

①**釜**　古时炊具，类似于锅。原文误为“斧”。《史记·赵世家》云：“域中悬釜而炊，易子而食。”　**瓢**　剖开葫芦做成的舀水器。《论语·雍也》云：“一箪（竹碗）食，一瓢饮，在陋巷，人不堪其忧，回（孔子弟子颜回）也不改其乐。”

②**水怪**　水中怪。［晋］木玄虚（华）《海赋》云：“其垠则有天琛水怪，鲛人之室。”　**花妖**　花月妖。唐武则天之侄武三思，权倾朝野，其妾素娥善弹五弦琴，常出三思所召之盛宴献艺。一次，梁国公狄仁杰赴武宴，素娥藏匿不出，三思入室，亦不见。忽闻屋角兰麝芬馥，附耳细听，乃素

娥之音："梁公乃现时正人，我不敢见。我乃花月之妖，梁公来，我不复生，武（三思）氏亦将无遗类（幸存者）。"（见［唐］袁郊《甘泽谣·素娥》）

③**秋声** 秋天的风声。秋天西风大作，草木零落，多肃杀声音，故称"秋声"。［北周］庾信《陆孤氏墓志铭》云："树树秋声，山山寒色。" **春色** 春天的景色。［宋］叶绍翁《游园不值》诗云："春色满园关不住，一枝红杏出墙来。"

④**白缣** 犹"素缣"，白色的绢帛。［唐］蒋防《霍小玉传》云："请以素缣，著之盟约。" **红绡** 用生丝织成的丝织品。［唐］白居易《琵琶行》诗云："五陵年少争缠头，一曲红绡不知数。"

⑤**臣五代** 五代时的冯道，字可道，瀛州景城（今河北沧州西）人。后唐长兴三年（932），倡议校定《九经》，并组织刻印，开官府大规模刻书之端。后唐、后晋时，历任宰相；契丹（后辽）灭了后晋，又附契丹，任太傅；后汉、后周时，又任太师、中书令，封"瀛王"。冯道对丧君亡国不以为意，自号"长乐老"。因历事五个朝代，颇招非议，人称"不倒翁"。（见《五代史·冯道传》）

⑥**事三朝** 春秋郑国子产，政治家、思想家，历仕郑国定公、献公、声公三朝。他推行法制，抑制强宗，整理田制，安抚百姓，使得国家长期稳定富强。（见《史记·郑世家》）

⑦**斗柄** 北斗星之柄。指北斗的第五至第七星，即衡、开泰、摇光。第一至第四星像斗，第五至第七星像柄。《鹖冠子·环流》云："斗柄东指，天下皆春；斗柄南指，天下皆夏；斗柄西指，天下皆秋；斗柄北指，天下皆冬。" **弓腰** 向后弯腰及地如弓。《梁书·羊侃传》云："［羊侃妾］孙荆玉能反腰贴地，衔得席上玉簪，谓之弓腰。"

⑧**醉客歌金缕** 金缕：曲调名。这是元朝关汉卿《南吕·一枝花不伏老》中"伴的是金钗客，歌金缕，捧金樽，满泛金瓯（酒器）"曲意的化用。

⑨**佳人品玉箫** 参见上卷"一东"注㉟。［唐］杜甫《玉台观》诗云："遂有冯夷来击鼓，始知嬴女（指秦穆公之女弄玉）善吹箫。"

⑩ **风定落花闲不扫** 风停后落花不曾扫。这是宋朝邵棠《怀隐居》中"花落东风闲不扫"诗句的化用。落花：原文误为"落月"。此处用"落花"，既符合原诗意，也合平仄。邵棠的原诗是"花落东风闲不扫，莺啼晓日醉犹眠"。唐代诗人王维《田园乐》中也有"花落家童未扫，莺啼山客犹眠"类句，都是反映隐士的清闲生活。

⑪ **霜余残叶湿难烧** 霜打的树叶湿难烧。元代诗人马致远《夜行船·秋思》中有"带霜烹紫蟹，煮酒烧红叶（秋霜打过的叶子是潮湿红色）"的诗句。用霜打的湿叶烹蟹煮酒当然难烧。曹雪芹在《红楼梦》中写薛宝琴与史湘云二人的对联有"烹茶冰渐沸（宝琴），煮酒叶难烧（湘云）"。用冰块烹茶，水当然开得慢；用霜打的红叶煮酒，叶当然难烧。

⑫ **千载兴周，尚父一竿投渭水** 商朝末年，年已七八十岁的姜子牙（吕尚）整日在渭水之滨钓鱼，但用直钩且无饵，谓之"愿者上钩"，等明主来访他。周西伯（时任西部诸侯之长的周文王）将出猎，占卜者说他猎获的将是"霸王之辅"。文王果然在渭水边遇上了姜子牙。二人一见倾心，文王说："吾太公（指文王之父季历）在世时就说过，欲兴周，必须有圣人来辅佐；吾太公望子（指姜子牙）久矣！"遂称姜子牙为"太公望"，拜为军师。姜子牙辅佐文王征伐，"天下（指商朝疆域）三分，其二归周"。后又辅佐武王伐纣（殷纣王）灭商，建立周朝。武王乃封姜子牙为齐王，成为齐国（今山东境内）之始祖。（见《史记·齐太公世家》）

⑬ **百年霸越，钱王万弩射江潮** 传说五代吴越王钱镠，筑御潮铁柱于江中，怒潮汹涌，柱筑不成。钱镠于是造竹箭三千，在垒雪楼命水犀军驾强弩五百齐射潮，迫使潮头趋向西陵，遂奠基而成塘，名曰"钱塘"。又建候潮通江等城门，置龙山浙江两闸，以阻江潮入河。（见［宋］孙光宪《北梦琐言》）［宋］苏轼《八月十五日看潮》诗云："安得夫差水犀手，三千强弩射潮低。"

róng duì cuì　xī duì zhāo　lù dì duì yún xiāo
荣对悴⑭，夕对朝⑮。露地对云霄⑯。

shāng yí duì zhōu dǐng　yīn hù duì yú sháo　fán sù kǒu　xiǎo
商彝对周鼎，殷濩对虞韶⑱。樊素口，小

mán yāo　liù zhào duì sān miáo　cháo tiān chē yì yì　chū
蛮腰⑲。六诏对三苗⑳。朝天车奕奕㉑，出

sài mǎ xiāo xiāo　gōng zǐ yōu lán chóng fàn gě　wáng sūn fāng
塞马萧萧㉒。公子幽兰重泛舸㉓，王孙芳

cǎo zhèng lián biāo　pān yuè gāo huái　céng xiàng qiū tiān yín xī
草正联镳㉔。潘岳高怀，曾向秋天吟蟋

shuài　wáng wéi qīng xìng　cháng yú xuě yè huà bā jiāo
蟀㉕；王维清兴，尝于雪夜画芭蕉㉖。

注解

⑭ **荣悴**　兴盛与衰败。[晋]潘岳《秋兴赋》云："虽末士之荣悴兮，伊人情之美恶。"

⑮ **夕朝**　即"朝夕"，白天与晚上。[晋]潘岳《闲居赋》云："灌园粥蔬，以供朝夕之膳。"

⑯ **露地**　本是佛教语。喻三界（欲界、色界、无色界）的烦恼俱尽，处于没有覆蔽的地方。此借指露天大地。《法华经·譬喻品》云："是时长者见诸子等安稳得出，皆于四衢道中露地而坐，无复障碍。"　**云霄**　极高的天空。[唐]杜甫《兵车行》诗云："牵衣顿足拦道哭，哭声直上干云霄。"《晋书·陶侃传》云："左吏上书王敦：'往年董督，径造湘城，志凌（凌驾）云霄，神机独断。'"

⑰ **商彝周鼎**　商周祭祀用的青铜礼器。泛指珍贵的古董。[明]沈榜

《宛署杂记·古墨斋》云："得其片言只字，自令旷心怡神，非必商彝周鼎之为宝也。"

⑱ **殷濩** 殷商的濩铎之声。濩铎：形容声音喧闹杂乱。无名氏《讲阴阳八卦桃花女》云："来到俺门前乱交加，不知是哪个，则听的热闹镬铎（同'濩铎'）。" **虞韶** 禹舜的箫韶之音。箫韶：相传是古代虞舜所作的乐曲。《尚书·益稷》："箫韶九成（演奏九遍），凤凰来仪。"《史记·孔子世家》云："[孔子]与齐太师语乐（讨论音乐），闻韶音，学之，三月不知肉味。"

⑲ **樊素口，小蛮腰** 唐白居易的女伎樊素善歌、小蛮善舞，故他有诗曰："樱桃樊素口，杨柳小蛮腰。"意思是说：美姬樊素的嘴小巧鲜艳，如同樱桃；小蛮的腰柔弱纤细，如同杨柳。（见[唐]孟棨《本事诗·事感》）

⑳ **六诏** 唐代，我国西南部的少数民族称王为"诏"。当时有蒙巂诏、越析诏、浪容诏、邆賧诏、施浪诏、蒙舍诏（地处最南，又称"南诏"），合称"六诏"，分布在今云南及四川西南部。唐开元年间，蒙舍诏吞并了其他各诏，史称"南诏"。后来，泛称云南为六诏。（见《旧唐书·南诏蛮》）[宋]陆游《晚登横溪阁》诗云："瘴雾不开连六诏，俚歌相答带三巴。" **三苗** 我国西南地区少数民族名。《史记·五帝本纪》云："三苗在江淮、荆州。"这就是说，三苗西徙以前，当居在长江中游以南地区。

㉑ **朝天车奕奕** 谒见天子的车驾多而有序。奕奕：有次序。这是唐代诗人薛逢《贺杨收作相》中"阙下憧憧（来往不绝）车马尘，沈浮相次宦游身。须知金印朝天客，同是沙堤避路人"诗意的化用。

㉒ **出塞马萧萧** 出塞将士的战马不停鸣叫。这是诗圣杜甫《兵车行》中"车辚辚，马萧萧，行人弓箭各在腰"诗意的化用。

㉓ **公子幽兰重泛舸** 香花临河，公子哥们舟船相连游兴未已。幽兰：含香兰花。屈原《九歌·湘夫人》云："沅（洞庭湖沅水）有芷兮澧（洞庭湖澧水）有兰，思公子兮未敢言。"

㉔ **王孙芳草正联镳** 芳草遍野，王孙子弟骑马并驾兴高忘归。王孙：旧时指贵族、官僚子弟，也是对贤人的尊称。联镳：联鞭，骑马并行。[南

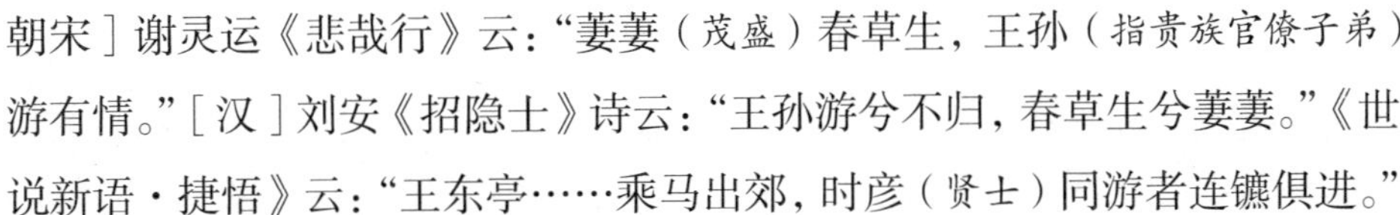

朝宋］谢灵运《悲哉行》云：“萋萋（茂盛）春草生，王孙（指贵族官僚子弟）游有情。”［汉］刘安《招隐士》诗云：“王孙游兮不归，春草生兮萋萋。”《世说新语·捷悟》云：“王东亭……乘马出郊，时彦（贤士）同游者连镳俱进。”

㉕ **潘岳高怀，曾向秋天吟蟋蟀**　西晋文学家潘岳，又名潘安，字安仁，今河南中牟县人。才高，善政。曾任河阳令、著作郎。善写诗赋，辞藻华丽，与陆机齐名。因秋日而感怀，著作《秋兴赋》吟咏蟋蟀：“熠耀粲于阶闼兮，蟋蟀鸣乎轩屏。”（见《晋书·潘安传》）

㉖ **王维清兴，尝于雪夜画芭蕉**　唐代诗人、画家王维，字摩诘，山西永济人。开元进士。曾官尚书右丞，故称“王右丞”。诗作以描绘田园生活著称，宣扬隐士生活和佛教禅理。兼通音乐，精绘画。善画山水松石，笔迹雄壮。其画不拘四时，画有《袁安卧雪图》，曾于雪夜画芭蕉。苏轼称他诗中有画，画中有诗。（见《唐书·王维传》）

芭蕉仕女（陈少梅）

gēng duì dú mù duì qiáo hǔ pò duì qióng yáo tù
耕对读，牧对樵㉗。琥珀对琼瑶㉘。兔
háo duì hóng zhǎo guì jí duì lán ráo yú qián zǎo lù
毫对鸿爪㉙，桂楫对兰桡㉚。鱼潜藻㉛，鹿
cáng jiāo shuǐ yuǎn duì shān yáo xiāng líng néng gǔ sè
藏蕉㉜。水远对山遥㉝。湘灵能鼓瑟㉞，
yíng nǚ jiě chuī xiāo xuě diǎn hán méi héng xiǎo yuàn fēng chuī
嬴女解吹箫㉟。雪点寒梅横小院㊱，风吹
ruò liǔ fù píng qiáo yuè yǒu tōng xiāo jiàng là bà shí guāng
弱柳覆平桥㊲。月牖通宵，绛蜡罢时光
bù jiǎn fēng lián dāng zhòu diāo pán tíng hòu zhuàn nán xiāo
不减㊳；风帘当昼，雕盘停后篆难消㊴。

注解

㉗ **牧樵** 樵夫与牧人，也泛指乡野之人。[宋]陆游《村居》诗云：“樵牧相语欲争席，比邻渐熟约论婚。”

㉘ **琥珀** 松柏树脂的化石。燃烧时有香气。可入药，也可制饰物。[晋]张华《博物志·药物》引《神仙传》云：“松柏脂入地千年化为茯苓，茯苓化为琥珀。琥珀一名江珠。” **琼瑶** 美丽的玉石。《南史·隐逸传·邓侑》云：“色艳桃李，质胜琼瑶。”

㉙ **兔毫** 兔毛可以制笔，故用兔毫作为毛笔的代称。[唐]罗隐《寄虔州薛大夫》诗云：“会得窥成绩，幽窗染兔毫。” **鸿爪** 鸿雁踏过雪泥遗留的爪痕，有“雪泥鸿爪”之典。比喻往事遗留的痕迹。[宋]苏轼《和子由渑池怀旧》诗云：“人生到处知何似？应似飞鸿踏雪泥。泥上偶然留指爪，鸿飞那（哪）复计东西。”

㉚ **桂楫兰桡** 桂木船桨，木兰船。楫：船桨。桡：船桨，借指船。［宋］苏轼《前赤壁赋》云：“桂棹（船桨）兮兰桨，击空明（月光映照下的澄澈江水）兮溯（逆）流光。”

㉛ **鱼潜藻** 鱼藏水藻中。［元］孙大全《竹间亭》云：“悠悠水中鱼，出入藻与萍（浮萍）。”［唐］白居易《玩松竹二首》诗云：“栖凤安于梧，潜鱼乐于藻。”

㉜ **鹿藏蕉** 郑人砍薪于野，遇鹿而毙之，藏于无水护城河，恐人看见，覆之以蕉，不胜喜悦。转眼间又找不到藏鹿之处了，他以为是做了个梦。后人以此比喻人世真假杂陈，得失无常。（见《列子·周穆王》）

㉝ **水远山遥** 亦作“水远山长”，比喻路途遥远而艰险。［宋］汪元量《忆秦娥》词云：“心如焦。彩笺（书信）难寄，水远山遥。”［唐］许浑《将为南行陪尚书崔公宴海榴堂》诗云：“谩夸书剑无知己，水远山长步步愁。”

㉞ **湘灵能鼓瑟** 相传舜的二妃娥皇、女英，因哀痛舜帝南巡而死，自溺于湘江，化为湘水之神，名曰“湘灵”。湘灵弹琴瑟以迎舜帝。［唐］李贺《帝子歌》云：“九节菖蒲石上死，湘神弹琴迎帝子。”《楚辞·远游》云：“使湘灵鼓瑟兮，令海若舞冯夷。”

㉟ **嬴女解吹箫** 神话传说，春秋时秦穆公之女叫弄玉，善吹箫，因秦为嬴姓，故称弄玉为“嬴女”。（参见上卷“一东”注㉟）

㊱ **雪点寒梅横小院** 白雪梅花溢小院。横：充溢。这是宋朝诗人卢梅坡《雪梅》中“梅雪争春未肯降（各不服气），骚人阁（同‘搁’）笔费（用心思）评章。梅须逊雪三分白，雪却输梅一段香”诗意的化用。

㊲ **风吹弱柳覆平桥** 风吹细柳笼平桥。覆：笼盖。平桥：与路面齐平而无弧度的桥。这是唐代诗人温庭筠《杂曲歌辞·杨柳枝》中“苏小门前柳万条，毵毵金线拂平桥”诗意的化用。

㊳ **月牖通宵，绛蜡罢时光不减** 月光通宵透窗入室，红烛虽然灭了，室内依旧明亮。绛蜡：即红烛。［唐］张九龄《望月怀远》诗云：“灭烛怜光（令人疼爱的月光）满，披衣觉露滋。”

㊴ **风帘当昼，雕盘停后篆难消** 风帘整天遮住门户，盘香即使停燃，室内烟缕难消。篆：盘香的烟缕。［宋］苏轼《宿临安净土寺》诗云：“闭门群动息，香篆起烟缕。”

仕女图（吴光宇）

三肴

shī duì lǐ guà duì yáo yàn yǐn duì yīng tiáo
诗对礼[1]，卦对爻[2]。燕引对莺调[3]。
chén zhōng duì mù gǔ yě zhuàn duì shān yáo zhì fāng rǔ
晨钟对暮鼓[4]，野馔对山肴[5]。雉方乳，
què shǐ cháo měng hǔ duì shén áo shū xīng fú xìng yè
鹊始巢[6]。猛虎对神獒[7]。疏星浮荇叶[8]，
hào yuè shàng sōng shāo wéi bāng zì gǔ tuī hú liǎn cóng
皓月上松梢[9]。为邦自古推瑚琏[10]，从
zhèng yú jīn kuì dǒu shāo guǎn bào xiāng zhī néng jiāo wàng xíng
政于今愧斗筲[11]。管鲍相知，能交忘形
jiāo qī yǒu lìn lián yǒu xì zhōng duì wěn jǐng sǐ shēng jiāo
胶漆友[12]；蔺廉有隙，终对刎颈死生交[13]。

注解

①**诗礼**　五经中的《诗经》和《礼记》。

②**卦爻**　《周易》中组成各卦的长短符号，谓之“爻”，“—”叫阳爻，用“九”表示；“--”叫阴爻，用“六”表示。每三爻组成一卦，共可组成八卦，两卦变换相重可得六十四卦。每卦所表示的象征意义，谓之“象”。总论一卦之象的叫“卦象”，又叫“大象”；只论一爻之象的叫“爻象”，又叫“小象”。

③**燕引莺调**　有两种理解。一为燕语莺歌招人听。引调：引逗，招惹。［宋］黄庭坚《归田乐令》词云：“引调得、甚近日心肠不恋家。”［金］董

解元《西厢记诸宫调》云："划地（无端）相逢，引调得人来眼狂心热。"二为像燕子、黄莺鸣叫声一样动听。引：一种乐曲体裁。［唐］欧阳炯《花间集序》云："南国婵娟，休唱莲舟之引。"调：乐律、音调。《晋书·嵇康传》云："因索琴弹之，而为《广陵散》，声调绝伦，遂以授康。"

④**晨钟暮鼓** 佛寺早撞钟、暮击鼓以报时。［宋］陆游《短歌行》诗云："百年鼎鼎世共悲，晨钟暮鼓无休时。"

⑤**野馔山肴** 野味美食。馔：上等食品。肴：熟的鱼肉。［唐］王勃《山亭兴序》云："黄精野馔，赤石神脂。"［宋］欧阳修《醉翁亭记》云："山肴野蔌（蔬菜），杂然而前陈者，太守宴也。"［明］施耐庵《水浒传》第31回："两口儿自去厨下安排些佳肴美馔酒食，管待武松。"

⑥**雉方乳，鹊始巢** 野鸡即将孵卵，喜鹊开始筑巢。雉：野鸡。［西汉］戴圣《礼记·月令》云："季冬之月（农历十二月）……雁北向，鹊始巢，雉雊（鸣）鸡乳（孵化）。"东汉中牟县令鲁恭，字仲康，治县以德化为重，不任刑罚，众皆信服。建初七年（82），郡国螟虫伤庄稼，竟不入中牟界。河南尹袁安不信，派主狱官肥亲视察。鲁恭陪视，坐于桑下。有雉过，止其旁，旁有儿童，肥亲曰："儿何不捕之？"儿曰："雉方将雏（孵小雏）。"肥亲瞿然而起，对鲁恭说："今来，欲察君之政绩。今虫不犯境，此一异也；化及鸟兽，此二异也；竖子（儿童）有仁心，此三异也。"遂回府实告袁安府尹。（见《后汉书·鲁恭传》）

⑦**猛虎神獒** 凶猛的老虎，高大的狂犬。獒：一种凶猛的狗。［唐］舒元舆《坊州按狱》诗云："攫搏如猛虎，吞噬若狂獒。"

⑧**疏星浮荇叶** 稀疏的晨星像荇叶一样映在湖面上。这是宋朝诗人陈尧佐《林处士水亭》中"冷光（指映在水中的月光星光）浮荇叶，静影浸鱼竿"诗句的化用。荇：荇菜，水生植物。

⑨**皓月上松梢** 洁白的月亮像明灯一样挂在松梢上。这是唐代诗仙李白《送杨山人归嵩山》中"长留一片月，挂在东溪松"诗句的化用。

⑩**为邦自古推瑚琏** 自古兴国要靠德能高尚的人才。为邦：治理国家。

瑚琏：贵重祭器，比喻能担大任的人才。《论语·公冶长》云：“子贡（孔子的学生，名赐）问曰：‘赐也何如？’子曰：‘女（通“汝”，你），器也。’曰：‘何器也？’曰：‘瑚琏也。’”［唐］李华《卢郎中斋居记》云：“公以瑚琏之器为郎官，以干将之断宰赤县。”

⑪ **从政于今愧斗筲**　现今从政者量小才薄难成大事。斗筲：两种小量器，比喻气量狭小无大用的人。《论语·子路》云：“［子贡］曰：‘今之从政者何如？’子（孔子）曰：‘噫，斗筲之人，何足算（谈论）也？’”

⑫ **管鲍相知，能交忘形胶漆友**　春秋时期，齐人管仲与鲍叔牙二人友善，相知最深。齐桓公本由鲍叔牙护卫回国即位，鲍叔牙却向桓公举荐管仲，授以国政，位在鲍叔牙之上，使齐国得以称霸。管仲知恩，常说：“生我者父母，知我者鲍子也。”后人以“管鲍交”作为交谊深厚之典。（见《史记·管仲列传》）

⑬ **蔺廉有隙，终为刎颈死生交**　战国时期，赵国大夫蔺相如不畏强秦，完璧归赵，有大功，被封为宰相，位在大将军廉颇之上。廉颇不服，屡次阻拦相如车驾示威。蔺相如为维护赵国将相团结，以防外侵，一再改道回避廉颇。廉颇得知相如真意后，负荆向蔺相如请罪，遂成刎颈之交，传为“将相和”的著名史话。（见《史记·廉颇蔺相如列传》）

gē duì wǔ xiào duì cháo ěr yǔ duì shén jiāo yān
歌对舞，笑对嘲。耳语对神交⑭。焉

wū duì hài shǐ tǎ suǐ duì luán jiāo yí jiǔ jìng mò qīng
乌对亥豕⑮，獭髓对鸾胶⑯。宜久敬，莫轻

pāo yí qì duì tóng bāo zhài zūn gān bù bèi zhāng lù
抛⑰。一气对同胞⑱。祭遵甘布被⑲，张禄

niàn tí páo huā jìng fēng lái féng kè fǎng chái fēi yuè dào
念绨袍⑳。花径风来逢客访㉑，柴扉月到

yǒu sēng qiāo yè yǔ yuán zhōng yì kē bù diāo wáng zǐ nài
有僧敲㉒。夜雨园中，一颗不雕王子柰㉓；

qiū fēng jiāng shàng sān chóng céng juǎn dù gōng máo
秋风江上，三重曾卷杜公茅㉔。

注解

⑭ **耳语** 附耳低语。《古诗为焦仲卿妻作》云：“下马入车中，低头共耳语。” **神交** 心神结交。《汉书·上叙传·答宾戏》云：“殷（中宗武丁）说（傅岩奴隶傅说）梦发于傅岩，周（周文王）望（太公望）兆动于渭滨，齐（齐桓公）宁（宁戚放牛歌于康衢，齐桓公举为大夫）激声于康衢，汉良（张良下邳遇黄石公受《太公兵法》）受书于邳沂，皆俟（等待）命而神交，匪（同‘非’）言词之所信。”

⑮ **焉乌** 原意为乌鸦，这里指字形相似。乌字繁体“烏”与“焉”字形相似而易讹，甚至“焉烏成馬（马的繁体）”。［宋］宋祁《代人乞出表》云：“书思记命，目不辨于焉乌。” **亥豕** 原意为猪，这里指字形近似的错字称为“亥豕”之误。《吕氏春秋·察传》云：“子夏之晋，过卫，有读《史记》者曰：‘晋师三豕涉河。’子夏曰：‘非也，是己亥也。夫己与三相近，豕与

亥相似。'至于晋而问之，则曰晋师己亥涉河也。"

⑯ **獭髓** 传说獭的骨髓与玉屑、琥珀屑相和，可以灭瘢痕。[宋]苏轼《再和杨公济梅花十绝》诗云："檀心已作龙涎吐，玉颊何烦獭髓医？" **鸾胶** 传说海上有凤麟洲，多仙人，用凤喙麟角合煎作膏，名"续弦胶"，能粘弓弩断弦。（见［汉］东方朔《十洲记》）[唐]刘兼《秋夜书怀呈戎州郎中》诗云："鸾胶处处难寻觅，断尽相思寸寸肠。"

⑰ **宜久敬，莫轻抛** 《诗经》上有一篇弃妇哀怨丈夫淫于新婚而弃旧室的长诗："德音莫违（山盟海誓不背离），及尔同死（白头偕老共生死）……宴尔新婚（而今你又有新欢），不我屑与（竟把我抛弃）。"（见《诗经·邶风·谷风》）

⑱ **一气** 一伙。《红楼梦》云："还有舅舅做保山（像山一样稳固可靠的保人），他们都是一气。" **同胞** 同父母所生的兄弟。《汉书·东方朔传》云："同胞之徒，无所容居。"同乡同国的人也称"同胞"。

⑲ **祭遵甘布被** 东汉名将祭遵，字弟孙，颍阳人。曾从光武帝刘秀征河北。建武二年（26），拜征虏将军，封颍阳侯。为人克己奉公。在军中，与士卒共甘苦，盖布制衣被，所得赏赐皆分与将士，家无余财。（见《后汉书·祭遵传》）

⑳ **张禄念绨袍** 战国魏人范雎（旧时误作"范睢"），一作"范且"，字叔。初随魏大夫须贾，被诬有通齐之嫌。后潜逃入秦，任相，封侯，更名曰张禄。魏人以为雎已死。后来，魏使须贾赴秦，雎穿破烂衣服见贾，贾不知雎为秦相，曰："范叔何一寒至此？"遂取己绨袍赠之。（见《史记·范雎传》）

㉑ **花径风来逢客访** 这是诗圣杜甫《客至》中"花径不曾缘客扫，蓬门今始为君开"诗句的化用。

㉒ **柴扉月到有僧敲** 唐代诗人贾岛进京参加科举考试，在驴背上想出两句诗："鸟宿池边树，僧敲月下门。"起初想用"推"字，又觉"敲"字较好，并聚精会神地不断作"推"和"敲"的手势斟酌，拿不定主意。到京后，请教京兆尹韩愈，韩愈说："作'敲'字佳矣。"后人们以"推敲"

作为斟酌研究问题的代称。（见《刘公嘉话》）

㉓ **夜雨园中，一颗不雕王子柰** 汉末著名孝子、琅琊临沂人王祥，幼年丧母，继母不慈，多加刁难，命祥护园中柰（果木，又名“沙果”），言果落则鞭打王祥。祥抱树大哭，柰果竟一颗不落。（见《晋书·王祥传》）

㉔ **秋风江上，三重曾卷杜公茅** 唐代大诗人杜甫，在四川成都西郊浣花溪畔刚盖起一座茅屋（即“杜甫草堂”）竟被秋风吹破。年迈的杜甫在其《茅屋为秋风所破歌》诗作中写道：“八月秋高风怒号，卷我屋上三重茅……［群童］公然抱茅入竹去，唇焦口燥呼不得，归来倚杖自叹息。”

秋林茅屋（顾昉）

yá duì shè lǐn duì páo yù qìng duì jīn náo zhú
衙对舍，廪对庖㉕。玉磬对金铙㉖。竹
lín duì méi lǐng qǐ fèng duì téng jiāo jiāo xiāo zhàng shòu
林对梅岭㉗，起凤对腾蛟㉘。鲛绡帐㉙，兽
jǐn páo lù guǒ duì fēng shāo yáng zhōu shū jú yòu jīng
锦袍㉚。露果对风梢㉛。扬州输橘柚，荆
tǔ gòng jīng máo duàn shé mái dì chēng sūn shū dù yǐ zuò
土贡菁茅㉜。断蛇埋地称孙叔㉝，渡蚁作
qiáo shí sòng jiāo hǎo mèng nán chéng qióng xiǎng jiē qián piān
桥识宋郊㉞。好梦难成，蛩响阶前偏
jī jī liáng péng yuǎn dào jī shēng chuāng wài zhèng jiāo jiāo
唧唧㉟；良朋远到，鸡声窗外正嘐嘐㊱。

注解

㉕**廪**　粮仓。《孟子·滕文公上》云：“今也，滕（国名）有仓廪府库，则是厉（损害）民而以自养也。”　**庖**　厨房。《孟子·梁惠王上》云：“庖有肥肉，厩有肥马，民有饥色，野有饿莩（通“殍”，饿死的人），此率兽而食人也。”

㉖**玉磬**　古代玉制乐器。《周礼·明堂位》云：“拊搏玉磬，揩击，大琴，大瑟，中琴，小瑟，四代之乐器也。”　**金铙**　古代铜制乐器。《周礼·地官·鼓人》云：“以金铙止鼓，以金铎通鼓。”郑玄注曰：“铙如铃无舌，有柄，执而鸣之，以止击鼓。”

㉗**竹林**　三国魏末年，司马氏当权，陈留的阮籍、谯国的嵇康、河内的山涛、河南的向秀、阮籍之侄阮咸、琅琊的王戎、沛人刘伶七人，相与友善，崇尚老庄之学，轻视礼法，规避尘俗，常集于竹林之下，饮酒弹唱，

纵情清谈，时人称为“竹林七贤”。（见《世说新语·任诞》） **梅岭** 即江西广东交界之大庾岭。古称“塞岭”。相传汉武帝时，有庾姓将军筑城岭下，故又称“大庾岭”。唐玄宗大臣张九龄督所属于此开凿新路时，令多植梅树，故又称“梅岭”。（见《读史方舆纪要·江西》）

㉘ **起凤腾蛟** 亦作“腾蛟起凤”。比喻人的才华焕发。［唐］王勃《滕王阁序》云：“腾蛟起凤，孟学士之词宗；紫电青霜，王将军之武库。”

㉙ **鲛绡帐** 用鲛人所织的丝绢、薄纱做的帐子。传说，南海有鲛人，水居如鱼，眼能泣珠。不停织绩，常出卖绡帐，轻疏透明，冬天寒风不入，夏天能生凉气。（见［晋］张华《博物志》）

㉚ **兽锦袍** 用织有兽形图案的锦绣做成的袍。［唐］杜甫《寄李十二白二十韵》诗云：“龙舟移棹晚，兽锦夺袍新。”（参见上卷“四支”注⑧）

㉛ **露果** 明朝万历年间，户部侍郎杨果目睹江苏兴化车路河南北两厢隔垛上瓜果累累，诗兴大发，遂题《两厢瓜圃》诗一首，并将该景区命名为“两厢瓜圃”。传说，“两厢瓜圃”里长有一种珍贵稀有的瓜果珍品——露果，它一度被列为贡品，后来失传。清嘉庆年间，时任两淮都转运使的曾燠在扬州又品尝到由兴化县教谕史炳赠送的露果，遂作题为《谢史恒斋寄馈兴化所产露果》的诗歌盛赞露果之美味：“甘露一以霖，雨足阙都弥……谁能盛露去？偏洒千杨枝。”（见《昭阳十二景·两厢瓜圃》）此处“露果”与“风梢”对仗，当是指“露珠”，露珠似果粒。［汉］郭宪《洞冥记》云：“满室云起，五色照人，着于草树，皆成五色露珠。” **风梢** 风头。［宋］晏几道《扑蝴蝶·风梢雨叶》云：“风梢雨叶，绿遍江南岸。”

㉜ **扬州输橘柚，荆土贡菁茅** 古帝夏禹划疆域为九州，依据各州土地肥瘦、出产物品，定出各州贡品内容：扬州贡“厥篚织贝（竹筐装贝锦），厥包橘柚”；荆州贡“包匦（杨梅）菁茅（滤酒用的茅草）。”（见《尚书·禹贡》）

㉝ **断蛇埋地称孙叔** 春秋楚人孙叔敖，儿时在路上遇见一条两头蛇，便杀而埋之。回家后，忧愁不食。母问其故，敖哭着说：“儿今见一条两头蛇，听人说，见两头蛇者必死。我想自己是要死的人了，不能再让后见之

人又死，便把它杀死埋了。”然而，孙叔敖竟不死。长大后，他三任令尹而不喜，三次去职而不悔。（见《太平广记117卷·孙叔敖》《史记·循吏传》）

㉞ **渡蚁作桥识宋郊** 传说，宋代宋郊看见自家屋前的蚁穴被雨冲坏，蚁为雨溺，他编竹为桥，让蚂蚁爬到了干处。（见《宋史·宋郊传》）［明］冯梦龙《警世通言》云：“毛宝放龟悬大印，宋郊渡蚁占高魁。”

㉟ **好梦难成，蛩响阶前偏唧唧** 愁思萦心难入梦，更有蛩鸣来烦人。这是元朝无名氏《云窗梦》中“薄设设衾寒枕冷，愁易感好梦难成”和宋代张镃《秋声》中“桐杂蝉鸣愁易起，蕉和蛩鸣梦频醒”诗句的化用。

㊱ **良朋远到，鸡声窗外正嘐嘐** 窗外鸡声嘐嘐叫，继闻良友敲柴门。旧俗认为，鸡鸣有客到。这是诗圣杜甫《羌村三首》中“群鸡正乱叫，客至鸡斗争。驱鸡上树木，始闻叩柴荆”诗句的化用。

七贤图（傅抱石）

四豪

jiāo duì cí　dí duì hāo　shān lù duì jiāng gāo　yīng
茭对茨，荻对蒿。山麓对江皋[1]。莺
huáng duì dié bǎn　mài làng duì sōng tāo　qí jì zú　fèng
簧对蝶板[2]，麦浪对松涛[3]。骐骥足[4]，凤
huáng máo　měi yù duì jiā bāo　wén rén kuī dù jiǎn　xué
凰毛[5]。美誉对嘉褒[6]。文人窥蠹简[7]，学
shì shū tù háo　mǎ yuán nán zhēng zài yì yǐ　zhāng qiān xī
士书兔毫[8]。马援南征载薏苡[9]，张骞西
shǐ jìn pú tao　biàn kǒu xuán hé　wàn yǔ qiān yán cháng wěi
使进葡萄[10]。辩口悬河，万语千言常亹
wěi　cí yuán dào xiá　lián piān lěi dú zì tāo tāo
亹[11]；词源倒峡，连篇累牍自滔滔[12]。

注解

①**山麓**　山脚。［宋］苏辙《寄济南李公择》诗云：“岱阴皆平田，济南附山麓。”　**江皋**　江岸。原文为“江鳌”。《汉书·贾山传》云：“地之硗者，虽有善种，不能生焉；江皋河濒，虽有恶种，无不猥大。”

②**莺簧**　黄莺叫声如笙簧。［宋］欧阳修《奉酬长文舍人出城见示之句》诗云：“清浮酒蚁醅初拨，暖入莺篁（通‘簧’）舌渐调。”［宋］邵雍《共城十吟》云：“风触莺簧健，烟舒柳叶匀。”　**蝶板**　蝴蝶身子虽小，翅膀大如花板、手扇。［元］王和卿《醉中天·咏大蝴蝶》云：“两翅驾东风，三百座名园一采一个空。谁道风流种？唬杀寻芳的蜜蜂。轻轻的飞动，把

卖花人扇过桥东。”

③**麦浪** 风吹麦苗，起伏如浪。宋代著名词人苏轼的《南歌子》写道：“日薄花房绽，风和麦浪轻。夜来微雨洗郊坰。正是一年春好、近清明。” **松涛** 风撼松林，声如波涛。宋代著名书画家赵孟頫的《西湖灵隐寺对联》写道：“龙涧风回，万壑松涛连海气；鹫峰云敛，千年挂月印湖光。”

④**骐骥足** 日奔千里的良马。比喻杰出的人才。刘备任命庞统为耒阳县令。不久，庞统因渎政而被免官。鲁肃得息，写信对刘备说：“庞统不只是个县令之才，让他当州官，才能发挥骐骥足（千里马）之才。”（见《三国志·蜀志·庞统传》）

⑤**凤凰毛** 比喻羽毛珍贵，人才优秀。唐代诗人元稹在《寄赠薛涛》诗中称赞薛涛是“言语巧偷鹦鹉舌，文章分得凤凰毛”。特指像父辈的风采。《世说新语·容止》云：“王敬伦（劭）风姿似父（王导）……桓（温）公望之曰：‘大奴固自有凤毛。’”

⑥**美誉** 美好的名誉。［明］宋濂《赠定岩上人入东序》诗云：“美誉流于四方，纯行信于四众。” **嘉褒** 嘉奖与赞扬。［宋］王安石《参知政事欧阳修曾祖某赠某官制》云：“图任以登于右府，褒嘉当及其前人。”

⑦**文人窥蠹简** 文人爱读书。蠹简：易遭蠹虫蛀蚀的书籍，泛指书籍。这是宋朝诗人陆游《初夏杂兴》中“终日颓然蠹简中”和《掩扉》中“一编蠹简从吾好”诗句的化用。

⑧**学士书兔毫** 学士好书法。书兔毫：用兔毛制作成的毛笔写字，泛指书法。这是唐代诗人贯休《笔 》中“莫讶书绅（写字）苦，功成在一毫”诗句的化用。

⑨**马援南征载薏苡** 东汉马援，字文渊，茂陵（今陕西兴平东北）人。初依隗嚣，后归光武。建武十七年（41），任伏波将军，南征平交趾起义。在交趾，常以薏苡实（仁）为食。南方薏苡实大，军还时，载回一车，欲作种子。（见《后汉书·马援传》）

⑩ **张骞西使进葡萄** 西汉张骞，字子文，成固（今陕西城固）人。武帝时从卫青击匈奴，以军功封博望侯。他曾两次出使西域。元鼎二年（前115）以中郎将衔第二次出使西域之乌孙时，分遣副使去大宛、康居、月支、大夏等国，西北诸国方与汉通，使中原铁器、纺织品等传入西域，西域的音乐、良马、葡萄等传入中原。（见《汉书·张骞传》）引进优良马种、葡萄及苜蓿等。

⑪ **辩口悬河，万语千言常亹亹** 辩口悬河：指说话滔滔不绝，能言善辩。亹亹：不知疲倦。这是《隋书·裴蕴传》中"蕴亦机辩，所论法理，言若悬河"和唐代诗人郑谷《燕》中"千言万语无人会（无人懂说的是什么），又逐流莺过短墙"诗句的化用。

⑫ **词源倒峡，连篇累牍自滔滔** 词源倒峡：指诗文雄健有力，气势豪迈。连篇累牍：形容文辞冗长。这是诗圣杜甫《醉歌行》中"词源倒流三峡水，笔阵横扫千人军"和《隋书·李谔传》中"连篇累牍，不出月露（指辞藻华美而内容空乏的诗文）之形"诗句的化用。

听松图（冯超然）

méi duì xìng lǐ duì táo yù pò duì jīng máo jiǔ xiān
梅对杏，李对桃。棫朴对旌旄⑬。酒仙
duì shī shǐ dé zé duì ēn gāo xuán yí tà mèng sān
对诗史⑭，德泽对恩膏⑮。悬一榻⑯，梦三
dāo zhuō yì duì guì láo yù táng huā zhú rào jīn diàn
刀⑰。拙逸对贵劳⑱。玉堂花烛绕⑲，金殿
yuè lún gāo gū shān kàn hè pán yún xià shǔ dào wén yuán
月轮高⑳。孤山看鹤盘云下㉑，蜀道闻猿
xiàng yuè háo wàn shì cóng rén yǒu huā yǒu jiǔ yìng zì lè bǎi
向月号㉒。万事从人，有花有酒应自乐；百
nián jiē kè yì qiū yí hè jìn wú háo
年皆客，一丘一壑尽吾豪㉓。

注解

⑬ **棫朴** 两种优质木名，意谓棫朴丛生，根枝茂密，共相附着。比喻人才济济国家兴盛。《诗经·大雅·棫朴》云："芃芃（茂盛）棫朴，薪之槱（积柴燃烧以祭天）之；济济辟王（指周文王），左右趣（趋附）之。" **旌旄** 军旗。［唐］李频《陕府上姚中丞》诗云："关东领藩镇，阙下授旌旄。"

⑭ **酒仙** 唐代诗人李白，字太白，少年即显露才华，吟诗作赋，好行侠义。与杜甫至好。他的诗风雄奇豪放，想象丰富，语言流转自然，音律和谐多变。他嗜酒成癖，自称"酒仙"。［唐］杜甫《饮中八仙歌》诗云："李白一斗诗百篇，长安市上酒家眠。天子呼来不上船，自称臣是酒中仙。" **诗史** 唐代诗人杜甫，字子美，自幼好学，知识渊博，有政治抱负。善诗好赋，其诗歌创作对历代文人产生了巨大影响，宋代以后被尊为"诗圣"。他的许多优秀诗作显示了唐朝从开元天宝盛世转向分裂衰微的历

史过程，因此被称作“诗史”。《新唐书·杜甫传赞》云：“甫（杜甫）又善陈时事，律切精深，至千言不少衰，世号诗史。”

⑮ **德泽** 德化与恩惠。《韩非子·解老》云：“有道之君，外无怨仇于邻敌，而内有德泽于人民。” **恩膏** 犹“恩泽”。恩惠像雨露润泽万物。［明］张三丰《云水前集·赤壁怀古》诗云：“为雨为云最有神，莫将尘梦拟真人。仙环隐隐从空下，一片恩膏一片春。”［唐］刘禹锡《经伏波神祠》诗云：“自负霸王略，安知恩泽侯（不以功受爵，而出于皇帝私恩，故称‘恩泽侯’，以别于功臣侯）。”

⑯ **悬一榻** 东汉徐稚，字孺子，家贫，以农耕自给。人荐其出仕，皆不就。其名望传世，高官大人多愿与之交游。太守陈蕃，正直清廉，不喜交际，唯善遇徐稚，特设一榻，备徐稚来时所卧，徐去则榻悬起。（见《后汉书·徐稚传》）

⑰ **梦三刀** 晋朝开国元勋王浚，曾任巴郡太守、广汉太守。传说，他做梦看见卧室屋梁上挂着三把刀，一会儿，又多了一把。他向部下说梦，部下皆奉承说：三把刀合为“州”字，又加一把，是“益”的意思，看来您要升官到益州去了。（见《晋书·王浚传》）

⑱ **拙逸贵劳** 拙逸：愚拙的安逸，指贪图安乐。贵劳：尊贵的勤劳，指忧患劳苦。［宋］欧阳修《五代史伶官传序》云：“忧劳（忧患劳苦）可以兴国，逸豫（贪图安乐）可以亡身，自然之理也。”

⑲ **玉堂花烛绕** 这是北周庾信《和咏舞》中“洞房花烛明，燕（通‘宴’）余双飞轻”诗意的化用。玉堂：本指华丽的殿堂，或豪华的宅第，此指新婚洞房。花烛：彩饰蜡烛，婚礼时多用花烛。

⑳ **金殿月轮高** 这是唐代诗人王昌龄《春宫曲》中“昨夜风开露井桃，未央（未央宫）前殿月轮高”诗意的化用。金殿：帝王宫殿。月轮：圆月亮。

㉑ **孤山看鹤盘云下** 宋朝隐者林逋，字君复。性格恬淡好古，不趋市利。长年隐居于杭州西湖之孤山，终身不娶，以植梅养鹤为伴，令童子逢客至则放鹤，林逋见鹤必棹舟归来，故称“梅妻鹤子”。（见［宋］沈括《梦

溪笔谈·人事》)

㉒ **蜀道闻猿向月号** ［唐］朱使欣《道峡似巫山》诗云："江如晓天静，石似暮云张。征帆一流览，宛若巫山阳……猿鸣孤月夜，再使泪沾裳。"［宋］陆游《三峡歌》诗云："朝云暮雨浑虚语，一夜猿啼月明中。"

㉓ **万事从人，有花有酒应自乐；百年皆客，一丘一壑尽吾豪** 这两句是说，人生百年犹如过客一样暂住世间，应尽情地赏花饮酒，放浪山水之间，不枉一生。《古诗十九首》云："浩浩阴阳移，年命如朝露。人生忽如寄，寿无金石固。"［三国魏］曹丕《善哉行》云："人生如梦，多忧何为？"［三国魏］曹操《短歌行》云："对酒当歌，人生几何？"

梅妻鹤子（冯超然）

tái duì shěng shǔ duì cáo fēn mèi duì tóng páo
台对省㉔，署对曹㉕。分袂对同袍㉖。

míng qín duì jī jiàn fǎn zhé duì huí cáo liáng jiè zhù cāo
鸣琴对击剑㉗，返辙对回艚㉘。良借箸㉙，操

zhuō dāo xiāng chá duì chún láo dī quán guī hǎi dà kuì
捉刀㉚。香茶对醇醪㉛。滴泉归海大，篑

tǔ jī shān gāo shí shì kè lái jiān què shé huà táng bīn zhì
土积山高㉜。石室客来煎雀舌㉝，画堂宾至

yǐn yáng gāo bèi zhé jiǎ shēng xiāng shuǐ qī liáng yín fú niǎo
饮羊羔㉞。被谪贾生，湘水凄凉吟鵩鸟㉟；

zāo chán qū zǐ jiāng tán qiáo cuì zhù lí sāo
遭谗屈子，江潭憔悴著离骚㊱。

注解

㉔ **台省** 汉有尚书台，三国魏有中书省，都是代表皇帝发布政令的中枢机关。后因以“台省”指政府的中央机关。《旧唐书·刘祥道传》云：“汉魏以来，权归臺省，九卿皆为常伯属官。”

㉕ **署曹** 官署名。办理公务的政府机关。[唐]白居易《初除主客郎中知制诰与王十一等同宿话旧》诗云：“紫垣（皇宫）曹署荣华地，白髮郎官老丑时。”

㉖ **分袂** 分手；离别。[晋]干宝《秦女卖枕记》云：“[秦女]取金枕一枚，与度（孙道度）为信，乃分袂泣别。”[唐]李山甫《别杨秀才》诗云：“如何又分袂，难话别离情。” **同袍** 穿同样的服装。谓兄弟。比喻战友、好友。《诗经·秦风·无衣》云：“岂曰无衣，与子同袍。”诗写春秋时期，吴国侵犯楚国，楚大夫申包胥向秦国求救，秦哀公答应与同袍战斗。

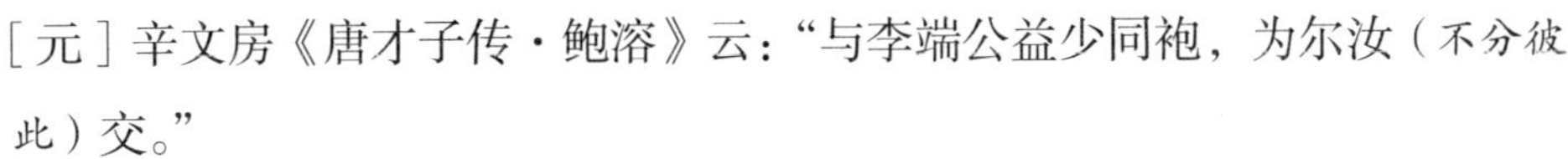

[元]辛文房《唐才子传·鲍溶》云："与李端公益少同袍，为尔汝（不分彼此）交。"

㉗ **鸣琴** 弹琴。春秋时，孔子弟子宓子贱任单父（鲁邑）令，不下堂，以弹名琴治单父，治理得很好。之后巫马期接任单父令，每天早出晚归，事必躬亲，把单父管理得也很好。巫马期问宓子贱，这是什么原因。宓子贱说："我之谓任人，子（您）之谓任力。任力者故劳，任人者故逸。"（见《吕氏春秋·察贤》） **击剑** 以剑对刺分胜负。《史记·司马相如传》云："少时好读书，学击剑。"

㉘ **返辙** 回车。辙：车辙。晋朝文学家、思想家阮籍，常独自驾车，不走常道，无目的地漫游，车到穷境，就"恸哭而返"。（见《晋书·阮籍传》） **回艚** 回舟。艚：船。晋代书法家王羲之之子王徽之，字子猷，性格豪爽洒脱，放荡不羁。官至黄门侍郎。居山阴时，忽然想念故友戴逵（字安道），当时戴逵居于剡地（今浙江嵊县西），便驾舟雪夜造访，一夜方至，舍舟登陆。至戴之门而不入，竟乘舟而返。人问其故，子猷说："本乘兴而来，兴尽而返，何必见安道？"（见《世说新语·任诞》）

㉙ **良借箸** 借箸：为人出谋划策。汉王刘邦三年（前204），楚霸王项羽围刘邦于荥阳，刘邦恐惧。郦食其劝刘邦学商汤伐夏桀而封桀之后代于杞地、武王伐殷纣而封纣之后代于宋国的办法，复立被秦国所灭的六国之后代，借以取信六国，共同抗楚。刘邦说："好极了！"刚要吃饭，刘邦以郦生计说与张良。张良说："若依此计，陛下之大事去矣！"刘邦问："为什么？"张良借用刘邦面前的箸（筷子），指画形势筹算，列出八条不可复立六国后代的理由。刘邦大悟。（见《史记·留侯世家》）

㉚ **操捉刀** 魏武帝曹操要接见匈奴使者，自以为相貌不足雄威匈奴，于是让崔琰代己，扮成魏王，自己扮成卫士，捉刀立于床头。接见后，曹操让人问使者对魏王的印象。使者说："魏王雅望非常，然床头捉刀人乃真英雄也！"（见《世说新语·容止》）

㉛ **香茶** 清香之茶。[唐]李嘉佑《与从弟正字从兄兵曹宴集林园》

诗云："竹窗松户有佳期，美酒香茶慰所思。" **醇醪** 味厚美酒。［唐］高适《宋中遇林虑杨十七山人因而有别》诗云："檐前举醇醪，灶下烹只鸡。"

㉜ **滴泉归海大，篑土积山高** 大海不拒细流，筐土积成高山。秦始皇拟逐客除异己，丞相李斯上书说："是以太（泰）山不让（不舍弃）土壤，故能成其大；河海不择细流，故能成其深；王者不却众庶，故能明其德。"（见李斯《谏逐客书》）［宋］释法泰《颂古》诗云："汝水向东流，楚水从南至。皆归大海中，咸淡同一味。"伪《尚书·旅獒》云："为山九仞，功亏一篑（篑，筐子）。"

㉝ **石室客来煎雀舌** 石室：石洞，常指仙人所居之岩洞。雀舌：嫩茶芽。这是宋朝诗人梅尧臣《答宣城张主簿遗鸦山茶次其韵》中"纤嫩如雀舌，煎烹比露牙"和予山居《茶崙诗》中"谁把嫩香名雀舌，定来北客未曾尝"诗句的化用。

㉞ **画堂宾至饮羊羔** 画堂：华丽的堂舍。羊羔：指"羊羔酒"。这是宋朝大文豪苏东坡《二月三日点灯会客》诗意的概括。诗曰："江上东风浪接天，苦寒无赖破春妍。试开云梦羔儿酒，快泻（卸）钱塘药王船。"［元］杨公远《雪》诗云："彻夜阴风恣怒号，谁家帐底饮羊羔。"

㉟ **被谪贾生，湘水凄凉吟鹏鸟** 鹏鸟，俗称猫头鹰。西汉文学家兼政论家贾谊，亦名贾生，西汉洛阳人。文帝召为博士，超迁至太中大夫。好议国家大事，所论多见施行。后遭重臣周勃、灌婴排挤，被贬任长沙王太傅。长沙任内，有鹏鸟飞入他的屋内，人云鹏鸟现，主人必死，以为不祥之兆，加之感伤身世不顺，遂作《鹏鸟赋》抒怀。（见《史记·屈原贾生列传》）

㊱ **遭谗屈子，江潭憔悴著离骚** 战国末期，楚国贵族、伟大诗人屈原，名平，字原。学识渊博。初辅佐怀王，任左徒、三闾大夫。他主张彰明法度，举贤授能，东联齐国，西抗强秦，深得怀王信任。后楚怀王听信贵族子兰、靳尚等人的谗害而去职。屈原怨恨怀王耳不聪、目不明，听信谗谄、邪曲，不容刚正不阿，因而"忧愁幽思而作《离骚》"。顷襄王时又被放逐，长期

流浪于沅湘流域。他的政治主张不被采纳，自感自己无力挽救楚国的危亡，楚都郢城被秦军攻破后，屈原“至于江滨，被（披）发行吟泽畔；颜色憔悴，形容枯槁”，怀石沉汨罗江而死。（见《史记·屈原贾生列传》）

屈子行吟图（郑慕康）

五歌

wēi duì jù shǎo duì duō zhí gàn duì píng kē fēng
微对巨，少对多。直干对平柯①。蜂
méi duì dié shǐ yǔ lì duì yān suō méi dàn sǎo miàn wēi
媒对蝶使②，雨笠对烟蓑③。眉淡扫④，面微
tuó miào wǔ duì qīng gē qīng shān cái xià gé báo mèi
酡⑤。妙舞对清歌⑥。轻衫裁夏葛⑦，薄袂
jiǎn chūn luó jiàng xiàng jiān xíng táng lǐ jìng bà wáng zá
剪春罗⑧。将相兼行唐李靖⑨，霸王杂
yòng hàn xiāo hé yuè běn yīn jīng qǐ yǒu yì qī céng qiè yào
用汉萧何⑩。月本阴精，岂有羿妻曾窃药⑪；
xīng wéi yè xiù làng chuán zhī nǚ màn tóu suō
星为夜宿，浪传织女漫投梭⑫。

注解

①**直干**　挺直的树干。［宋］王安石《古松》诗云：“森森直干百余寻（古长度，八尺为一寻），高入青冥不附林。”　**平柯**　横生的枝茎。柯：草木的枝茎。［南朝梁］吴均《与朱元思书》云：“夹岸高山，皆生寒树……横柯上蔽（横斜的树枝遮日），在昼犹昏（白天也很昏暗）；疏条交映，有时见日。”

②**蜂媒蝶使**　花间飞舞的蜂蝶。比喻为男女双方居间撮合或传递书信的人。［宋］周邦彦《六丑·蔷薇谢后作》词云：“多情为谁追惜，但蜂媒蝶使，时叩窗隔。”

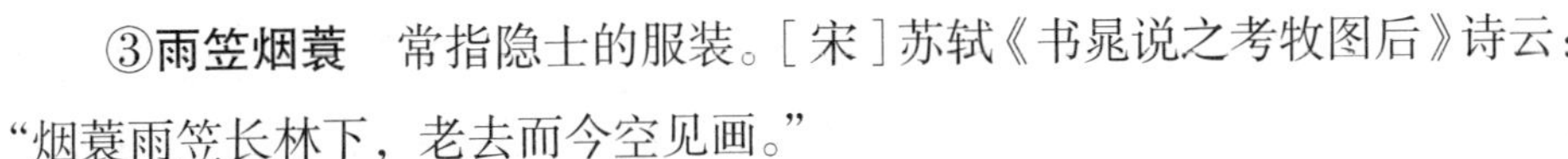

③**雨笠烟蓑** 常指隐士的服装。[宋]苏轼《书晁说之考牧图后》诗云：“烟蓑雨笠长林下，老去而今空见画。”

④**眉淡扫** 不涂脂描眉，留自然之貌。[唐]张祜《集灵台》诗云：“却嫌脂粉污颜色，淡扫娥眉朝至尊。”

⑤**面微酡** 酒醉后脸上泛红的容貌。酡：饮酒面红貌。《楚辞招魂》：“美人既醉，朱颜酡些。”[唐]刘禹锡《百舌吟》诗云：“酡颜侠少停歌听，堕珥妖姬和睡闻。”

⑥**妙舞清歌** 亦作“清歌妙舞”，清亮的歌声，优美的舞蹈。[晋]葛洪《抱朴子·知止》云：“轻体柔声，清歌妙舞。”

⑦**轻衫裁夏葛** 用夏葛裁的轻衫。夏葛：夏日用的精细葛布。《庄子·让王》云：“冬日衣皮毛，夏日衣葛絺（精细的葛布）。”

⑧**薄袂剪春罗** 用春罗剪的薄袖。春罗：精细丝织品。袂：袖子。[宋]陈藻《剪春罗》诗云：“待到百花零落尽，从头子细（细心）剪春罗。”[唐]李远《立春日》诗云：“钗斜穿彩燕，罗薄剪春虫。”

⑨**将相兼行唐李靖** 唐初军事家、开国名将李靖，本名药师，京兆三原（今陕西三原东北）人。文武双全，以武能治军，以文善理政。唐高祖李渊时，任行军总管；太宗时，任兵部尚书，先后平吴，破突厥，定吐谷浑，功业极伟，封卫国公。大臣王圭对太宗说：“才兼文武，出将入相，臣不如李靖。”（见《唐书·李靖传》《贞观政要》）

⑩**霸王杂用汉萧何** 汉相萧何治国，霸道（靠武力、刑罚、权势治天下）王道（以儒家的“仁义”治天下）兼施。萧何：沛县（今属江苏）人。秦时，曾为沛县吏。后佐刘邦起义，灭掉秦朝，身任丞相。楚汉战争中，荐韩信为大将，自己以丞相身份留守关中，输送士卒粮饷支援作战。汉朝天下既定，论功第一，封鄼侯。他以秦法为基础制定汉朝律令，著《九章律》。（见《史记·萧何传》）

⑪**月本阴精，岂有羿妻曾窃药** 神话传说，后羿从西王母处求得不死之药，羿妻嫦娥偷吃后，奔上月亮。此即“嫦娥奔月”之典故。（见《淮南

子·览冥训》）但自古就有人否认“嫦娥奔月”之说。汉朝丁鸿 在《日食上封事》中说“月者阴精，盈毁（月圆月消）有常（是自然规律）”，哪有嫦娥偷药奔月之事。

⑫ **星为夜宿，浪传织女漫投梭** 这是中国最早的关于星的故事。浪传：谬传。织女星和牵牛星分别是天琴座和天鹰座中最亮的两颗星，两颗星中间隔着银河。在神话传说中，织女是天上王母的孙女，整天在天上投梭织锦。后来她私自下凡嫁给牛郎，并与其生儿育女。王母得知后大怒，将织女收回天界，并用玉簪划出天河一道，将织女和牛郎分隔在天河两边。织女思念牛郎和一双儿女，哀怨王母，哪里还有心思投梭织锦啊！（见［南朝］任昉《述异记》）

牛郎织女（叶凤池）

cí duì shàn nüè duì kē piǎo miǎo duì pó suō cháng
慈对善，虐对苛。缥缈对婆娑⑬。长

yáng duì xì liǔ nèn ruǐ duì hán suō zhuī fēng mǎ wǎn
杨对细柳⑭，嫩蕊对寒莎⑮。追风马⑯，挽

rì gē yù yè duì jīn bō zǐ zhào xián dān fèng huáng
日戈⑰。玉液对金波⑱。紫诏衔丹凤⑲，黄

tíng huàn bái é huà gé jiāng chéng méi zuò diào lán zhōu yě
庭换白鹅⑳。画阁江城梅作调㉑，兰舟野

dù zhú wéi gē mén wài xuě fēi cuò rèn kōng zhōng piāo liǔ
渡竹为歌㉒。门外雪飞，错认空中飘柳

xù yán biān pù xiǎng wù yí tiān bàn luò yín hé
絮㉓；岩边瀑响，误疑天半落银河㉔。

注解

⑬ **缥缈** 高远隐约貌。［唐］白居易《长恨歌》诗云："忽闻海外（边远地区）有仙山，山在虚无缥缈间。" **婆娑** 畅快舒适状。［唐］姚合《游阳合岸》诗云："醉时眠石上，肢体自婆娑。"

⑭ **长杨** 指"长杨宫"。旧址在今陕西周至县东南。本为秦旧宫，汉时重加修饰，为秦、汉时游猎的地方。内有垂杨数亩，故称"长杨宫"。（见《三辅黄图·宫》） **细柳** 指"细柳营"。旧址在今陕西咸阳西南。汉文帝时，大臣周勃之子周亚夫为将军，屯军细柳，防备匈奴。军营纪律严明，文帝亲往劳军，亚夫传令：御马不得驰驱。既入，"按辔徐行"。

⑮ **嫩蕊** 含苞蕊花欲放。［唐］杜甫《滕王亭子》诗云："清江锦石伤心丽，嫩蕊浓花满目斑。" **寒莎** 秋寒莎草凋萎。［宋］张抡《醉落魄》诗云："寒莎败壁蛩吟切。沈沈（沉沉）永漏灯明灭。"

⑯ **追风马** 名贵的骏马。[晋]崔豹《古今注·鸟兽》云:"秦始皇有名马七:一曰追风,二曰白兔,三曰蹑景,四曰奔电,五曰飞翮,六曰铜爵,七曰晨凫。"[北魏]杨衒之《洛阳伽蓝记·法云寺》:"[元琛]在秦州,多无政绩,遣使向西域求名马,远至波斯国,得千里马,号曰'追风赤骥'。"

⑰ **挽日戈** 传说春秋时期,鲁阳公与韩国有仇而开战,战犹酣,日将落,阳公持戈挥日,太阳随即倒退三舍(一舍三十里),天大亮,继续对战。(见《淮南子·览冥训》)

⑱ **玉液金波** 比喻美酒。[元]薛昂夫《端正好·高隐》曲云:"俺这里虽无那玉液金波,瓦盆中浊酒连糟饮。"

⑲ **紫诏衔丹凤** 丹凤衔诏是帝王受命的瑞应。传说,商朝末,有凤凰衔紫诏(古时皇帝诏书用紫泥封,泥上盖印,故称"紫诏")游文王之都,送达于姬发,后称帝周武王。(见《春秋元命苞》)[汉]焦延寿《焦氏易林》云:"凤凰衔书,赐我玄圭,封为晋侯。"

⑳ **黄庭换白鹅** 东晋书法家王羲之,出身贵族,官至右军将军。生性爱鹅。一次,去参观山阴道士养的白鹅。观后,要求买鹅。道士说:"请为我观(道院)写《道德经》(经查证,王羲之写给道士的是《黄庭经》,全称《黄庭外景经》,传说亦为老子所作,共三篇,并非《道德经》),将以群鹅相赠。"羲之欣然写毕,提笼鹅而归,甚乐。(见《晋书·王羲之传》)

㉑ **画阁江城梅作调** 黄鹤楼上听《梅花落》。画阁:指江城(今武汉市)黄鹤楼。梅作调:指笛曲"梅花落"。[唐]李白《与史郎中钦听黄鹤楼上吹笛》诗云:"黄鹤楼中吹玉笛,江城五月落梅花(即'梅花落'曲)。"

㉒ **兰舟野渡竹为歌** 木兰舟里传《竹枝词》。兰舟:木兰舟,船的美称。竹为歌:指唐刘禹锡所创的乐府名《竹枝词》。《竹枝词》多写男女爱情和乡土风俗的内容。[唐]白居易《竹枝词》云:"竹枝苦怨怨何人,夜静山空歇又闻。蛮儿巴女齐声唱,愁杀江楼病使君(指白居易自己。使君是对州郡长官的尊称。当时白居易是忠州郡守)。"

㉓ **门外雪飞,错认空中飘柳絮** 晋代才女谢道韫,聪慧有才智。一次,

天下大雪，道韫之叔父谢安（晋朝大臣）问侄儿胡儿："大雪纷飞何所似？"胡曰："撒盐空中差可拟（好比从空中往地上撒盐巴）。"道韫曰："未若柳絮因风起（不如说像风起柳絮空中飞）。"谢安大赞侄女奇才。（见《晋书·王凝之妻谢氏传》）

㉔ **岩边瀑响，误疑天半落银河** 唐代诗人李白游庐山香炉峰瀑布，作《望庐山瀑布》诗云："日照香炉生紫烟，遥看瀑布挂前川。飞流直下三千尺，疑是银河落九天。"

羲之爱鹅（任伯年）

松对竹，荇对荷㉕。薜荔对藤萝㉖。梯云对步月㉗，樵唱对渔歌㉘。升鼎雉㉙，听经鹅㉚。北海对东坡㉛。吴郎哀废宅㉜，邵子乐行窝㉝。丽水良金皆待冶㉞，昆山美玉总须磨㉟。雨过皇州，琉璃色灿华清瓦㊱；风来帝苑，荷芰香飘太液波㊲。

sōng duì zhú，xìng duì hé。bì lì duì téng luó。tī yún duì bù yuè，qiáo chàng duì yú gē。shēng dǐng zhì，tīng jīng é。běi hǎi duì dōng pō。wú láng āi fèi zhái，shào zǐ lè xíng wō。lì shuǐ liáng jīn jiē dài yě，kūn shān měi yù zǒng xū mó。yǔ guò huáng zhōu，liú lí sè càn huá qīng wǎ；fēng lái dì yuàn，hé jì xiāng piāo tài yè bō。

注解

㉕ **荇荷** 荇菜与荷花。［唐］李邕《斗鸭赋》云：“避参差之荇菜，随菡萏之荷花。”

㉖ **薜荔** 木本植物，又名木莲。果实形似莲房，可入药。屈原《离骚》云：“揽木根以结茝兮，贯薜荔之落蕊。” **藤萝** 泛指有匍匐茎和攀援茎的植物。［唐］崔颢《游天竺寺》诗云：“青翠满寒山，藤萝覆冬沼。”

㉗ **梯云步月** 亦作“步云登月”。形容志向远大。梯云：即“登云”。［明］谢谠《四喜记·赴试秋闱》云：“我劝你休（莫要）带怜香惜玉心，顿忘步云登月志。”

㉘ **樵唱渔歌** 也称“樵歌渔唱”，樵夫渔夫的歌声。［唐］杜荀鹤《献郑给事》诗云：“化行邦域二年春，樵唱渔歌日日新。”［宋］曹冠《燕喜词·哨遍》词云：“听江渚、樵歌渔唱。”

㉙ **升鼎雉** 商朝殷高宗武丁设鼎祭成汤，有飞雉升鼎耳而鸣。问其臣祖巳，巳以为是灾异的征兆，劝王修德，国因此而中兴。（见《尚书·高宗肜日》）

㉚ **听经鹅** 传说清朝康熙年间，南岳祝圣寺住持杨晓堂（法号明哲）收养了一只鹅和一只猿，鹅猿随僧入定（僧人修行的一种方法，端坐闭眼，心神专注）、听经。时人湖南巡抚王之枢有诗云："猿知入定惊无物，鹅怪听经亦解人。"

㉛ **北海** 指孔北海。汉朝末年，文学家孔融能诗善文，为人恃才负气。曾任北海郡太守，时称"孔北海"。（见《汉书·孔融传》） **东坡** 指苏东坡。北宋文学家、书画家苏轼，字子瞻，眉州眉山（今属四川）人。元丰年间，因"乌台诗案"被贬谪黄州（今湖北黄冈）时，筑室东坡，因此自称东坡居士。（见《宋史·苏轼传》）

㉜ **吴郎哀废宅** 西楚霸王项羽进入秦都咸阳，烧毁阿房宫。唐代诗人吴融，字子华，作《废宅》诗一首，中有"几树好花虚白昼，满厅花草易黄昏。放鱼池涸蛙争聚，栖燕梁空雀自喧。不独凄凉眼前事，咸阳一火便寒原"。

㉝ **邵子乐行窝** 北宋哲学家邵雍，字尧夫，先祖范阳人，幼随父迁共城（今河南辉县）。隐居苏门山百源（即今辉县百泉）之上，自号"安乐先生"，名其屋为"安乐窝"。曾撰《无名公传》云："所寝之室谓之'安乐窝'，不求过美，惟求冬燠夏凉。"后迁居洛阳达三十年。朝廷屡授其官，不赴。与司马光过从甚密。他认为太极是宇宙的本原，太极永恒不变，而天地万物则皆有消长、有始终。程颢叹邵雍有"内圣外王之学"。（见《宋书·邵雍传》）

㉞ **丽水良金皆待冶** 丽水之金虽良好，都待冶炼。丽水良金：产金之丽水。有两种说法：一说为荆南之丽水。《韩非子·内储·七术》云："荆南之地，丽水之中生金，人多窃采金。"一说云南丽水县北之丽江，亦称丽水。《旧唐书·贾耽传》云："泸南贡丽水之金，漠北献余吾之马。"

㉟ **昆山美玉总须磨** 昆山之玉虽美丽，总须琢磨。昆山：昆仑山的简

称，西起帕米尔高原东部，横贯新疆西藏间，东延入青海境内。昆山玉：以产于新疆和田的“和田玉”最有名。《史记·李斯列传》载，李斯上书曰：“今陛下致昆山之玉，有隋（指‘隋珠’。隋侯见伤蛇，敷药救之。后蛇潜江中衔大珠以报）和（指‘和氏璧’）之宝。”

㊱ **雨过皇州，琉璃色灿华清瓦** 皇州：指帝都长安（今西安）。华清瓦：指建筑华丽的华清宫，华清宫中有温泉，名为华清池，杨贵妃于此洗浴。［唐］卢纶《华清宫》诗云：“水气朦胧暖画梁（华丽的屋梁），一回开殿满山香。宫娃几许经歌舞，白首翻令忆建章（汉武帝在长安修建的宫殿）。”［唐］白居易《长恨歌》诗云：“春寒赐浴华清池，温泉水滑洗凝脂。”

㊲ **风来帝苑，荷芰香飘太液波** 帝苑：指帝王苑林。太液：指太液池。汉、唐、元等朝都建有太液池。［唐］罗隐《宿荆州江陵驿》诗云：“风动芰荷香四散，月明楼阁影相侵。”

松下观泉图（陈少梅）

lóng duì jiàn cháo duì wō jí dì duì dēng kē bīng
笼对槛，巢对窝。及第对登科[38]。冰

qīng duì yù rùn dì lì duì rén hé hán qín hǔ róng jià
清对玉润[39]，地利对人和[40]。韩擒虎[41]，荣驾

é qīng nǚ duì sù é pò tóu zhū cǐ hù zhé chǐ xiè
鹅[42]。青女对素娥[43]。破头朱泚笏[44]，折齿谢

kūn suō liú kè jiǔ bēi yīng hèn shǎo dòng rén shī jù bù xū
鲲梭[45]。留客酒杯应恨少[46]，动人诗句不须

duō lǜ yě níng yān dàn tīng cūn qián shuāng mù dí cāng
多[47]。绿野凝烟，但听村前双牧笛[48]；沧

jiāng jī xuě wéi kàn tān shàng yì yú suō
江积雪，惟看滩上一渔蓑[49]。

注解

㊳ **及第登科** 科举考试中选的叫“及第”。从乡试、会试、殿试都是第一名者，叫“三元及第”。隋唐时期，及第登科只指考中进士；明清时期只指殿试的前三名。

㊴ **冰清玉润** 晋代玄学家卫玠娶乐广之女为妻。卫玠是中国古代四大美男之一，有“诸王三子，不如卫家一儿”之美誉；乐广在海内更有重名。故裴叔道称赞说：“妻父有冰清之姿，女婿有璧润（亦作‘玉润’）之望。”后以“冰清玉润”作为岳父与女婿的美称。（见《世说新语·言语》刘孝标注）

㊵ **地利人和** 地理上的有利形势和人气上的同心协力。《孟子·公孙丑下》云：“天时不如地利（城池险阻牢固），地利不如人和。”

㊶ **韩擒虎** 隋朝大将，字子通，河南东垣（今河南新安）人。能文能武，以胆略著称。受隋文帝委任，率隋兵渡江攻入建康（今南京），生俘陈后主

陈叔宝，因功进位上柱国。（见《隋书·韩擒虎传》）

㊷ **荣驾鹅** 春秋末期鲁国贤大夫。据《鲁史》记载：鲁昭公裯死后，执掌鲁国政权的上卿季孙氏要将阚公氏陪葬，荣驾鹅劝阻道："你如将活人殉葬，后代必将以你今天的举动为耻辱。"制止了季孙氏的愚忠行为。鲁昭公死后，拟由其弟宋继位。而季孙氏想夺位当鲁国君主，以荣耀后代子孙。荣驾鹅说："生者不能忠于死者，还想夺其继承者之权，必不为世人敬服。"又一次制止了季孙氏的妄念。

㊸ **青女** 神话中主管霜雪的神。《淮南子·天文》云："至秋三月，地气不藏，乃收其杀。百虫蛰伏，静居闭户。青女乃出，以降霜雪。" **素娥** 神话中月亮上的嫦娥。［南朝宋］谢庄《月赋》云："引玄兔于帝台，集素娥于后庭。"或曰是天河神女，叫"素女"。相传，晋朝谢端在邑下得一大螺，贮瓮中养之。一日早出潜归，在篱外偷窥，见一少女从瓮中出。问从何来，答曰："我天汉（银河）中白水素女。"（见［晋］陶潜《搜神后记》）［唐］李商隐《霜月》诗云："青女素娥俱耐冷，月中霜里斗婵娟。"

㊹ **破头朱泚笏** 唐朝节度使朱泚在长安召僚属议事，欲叛唐窃位。与会的司农卿段秀实"怒而起，夺座中源休之笏击中泚头，秀实遇害"。（见《唐书·段秀实传》）

㊺ **折齿谢鲲梭** 晋代谢鲲挑逗调戏邻家女，邻女在织布，遂投梭抗拒，织梭折断谢鲲两颗牙齿。从此称妇女抗拒男子挑诱为"投梭"。（见《世说新语·赏誉》）

㊻ **留客酒杯应恨少** 留客饮酒总嫌少。［唐］王维《送元二使安西》诗云："劝君更尽（再喝）一杯酒，西出阳关无故人。"［唐］白居易《劝酒》诗云："劝君一盏君莫辞，劝君两盏君莫疑，劝君三盏君始知。"

㊼ **动人诗句不须多** 孟浩然是与王维齐名的著名唐代诗人，早年隐居鹿门山，曾游历东南各地，以诗自适（为乐）。四十岁游长安，考进士不中，返回原籍襄阳，五十刚过便病逝。诗圣杜甫在《遣兴》诗作中，追念孟浩然，并盛赞孟浩然的诗，写道："吾怜孟浩然，裋褐（破旧粗布短衣）即长夜（死

后埋葬）。赋诗何必多，往往凌（超过）鲍（鲍照）谢（灵运、惠连、玄晖‘三谢’）。”

㊽ **绿野凝烟，但听村前双牧笛** 王安石《和圣俞农具诗·牧笛》诗云：“绿草无端倪，牛羊在平地。芊绵杳霭间，落日一横吹。”［宋］雷震《村晚》诗云：“草满池塘水满陂，山衔落日浸寒漪。牧童归去横牛背，短笛无腔信口吹。”

㊾ **沧江积雪，惟看滩上一渔蓑** 大雪纷飞中，只见江滩上立着一个披蓑衣戴斗笠的钓翁。［唐］柳宗元《江雪》诗云：“千山鸟飞绝，万径人迹灭。孤舟蓑笠翁，独钓寒江雪。”

牧牛图（钱慧安）

六麻

qīng duì zhuó měi duì jiā bǐ lìn duì jīn kuā huā xū
清对浊，美对嘉。鄙吝对矜夸[1]。花须
duì liǔ yǎn wū jiǎo duì yán yá zhì hé zhái bó wàng
对柳眼[2]，屋角对檐牙[3]。志和宅[4]，博望
chá qiū shí duì chūn huā qián lú pēng bái xuě kūn dǐng
槎[5]。秋实对春华[6]。乾炉烹白雪[7]，坤鼎
liàn dān shā shēn xiāo wàng lěng shā chǎng yuè biān sài tīng
炼丹砂[8]。深宵望冷沙场月[9]，边塞听
cán yě shù jiā mǎn yuàn sōng fēng zhōng shēng yǐn yǐn wéi
残野戍笳[10]。满院松风，钟声隐隐为
sēng shè bàn chuāng huā yuè xī yǐng yī yī shì dào jiā
僧舍[11]；半窗花月，锡影依依是道家[12]。

注解

①**鄙吝**　过分吝啬。此处指“心胸狭窄”。［唐］高适《苦雨寄房四昆季》诗云：“携手流风在，开襟鄙吝祛。”　**矜夸**　骄傲自大。［北齐］颜之推《颜氏家训·文章》云：“孙楚（西晋诗人，性情凌傲，才藻卓绝，爽迈不群）矜夸凌上，陆机犯顺履险。”

②**花须柳眼**　形容春天柳抽叶，花吐蕊。花须：花蕊如胡须。柳眼：初生柳叶如睡眼初展。［唐］李商隐《二月二日》诗云：“花须柳眼各无赖，紫蝶黄蜂俱有情。”

③**屋角**　屋子偏僻角落处。［宋］王安石《客至当饮酒》诗云：“天提

两轮（指日月）光，环我屋角走。” **檐牙** 屋檐端处翘如牙。［唐］杜牧《阿房宫赋》云：“廊腰缦回，檐牙高啄（像鸟在半空飞啄）。”

④**志和宅** 唐代诗人张志和，原名龟龄，字子同，婺州金华（今属浙江）人。十六岁入太学，擢明经。肃宗时命待诏翰林，授左金吾卫录事参军。后贬黜南浦尉，赦还后不复仕，隐居江湖，以“太虚（天空）为庐（屋），明月为伴”，自号“烟波钓徒”。善歌词，能书画、击鼓、吹箫。作品有《渔父词》《玄贞子》。（见《新唐书·张志和传》）

⑤**博望槎** 博望：古地名，在今河南方城西南。汉代杰出的外交家张骞因功被封为“博望侯”。据民间传说，张骞出使西域大夏时，曾乘槎（木筏）寻河源，故称“博望槎”。经月，槎至一处，见城郭和州府，遥望室内有一织女，又见一男子牵牛饮水。始知已到牛郎、织女星。（见《荆楚岁时记》）

⑥**秋实春华** 种果树，春赏其花，秋收其果。文人常用来比喻文采与德行。三国魏曹植家丞邢颙，品行高洁，庶子刘桢美于文辞，曹植亲刘桢而疏邢颙。刘桢则上书谏曰：“私惧观者将谓君侯习近不肖，礼贤不足，采庶子之春华，忘家丞之秋实。”（见《三国志·魏志·邢颙传》）［北齐］颜之推《颜氏家训·勉学》云：“夫学者，犹种树也，春玩其华，秋登其实。讲论文章，春华（通‘花’）也；修身利行，秋实也。”其意是重文采，不可轻德行。

⑦**乾炉烹白雪** 乾炉：鼎器，亦作“乾鼎”，是古代烹煮用的器具，道家用为炼丹容器。道家认为鼎器效法天地（乾坤），故有“乾炉坤鼎”或“乾鼎坤炉”之称。烹白雪，指煮茶。［宋］张伯端《悟真篇》诗云：“先法乾坤为鼎器，次抟乌兔药来烹。”［唐］陆羽《茶经》云：“以滓（渣滓）煮之，及沸，则重华累沫（水面泡沫一层），皤皤然（洁白貌）若积雪耳。”

⑧**坤鼎炼丹砂** 道家认为用丹砂可炼成长生药。［唐］李白《飞龙引二首》云：“黄帝铸鼎于荆山，炼丹砂。丹砂成黄金，骑龙飞上太清家。”

⑨**深宵望冷沙场月** 这是唐代诗人王昌龄《塞上曲》中“骝马新跨白

玉鞍，战罢沙场月色寒”诗意的化用。

⑩ **边塞听残野戍笳** 这是诗圣杜甫《后出塞五首》中“悲笳数声动，壮士惨不骄”诗意的化用。

⑪ **满院松风，钟声隐隐为僧舍** 这是唐代诗人张继《枫桥夜泊》中“姑苏（今江苏苏州）城外寒山寺，夜半钟声到客船”诗意的化用。［唐］郎士元《柏林寺南望》诗云：“溪上遥闻精舍钟，泊舟微径度深松。”

⑫ **半窗花月，锡影依依是道家** 锡影：即锡杖，僧人出门云游所持的禅杖，杖头有锡环，振时作锡锡声。依依：隐隐约约的样子。道家：指佛舍。［晋］竺僧度《答杨苕华书》云：“披袈裟，振锡杖，饮清流，咏波若，虽王公之服，八珍之膳，铿锵之声，炜晔之色，不与易也。”

云山僧舍图（汪琨）

léi duì diàn wù duì xiá yǐ zhèn duì fēng yá jì
雷对电，雾对霞。蚁阵对蜂衙⑬。寄
méi duì huái jú niàng jiǔ duì pēng chá yí nán cǎo yì
梅对怀橘⑭，酿酒对烹茶⑮。宜男草⑯，益
mǔ huā yáng liǔ duì jiān jiā bān jī cí dì niǎn cài
母花⑰。杨柳对蒹葭⑱。班姬辞帝辇⑲，蔡
yǎn qì hú jiā wǔ xiè gē lóu qiān wàn chǐ zhú lí máo shè
琰泣胡笳⑳。舞榭歌楼千万尺，竹篱茅舍
liǎng sān jiā shān zhěn bàn chuáng yuè míng shí mèng fēi sài
两三家㉑。珊枕半床，月明时梦飞塞
wài yín zhēng yí qǔ huā luò chù rén zài tiān yá
外㉒；银筝一曲，花落处人在天涯㉓。

注解

⑬ **蚁阵蜂衙** 蚁阵：两群蚂蚁交战时排列的战阵，亦作“蚁战”。蜂衙：群蜂簇拥蜂王，像百官上朝衙参。［宋］陆游《睡起至园中》诗云：“更欲世间同省事，勾回蚁阵放蜂衙。”［明］康海《中山狼》诗云：“谁弱谁强排蚁阵，争甜争苦闹蜂衙。”

⑭ **寄梅** 南北朝时，宋国陆凯与范晔友善，曾自江南寄梅花一枝给远在长安的范晔，并赠诗一首：“折花逢驿使，寄与陇头人。江南无所有，聊赠一枝春。”（见［南朝］盛弘之《荆州记》） **怀橘** 三国吴郁林太守陆绩，通天文、历算。六岁时到袁术家做客，袁术给他橘子吃，绩偷装三枚于怀中。拜别时，橘子掉落地上，袁术说：“你来做客，还偷装橘子？”陆绩下跪说：“我想拿回去给母亲吃。”袁术听了，更加器重陆绩。后以“怀橘”为孝亲之典。（见《三国志·吴志·陆绩传》）

⑮ **烹茶** 煮茶。［汉］王褒《僮约》云："臛芋脍鱼，炰鳖烹茶。"

⑯ **宜男草** 一名"忘忧草"。萱草的别名。旧时迷信，说孕妇佩萱草则生男孩，故名。［前蜀］杜光庭《录异记》云："妇人带宜男草，生儿。"

⑰ **益母花** 一名"茺蔚子"。草药名。《本草纲目·草四茺蔚》云："此草及子皆茺盛密蔚，故名茺蔚，其功宜于妇人及明目益精，故有益母之称。"

⑱ **蒹葭** 荻苇和芦苇的合称，二者皆为常见的水草。用来比喻微贱。西汉古书《韩诗外传》云："闵子（孔子弟子）曰：'吾出蒹葭之中，入夫子（指孔子）之门。'"

⑲ **班姬辞帝辇** 汉成帝游后苑，命班妃婕妤同辇，班婕妤说："古代圣贤之君，都有名臣在旁；只有末代皇帝才亲近女色。"固辞。成帝钦佩。（见《汉书·班婕妤传》）

⑳ **蔡琰泣胡笳** 东汉女诗人蔡琰，字文姬，陈留（今河南杞县南）人。东汉文学家、书法家蔡邕之女。博学有才辩，通音律。初嫁河东卫仲道，夫亡无子，归娘家。汉末，天下大乱，为董卓部将所获，归南匈奴左贤王，生二子，居匈奴十二年。曹操以金璧赎归汉朝，再嫁董祀。作《悲愤诗》《胡笳十八拍》，叙其流匈奴，归汉朝，与亲子离别的悲惨生活与矛盾心情。（见《后汉书·董祀妻传》）

㉑ **舞榭歌楼千万户，竹篱茅舍两三家** 这是诗圣杜甫《水槛遣心二首》中"去郭（离城）轩楹敞，无村（眼前方无村庄）眺望赊（远）……城中十万户，此地两三家"诗意的化用。这两句是将城市中的繁华热闹与村郊的幽静闲适进行对比，杜甫诗中末两句则是用城中景象反衬其草堂环境的幽静。诗圣杜甫经过长年颠沛流离的生活后，安身于成都草堂，他不羡慕城中的舞榭歌楼，而极欣赏乡间竹篱茅舍的幽静环境。

㉒ **珊枕半床，月明时梦飞塞外** 这是对女子秋夜因思念戍边丈夫而倚枕苦思的描写。［唐］王维《伊州歌》云："清风明月苦相思，荡子从戎十载余。征人去时殷勤嘱，归雁来时数附书。"

㉓ **银筝一曲，花落处人在天涯** 这是写女子秋夜因思念旅外丈夫而鼓

筝抒发伤感情怀。花落：指秋季。[唐]王维《秋夜曲》诗云："桂魄（指月亮）初生秋露微，轻罗已薄未更衣。银筝夜久殷勤弄，心怯空房不忍归。"[唐]薛涛《春望词四首》云："花开不同赏，花落不同悲。欲问相思处，花开花落时。"

怀橘遗亲（钱慧安）

yuán duì quē zhèng duì xié xiào yǔ duì zī jiē shěn
圆对缺，正对斜。笑语对咨嗟㉔。沈
yāo duì pān bìn mèng sǔn duì lú chá bǎi shé niǎo liǎng
腰对潘鬓㉕，孟笋对卢茶㉖。百舌鸟㉗，两
tóu shé dì lǐ duì xiān jiā yáo rén fū shuài tǔ shùn
头蛇㉘。帝里对仙家㉙。尧仁敷率土㉚，舜
dé bèi liú shā qiáo shàng shòu shū céng nà lǚ bì jiān tí
德被流沙㉛。桥上授书曾纳履㉜，壁间题
jù yǐ lǒng shā yuǎn sài tiáo tiáo lù qì fēng shā hé kě jí
句已笼纱㉝。远塞迢迢，露碛风沙何可极㉞；
cháng shā miǎo miǎo xuě tāo yān làng xìn wú yá
长沙渺渺，雪涛烟浪信无涯㉟。

注解

㉔**笑语** 说笑。《诗经·小雅·楚茨》云：“礼仪卒度（礼节仪容合规矩），笑语卒获（嬉笑言语尽适当）。”咨嗟 赞叹。［宋］欧阳修《赠无为军李道士》诗云：“李师琴纹如卧蛇，一弹使我三咨嗟。”亦作“叹息”。［唐］吴兢《雁门太守行》云：“［王涣］病卒，老少咨嗟。”

㉕**沈腰** 南朝梁尚书令沈约，字文休，武康（今浙江省武康县）人。笃志好学，博通群书。历仕宋、齐、梁三朝。因体弱多病，腰围减损，故称“沈腰”。后以“沈腰”作为身体瘦损的代称。（见《南史·沈约传》） **潘鬓** 西晋文学家潘岳，又名潘安，字安仁。才貌双全。曾任河阳令、著作郎。三十二岁时两鬓即出现白发，故称“潘鬓”。（见《晋书·潘安传》）

㉖**孟笋** 三国吴司空孟宗，一名孟仁，字恭武，江夏人，以孝著称。其母病，想吃笋，时值严冬无笋，宗入竹林悲泣哀叹，笋竟出生。（见《三

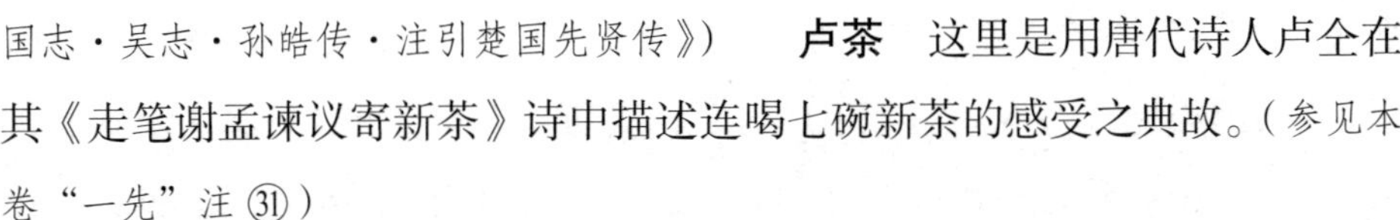

国志·吴志·孙皓传·注引楚国先贤传》） **卢茶** 这里是用唐代诗人卢仝在其《走笔谢孟谏议寄新茶》诗中描述连喝七碗新茶的感受之典故。（参见本卷“一先”注㉛）

㉗ **百舌鸟** 即反舌，也称“鹊鹖”，因其鸣声反复如百鸟之音，故名。立春后鸣啭不已，夏至后即无声。入冬即死。［唐］杜甫《百舌》诗云：“百舌来何处？重重只报春。”［唐］郭愔《百舌诗》云：“百舌鸣高处，弄音无常则。”

㉘ **两头蛇** 状似两个头的蛇。［唐］刘恂《岭表录异》云：“［两头蛇］一头有口眼，一头似头而无口眼。”传说见两头蛇者必死，楚国孙叔敖为了除害，杀两头蛇，埋掉，结果孙叔敖并未死。（见［汉］贾谊《新书·春秋》《世说新语·德行》）

㉙ **帝里** 帝王居住的地方。《晋书·王导传》云：“建康，古之金陵，旧为帝里，孙仲谋、刘玄德俱言王者之宅。”［唐］杜甫《寄高适岑参三十韵》诗云：“无钱居帝里，尽室在边疆。” **仙家** 仙人居住的地方。《海内十洲记》云：“元洲在北海中，地方三千里，去南岸十万里，上有五芝玄涧亦多仙家。”［唐］杜甫《滕王亭子》诗云：“春日莺啼修竹里，仙家犬吠白云间。”

㉚ **尧仁敷率土** 尧帝之仁遍及全域。率土：所有管辖的地域。这是宋朝欧阳修《端午帖子词二十首·皇帝合六首》中“尧仁浃九区”诗句的化用。原诗是：“舜舞来遐俗，尧仁浃（遍及）九区（即九州）。五兵消以德，何用赤灵符。”

㉛ **舜德被流沙** 舜帝之德传布四方。流沙：泛指我国西北地区。这是唐代马植《奉和白敏中圣道和平致兹休运岁终功就合咏盛明呈上》中“舜德尧仁化犬戎”诗句的化用。原诗是：“舜德尧仁化犬戎（古对西北地区少数民族的称呼），许提河陇款皇风。指挥貔武皆神算，恢拓乾坤是圣功。”

㉜ **桥上授书曾纳履** 张良刺秦始皇不中，逃匿下邳，在圯生（桥名）上遇一老人。老人把鞋子丢到河里，命张良捡出，并令张良给自己穿上。

张良无奈地照办了。老人说："孺子可教也。"遂授予张良《太公兵法》，说："读此书则为王者师矣。后十年兴。十三年孺子见我济北，谷城山下黄石即我矣。"后张良成为刘邦的重要谋士。张良随高祖刘邦过济北，果见谷城山下黄石，便取而祠之。（见《史记·留侯世家》）

㉝ **壁间题句已笼纱**　唐代进士、尚书左仆射王播，太原人。累任盐铁转运使，后封太原郡公。少孤贫，客居扬州惠照寺，随僧斋食，为诸僧所不礼。王播做了宰相，重游惠照寺，见自己昔日在该寺壁上所题诗句，寺僧改用碧纱盖护，于是又题诗曰："二十年来尘扑面（墙上诗被灰尘覆盖），如今始得碧纱笼。"（见［五代］王定保《唐摭言·起自寒苦》）

再者，北宋魏野曾从寇准游陕府僧舍，各留有题句。后二人又同游陕府，见寇准诗已用碧纱笼盖护，而魏野的诗独无纱护，尘昏满壁。从行官妓即以袂（袖）拂尘，魏野平和地说："若得常将红袖拂，也应胜似碧纱笼。"

㉞ **远塞迢迢，露碛风沙何可极**　边塞遥远，飞沙走石无边无际。［唐］杨炯《折杨柳》诗云："边地遥无极，征人去不还。"［唐］杜甫《送人从军》诗云："今君渡沙碛，累月断人烟。"碛：不生草木的沙石地。

㉟ **长沙渺渺，雪涛烟浪信无涯**　沙漠辽阔，一旦风雪漫天，就会沙雪浪烟翻滚，铺天盖地。［唐］岑参《走马川行奉送封大夫出师西征》诗云："走马川行雪海边，平沙莽莽黄入天。轮台九月风夜吼，一川碎石大如斗。"

shū duì mì pǔ duì huá yì hú duì cí yā hè qún
疏对密，朴对华。义鹘对慈鸦㊱。鹤群
duì yàn zhèn bái zhù duì huáng má dú sān dào yín bā
对雁阵㊲，白苎对黄麻㊳。读三到㊴，吟八
chā sù jìng duì xuān huá wéi qí jiān bǎ diào chén lǐ
叉㊵。肃静对喧哗。围棋兼把钓㊶，沉李
bìng fú guā yǔ kè piàn shí néng zhǔ shí hú chán qiān jié
并浮瓜㊷。羽客片时能煮石㊸，狐禅千劫
sì zhēng shā dǎng wèi cū háo jīn zhàng lǒng xiāng zhēn měi
似蒸沙㊹。党尉粗豪，金帐笼香斟美
jiǔ táo shēng qīng yì yín cháng róng xuě chuò tuán chá
酒；陶生清逸，银铛融雪啜团茶㊺。

注解

㊱ **义鹘**　行侠仗义的猛鹘。［唐］杜甫作《义鹘行》诗云：“阴崖有苍鹰，养子黑柏颠。白蛇登其巢，吞噬恣朝餐。”雌鹰向鹘诉苦，猛鹘奋击长空，觅得白蛇，断其首，穿其肠，为鹰报仇。　**慈鸦**　也称“孝乌”。传说乌鸦能反哺其母，故称“慈鸦”。杜甫《题桃树》诗云：“帘户每宜通乳燕，儿童莫信（信手，随便）打慈鸦。”

㊲ **鹤群**　［唐］司空图《自河西归山二首》诗云：“鹤群长扰三珠树，不借人间一只骑。”鹤群：也称“鹤列”，比喻兵卒排阵如鹤之飞行行列。［唐］独狐及《风后八阵图记》云：“握机制胜，作为阵图……彼魏之鹤列，郑之鱼丽（军阵名），周之熊罴（比喻勇士），昆阳之虎豹（比喻士兵勇猛）。”　**雁阵**　雁飞行时排成的“一”字或“人”字队形。［唐］王勃《滕王阁诗序》云：“渔舟唱晚，响穷彭蠡之滨；雁阵惊寒，声断衡阳之浦。”

㊳ **白苎黄麻** 白苎：即“白麻”，苎，苎麻，色白，故称“白麻”，亦作“白纻”。旧时写诏书皆用白纸，唐高宗时，以白纸易蠹，改用白麻布。凡立皇后太子、施赦、讨伐、除免三公将相，皆用白麻书。黄麻：指用来书写诏书的黄麻纸。凡慰劳军旅发诏，用黄麻纸。［唐］白居易《见于给事暇日上直寄南省诸郎官诗因以戏赠》诗云：“黄麻敕胜长生箓，白纻词嫌内景篇。”

㊴ **读三到** 南宋哲学家、教育家朱熹，字符晦，别号“紫阳”，今江西婺源人。博览群书，广注典籍。从事教育五十余年，强调启发式教学。他认为读书必须做到心到、眼到、口到，才能有所得。他在《训学斋规·读书写文字》中说：“余尝谓读书有三到，谓：心到、眼到、口到……三到之中，心到最紧。心既到矣，眼口岂不到乎？”

㊵ **吟八叉** 唐代诗人温庭筠，字飞卿，太原人。文思敏捷，能诗善赋，亦善鼓琴吹笛。写文章运笔前，叉手专心构思，叉八次就吟成八韵，时人称他为“温八叉”或“温八吟”、“温八韵”。其诗词与李商隐齐名，时称“温李”。（见［宋］孙光宪《北梦琐言·温李齐名》）

㊶ **围棋兼把钓** 下围棋又钓鱼。这是唐代诗人温庭筠《送襄州李中丞赴从事》中“把钓看棋高兴尽，焚香起草宦情疏”诗句的化用。

㊷ **沉李并浮瓜** 沉李瓜于凉水。李：水果李子。炎夏人们把瓜果沉于井里或冷水中使凉，作夏日游宴消暑食品，故有“沉李浮瓜”之说。这是三国魏曹丕《与朝歌令吴质书》中“浮甘瓜于清泉，沉朱李于寒冰”诗句的化用。

㊸ **羽客片时能煮石** 道家修炼能煮石成饭。羽客：亦称“羽人”，神话中有羽翼的人，即“仙人”。晋代葛洪在其《神仙传》中说：有个叫白石先生的人，常煮白石为粮。［唐］韦应物《寄全椒山中道士》诗云：“涧底束荆薪，归来煮白石。”

㊹ **狐禅千劫似蒸沙** 野狐狸修行，虽经千次灾难磨炼，也像想蒸沙成饭一样，不可能成仙。劫：梵语“劫波”的略称。意为极长的一个时期。

佛教认为世界万物每几千万年将俱毁一次，这叫一劫。然后重新开始。蒸沙：想把沙石蒸成饭。比喻不可能成的事。《楞严经》云："是故阿难若不断淫，修禅定者，如蒸沙石，经百千劫，只名热沙。何以故？此非饭，本沙石成故。"

㊺ **党尉粗豪，金帐笼香斟美酒；陶生清逸，银铛融雪啜团茶** 五代后周翰林学士陶谷之妾，原是党进（太尉）的家姬。一天下雪，陶谷取雪水煮茶给其妾喝，并问妾："在党家享受过这种趣味吗？"妾曰："党进是个粗人武夫，怎知给此乐趣；但能在销金帐（用金线装饰的帐子）底下逍遥，浅斟低唱，饮羊羔美酒。"陶谷大感惭愧。（见［宋］胡仔《苕溪渔隐丛话》）

杨柳岸晓风残月意（倪墨畊）

七阳

tái duì gé zhǎo duì táng zhāo yǔ duì xī yáng yóu rén duì yǐn shì xiè nǚ duì qiū niáng sān cùn shé jiǔ huí cháng yù yè duì qióng jiāng qín huáng zhào dǎn jìng xú zhào fǎn hún xiāng qīng píng yè xiào fú róng xiá huáng juàn shí tān bì lì chuáng yuán hēng lì zhēn tiān dì yì jī chéng huà yù rén yì lǐ zhì shèng xián qiān gǔ lì gāng cháng

台对阁，沼对塘。朝雨对夕阳①。游人对隐士②，谢女对秋娘③。三寸舌④，九回肠⑤。玉液对琼浆⑥。秦皇照胆镜⑦，徐肇返魂香⑧。青萍夜啸芙蓉匣⑨，黄卷时摊薜荔床⑩。元亨利贞，天地一机成化育⑪；仁义礼智，圣贤千古立纲常⑫。

注解

①**朝雨**　早晨雨水。[唐]王维《送元二使安西》诗云："渭城朝雨浥轻尘，客舍青青柳色新。"　**夕阳**　傍晚阳光。[唐]李商隐《登乐游原》诗云："夕阳无限好，只是近黄昏。"

②**游人**　[宋]欧阳修《醉翁亭记》云："树林阴翳，鸣声上下，游人（欧阳修及其从人）去而禽鸟乐也。"　**隐士**　[唐]刘禹锡《途中早发》诗云："隐士应高枕，无人问姓名。"

③**谢女**　晋代安西将军谢奕之女谢道韫，是王凝之之妻，聪慧有才辩。一次，王凝之之弟王献之与宾客谈论，词理将屈，谢道韫屏于障幕后为献

之申辩，客中无人能驳倒。又一次，天下大雪，道韫之叔父谢安（晋朝大臣）问侄儿胡儿："大雪纷飞何所似？"胡曰："撒盐空中差可拟（好比从空中往地上撒盐巴）。"道韫曰："未若柳絮因风起（不如说像风起柳絮空中飞）。"谢安大赞侄女奇才。（见《晋书·王凝之妻谢氏传》） **秋娘** 唐代金陵人杜秋娘，十五岁成为镇海节度使李锜之妾。元和年间，锜谋叛被杀，秋娘被收入宫，为宪宗宠爱。穆宗即位后，被赐归故乡，穷老无依至终。善诗，其《金缕衣》诗云："劝君莫惜金缕衣，劝君惜取少年时；花开堪折直须折，莫待无花空折枝。"世称佳作。此"秋娘"后为"年老色衰妇女"的代称。又，唐代李德裕的家姬，名谢秋娘，李德裕镇守浙西时，谢秋娘去世，遂作《望江南》曲（亦称《梦江南》）示怀。此"秋娘"后为妓女的代称。

④**三寸舌** 舌虽三寸小，但能言善辩。战国时期，说客毛遂随赵平原君使楚，向楚王晓以利害，说服楚王救赵。平原君对毛遂说："毛先生以三寸之舌，强于百万之师。"（见《史记·平原君列传》）

⑤**九回肠** 内心忧伤悲痛，犹如肠在腹中旋转。［南朝梁］徐陵《在北齐与杨仆射书》诗云："朝千悲而掩泣，夜万绪而回肠。"司马迁《报任少卿书》云："肠一日而九回。"

⑥**玉液琼浆** 比喻美酒。《西游记》云："已造成了玉液琼浆，香醪佳酿。"

⑦**秦皇照胆镜** 迷信传说，汉高祖刘邦初入咸阳宫，宫中藏一镜子，宽四尺，高五尺九寸，人来照之，影则倒见。用手扪心，能见肠胃五脏；如人有邪心，则胆张心动。秦始皇常用来照宫人，见胆张心动者，则杀之。（见［汉］刘歆《西京杂记》）

⑧**徐肇返魂香** 迷信传说，汉武帝时，西域月氏国贡返魂香三枚，大如燕卵，黑如桑葚。燃此香，病者闻之即起；死未三日者，熏之即活。又传，徐肇遇苏德音，授以返魂香，燃之，能起上世忘魂。（见［汉］东方朔《海内十洲记》）

⑨**青萍夜啸芙蓉匣** 匣里放的宝剑常发夜啸。青萍：宝剑名。芙蓉匣：

刻有芙蓉花饰的剑匣。传说，上古帝王颛顼有一把宝剑，平日装在匣子里，如果某地将发生刀兵祸乱，它就会从匣子里飞出来，指向该方，并发出像“龙吟虎啸”的鸣叫声，提醒朝廷防患于未然。(见[晋]王嘉《拾遗记》)[宋]陆游《长歌行》诗云:“国仇未报壮士老，匣中宝剑夜有声。”

⑩ **黄卷时摊薜荔床** 这是宋朝朱敦儒《浪淘沙·康州泊船》中“拥被换残香，黄卷堆床”和金代完颜璹《沁园春·壮岁耽书》中“壮岁耽书(酷爱读书)，黄卷青灯，留连寸阴”词意的化用。黄卷:佛道两家用黄纸写的道书或佛经。泛指书籍。薜荔:又称木莲。常绿藤木，蔓生，叶椭圆形。薜荔床:多指隐士以草木当睡床。

⑪ **元亨利贞，天地一机成化育** 天地怀有“元亨利贞”四德，所以万物生长化育。“元亨利贞”出于《周易·乾卦》:“乾。元亨利贞。”[唐]孔颖达《周易正义》引《子夏传》说:“元，始也;亨，通也;利，和也;贞，正也。”认为乾卦“四德”意味着阳气始生万物，物生而通顺，能使万物和谐，并且坚固而得其终。[宋]程颐在所著《易传》中，依据孔说，将此四字解释为:“元者万物之始，亨者万物之长，利者万物之遂，贞者万物之成。”以元亨利贞为天地生长万物的四种德行。

⑫ **仁义礼智，圣贤千古立纲常** 君子恪守“仁义礼智”纲常，定能为民干番事业。纲常:三纲五常的简称。“三纲”是指“君为臣纲，父为子纲，夫为妻纲”，要求为臣、为子、为妻的必须绝对服从于君、父、夫，同时也要求君、父、夫为臣、子、妻作出表率。“五常”即仁、义、礼、智、信，是用以调整、规范君臣、父子、兄弟、夫妇、朋友等人伦关系的行为准则。

hóng duì bái lǜ duì huáng zhòu yǒng duì gēng cháng
红对白，绿对黄。昼永对更长⑬。

lóng fēi duì fèng wǔ jǐn lǎn duì yá qiáng yún biàn shǐ
龙飞对凤舞⑭，锦缆对牙樯⑮。云弁使⑯，

xuě yī niáng gù guó duì tā xiāng xióng wén néng xǐ è
雪衣娘⑰。故国对他乡⑱。雄文能徙鳄⑲，

yàn qǔ wèi qiú huáng jiǔ rì gāo fēng jīng luò mào mù chūn
艳曲为求凰⑳。九日高峰惊落帽㉑，暮春

qū shuǐ xǐ liú shāng sēng zhàn míng shān yún rào mào lín cáng
曲水喜流觞㉒。僧占名山，云绕茂林藏

gǔ diàn kè qī shèng dì fēng piāo luò yè xiǎng kōng láng
古殿㉓；客栖胜地，风飘落叶响空廊㉔。

注解

⑬ **昼永** 亦作“永昼”，漫长的白天。［宋］林逋《病中谢马彭年见访》诗云：“山空门自掩，昼永枕频移。” **更长** 亦作“长更”，漫长的黑夜。［南唐］李煜《三台令》诗云：“不寐倦长更，披衣出户行。”

⑭ **龙飞凤舞** 形容气势奔放。［宋］苏轼《表忠观碑》云：“天目之山，苕水出焉，龙飞凤舞，萃于临安。”

⑮ **锦缆牙樯** 有彩纹的船绳和饰有象牙的桅杆。［唐］杜甫《秋兴》诗云：“珠帘绣柱围黄鹄，锦缆牙樯起百鸥。”

⑯ **云弁使** 指蜻蜓。称蜻蜓为“云弁使”，可能比喻它是空中的快速使者。弁：急速。据说蜻蜓的飞行速度每秒可达40米，既可直入云霄，又可突然回转，甚至可以后退飞行。另外，观察蜻蜓的活动可以判断天气的变化。小暑前后，若见蜻蜓成群地在田野上空低飞，可判定很快将出现高

温天气；立秋前后，若见蜻蜓成群地在田野上空低飞，则可判定很快将有云雨来临。

⑰ **雪衣娘** 白鹦鹉。唐天宝年间，岭南献白鹦鹉，养于宫中，岁久颇聪慧，通晓言词，玄宗和杨贵妃皆呼为“雪衣女”，左右呼为“雪衣娘”。（见［唐］郑处诲《明皇杂事》）

⑱ **故国** 祖国；故乡。［唐］杜甫《上白帝城》诗云：“取醉他乡客，相逢故国人。” **他乡** 异乡。［唐］王维《九月九日忆山东兄弟》诗云：“独在异乡为异客，每逢佳节倍思亲。”

⑲ **雄文能徙鳄** 传说唐时广东恶溪（今之韩江）有鳄鱼为害百姓，新任潮州刺史韩愈令判官把一只猪一只羊投到溪中祭鳄，并作了一篇《祭鳄鱼文》，令鳄鱼限期滚开，如不听就要收拾它们。祭毕当晚，溪中狂风雷电骤起，不多日，溪水干涸，自此潮州无鳄鱼之患。（见《旧唐书·韩愈传》）

⑳ **艳曲为求凰** 传说西汉辞赋家司马相如爱上了回归成都娘家的新寡卓文君，遂作《琴歌》向文君求爱，歌中有“凤兮凤兮归故乡，遨游四海求其皇（凰）。”文君之父卓王孙不许，二人逃离成都私奔。（见《汉书·司马相如传》）另有佚名《凤求凰琴歌》曰：“有美人兮，见之不忘，一日不见兮，思之如狂。凤飞遨翔兮，四海求凰。无奈佳人兮，不在东墙。将琴代语兮，聊写衷肠。何时见许兮，慰我彷徨。愿言配德兮，携手相将。不得于飞兮，使我沦亡。”

㉑ **九日高峰惊落帽** 传说，九月九日，东晋重臣桓温的参军孟嘉随桓温游龙山，风起，孟嘉的帽被风吹落，嘉竟不自觉，径直入厕，良久未出。桓温令佐吏取起嘉帽，并命孙盛作文嘲嘉，放嘉座上。嘉归来见文，即回文应答，为自己落帽失礼作辩，文采四溢，满座皆服。（见《晋书·孟嘉传》）［唐］元稹《答姨兄胡灵之见寄五十韵》诗云：“登楼王粲望，落帽孟嘉情。”

㉒ **暮春曲水喜流觞** 旧俗，三月三日，众人聚集水滨饮宴，以祛除不祥。在水上放置酒杯，杯流行，停在谁前，当即取饮，称为“流觞曲水”。［晋］王羲之《临河叙》云：“此地有崇山峻岭，茂林修竹，又有清流激湍，

映带左右，引以为流觞曲水。”

㉓ **僧占名山，云绕茂林藏古殿** 唐代侍御史吴融游浙江法华寺时，写《题越州法华寺》诗云：“寺在五峰阴，穿缘一径寻。云藏古殿暗，石护小房深。”

㉔ **客栖胜地，风飘落叶响空廊** 宋朝金溪尉王镃，宋亡后遁逸为道士，隐居湖山。他在《宿香严院》诗中写道：“地炉煨火柏枝香，借宿寒寮到上方。山近白云归古殿，风高黄叶响空廊。”元代散曲家徐再思登临长江边的江皋楼眺望前朝的甘露寺，他看到古寺旧址的破败荒凉景象，遂作《人月圆·甘露怀古》曲曰：“江皋楼观前朝寺，秋色入秦淮。败垣芳草，空廊落叶，深砌苍苔。”抒发了吊古伤今的情怀及天涯孤旅的人生况味。

弹琴看文君（徐燕孙）

shuāi duì zhuàng ruò duì qiáng yàn shì duì xīn zhuāng
衰对壮，弱对强。艳饰对新妆㉕。

yù lóng duì sī mǎ pò zhú duì chuān yáng dú bān mǎ
御龙对司马㉖，破竹对穿杨㉗。读班马㉘，

shí qiú yáng shuǐ sè duì shān guāng xiān qí cáng lǜ jú
识求羊㉙。水色对山光。仙棋藏绿橘㉚，

kè zhěn mèng huáng liáng chí cǎo rù shī yīn yǒu mèng hǎi
客枕梦黄粱㉛。池草入诗因有梦㉜，海

táng dài hèn wèi wú xiāng fēng qǐ huà táng lián bó yǐng fān qīng
棠带恨为无香㉝。风起画堂，帘箔影翻青

xìng zhǎo yuè xié jīn jǐng lù lú shēng dù bì wú qiáng
荇沼㉞；月斜金井，辘轳声度碧梧墙㉟。

注解

㉕**艳饰**　同“艳妆”，艳妆浓抹。［宋］周密《武林旧事》诗云：“清明前后十日，城中仕女艳饰。”［南朝齐］王融《春游回文诗》云：“低吹杂纶羽，薄粉艳妆红。”　**新妆**　女子新颖别致的打扮修饰。［唐］李白《清平调》词云：“借问汉宫谁得似？可怜飞燕倚新妆。”

㉖**御龙**　复姓。传说夏朝刘累学养龙，以侍夏侯孔甲，孔甲能吃能喝，遂赐刘累姓御龙氏。（见《史记·夏纪》）又比喻善用有才智之士。［宋］陆佃《埤雅·释鱼》云：“《孙绰子》曰：‘高祖（刘邦）御龙，光武（刘秀）御虎。龙，韩（韩信）彭（彭越）之类；虎，耿（耿弇）邓（邓晨）之类。’”　**司马**　复姓。周宣王时有个叫程伯休父的人，任司马官，后被赐姓司马氏。（见《史记·太史公自序》）唐代白居易贬官江州司马时，作《琵琶行》诗写道：“座中泣下谁最多，江州司马青衫湿。”

㉗ **破竹** 比喻做事顺利无阻。三国后期，晋武帝司马炎吞并了蜀国后，又出兵灭吴。有人担心吴国立国长久，立灭它不切实际，主张慎行。大将杜预坚决主战，他说："今兵威已振，譬如破竹，数节之后，皆迎刃而解，无复着手处也。"在杜预的指挥下，晋军一鼓作气，攻占了吴国国都建业，终于统一了全国。（见《晋书·杜预传》） **穿杨** 比喻善射高手。古代，楚国有个叫养由基的人，善于射箭，距杨叶百步而射之，百发百中。这句是"百步穿杨"故事。（见《战国策·西周策》）

㉘ **读班马** 读班固的《汉书》、司马迁的《史记》。

㉙ **识求羊** 结识西汉求仲、羊仲两位高士。西汉哀帝时兖州刺史蒋诩，字符卿，桂陵人。廉直有名望。王莽摄政，以病归乡，卧不出门。舍中竹下开三径，唯故友求仲、羊仲从之游。二仲也都是崇廉而逃官埋名的。（见《汉书·王贡两龚鲍传附蒋诩》、[汉]赵岐《三辅决录》）

㉚ **仙棋藏绿橘** 传说，巴邛人家有橘园，霜后有两橘大如三斗盎。剖开，有两老叟在弈棋，谈笑自若……一叟曰："橘中之乐不减商山（指'商山四皓'，四老隐士），但不得深根固蒂，为愚人摘下耳。"后人称下象棋为"橘中乐"。（见[唐]牛僧孺《幽怪录》）

㉛ **客枕梦黄粱** 唐代卢生在邯郸客店自叹穷困，道士吕翁从囊中取出一个枕头给卢生。卢生入睡后，做梦娶了美丽而富有的崔氏为妻，又中了进士，为相十年，有五子十孙，皆婚姻美满，官运亨通，成了世间一大望族。卢生享尽荣华富贵，年逾八十，临终时惊醒了。睡梦时间竟不及店家煮一顿黄粱饭的工夫，故有"黄粱梦"之典故。（见《枕中记》）

㉜ **池草入诗因有梦** 南朝宋诗人谢灵运，极赏识从弟谢惠连。他说："我每写篇章，如能见到惠连，就能神奇地得到佳语。"一次，在永嘉西堂构思诗章，竟日不就，忽梦见惠连，即得"池塘生春草，园柳变鸣禽"之佳句，自以为是得神助。（见谢灵运《登池上楼》）

㉝ **海棠带恨为无香** 宋元时期僧人惠洪在《冷斋夜话·刘渊材迂阔好怪》文中写道："吾（刘渊材）平生无所恨，所恨者五事耳……第一恨鲥鱼

多骨，第二恨金橘大酸，第三恨莼菜性冷，第四恨海棠无香，第五恨曾子固不能作诗。”闻者大笑。

㉞ **风起画堂，帘箔影翻青荇沼**　这是明朝诗人刘侗《帝京景物略·毋净业寺再送张仲》中“小楼帘箔影，密共柳丝垂”诗意的化用。画堂：有画饰的楼堂。帘箔：饰有金玉珠玑的帘子。青荇沼：长青荇的池塘。

㉟ **月斜金井，辘轳声度碧梧墙**　这是唐代诗人陆龟蒙《井上桐》诗意的化用。原诗云：“美人伤别离，汲井长待晓。愁因辘轳（用来从深井汲水的装置）转，惊起双栖鸟。独立傍银床，碧桐风袅袅。”南唐后主李煜《采桑子》词云：“辘轳金井梧桐晚，几树惊秋。昼雨新愁，百尺虾须在玉钩。”金井：井栏上有雕饰的井，通常为石雕围栏。

博弈图（傅抱石）

chén duì zǐ, dì duì wáng. rì yuè duì fēng shuāng. wū
臣对子，帝对王。日月对风霜。乌

tái duì zǐ fǔ, xuě yǒu duì yún fáng. xiāng shān shè, zhòu
台对紫府㊱，雪牖对云房㊲。香山社㊳，昼

jǐn táng. bù wū duì yán láng. fēn jiāo tú nèi bì, wén
锦堂㊴。蔀屋对岩廊㊵。芬椒涂内壁㊶，文

xìng shì gāo liáng. pín nǚ xìng fēn dōng bì yǐng, yōu rén gāo
杏饰高梁㊷。贫女幸分东壁影㊸，幽人高

wò běi chuāng liáng. xiù gé tàn chūn, lì rì bàn lǒng qīng jìng
卧北窗凉㊹。绣阁探春，丽日半笼青镜

sè; shuǐ tíng zuì xià, xūn fēng cháng tòu bì tǒng xiāng.
色㊺；水亭醉夏，薰风常透碧筒香㊻。

注解

㊱ **乌台** 即御史台或御史府，亦称“乌府”，专司弹劾之职。明清改名都察院。《汉书·朱博传》云：“是时御史府吏舍百余区井水皆竭；又其府中列柏树，常有野乌数千栖宿其上，晨去暮来，号曰‘朝夕乌’。”此即“乌台”之由来。 **紫府** 或作“紫台”，道家称是神仙仙人居所。《抱朴子·祛惑》云：“及到天上，先过紫府，金床玉几，晃晃昱昱，真贵处也。”班固《汉武帝内传》云：“上元夫人语帝曰：‘阿母今以琼笈妙韫，发紫台之文，赐汝八会之书，五岳真形，可谓至珍且贵。”“紫台”亦作“紫宫”，是帝王居所。[唐]杜甫《咏怀古迹》诗云：“一去紫台连朔漠，独留青冢向黄昏。”

㊲ **雪牖云房** 僧道和隐士的居所，多在高山，故称“雪牖云房”。牖：窗户。[唐]姚鹄《题终南山隐者居》诗云：“夜吟明雪牖，春梦闭云房。”

㊳ **香山社** 亦称“香山九老”、“九老会”。唐武宗会昌五年二月，诗人白居易在洛阳香山与胡杲、吉皎、刘真、郑据、卢贞、张浑七人举行尚齿会，各赋诗记事。同年夏，又有李元爽、及僧如满也告老回洛，举行九老尚齿会，并绘图书姓名、年龄，题为“九老图”。（见《新唐书·白居易传》）另有卢真、狄兼谟也曾与会，但年未七十，而未列九老中。（见白居易《九老图诗序》）再者，宋李昉罢相后，居京师（开封），与张好问、李运、宋琪、武允成、僧人赞宁、魏丕、杨徽之、朱昂，作九老会。（见［宋］王禹偁《左街僧录通惠大师文集序》）

㊴ **昼锦堂** 北宋韩琦、章得象皆曾任宰相，当官回乡，均建有“昼锦堂”。韩琦的故宅位于河南安阳东南，欧阳修曾作《相州昼锦堂记》。

㊵ **蔀屋** 用草席盖顶之屋，泛指穷人的简陋居室。［宋］王安石《寄道光大师》诗云：“秋雨漫漫夜复朝，可嗟蔀屋望重霄。” **岩廊** 高峻的廊庑。借指君王朝见群臣和处理政事的地方。《汉书·董仲舒传》云：“闻虞舜时，游于岩廊之上垂拱无为，而天下太平。”［汉］桓宽《盐铁论·忧边》云：“今九州岛岛岛同域，天下一统，陛下优游岩廊，览群臣极言（充分发表意见）。”

㊶ **芬椒涂内壁** 这是宋朝司马光《春帖子词·皇后阁》中“沟暖冰初断，窗晴雪半消。余寒不足畏，涂壁尽芳椒”诗意的化用。芬椒：有芳香味的花椒。汉代皇后所居宫室，以椒和泥涂内壁，取花椒具温、香、多子之特性，称为“椒房”。

㊷ **文杏饰高梁** 这是西汉司马相如《长门赋》中“刻木兰以为榱（椽子）兮，饰文杏以为梁”诗意的化用。文杏：即银杏树，是做屋梁用的高级木材。

㊸ **贫女幸分东壁影** 贫家女欲与东邻妇共烛纺绩，邻妇不允。贫女说：“我家贫无钱买烛，我借你一点烛灯余光照明，得点方便，你有什么可惜的？”邻女遂允。（见《史记·樗里子甘茂列传》）

㊹ **幽人高卧北窗凉** 这是晋朝陶渊明《与子俨等疏》中“常言五六月中，北窗下卧，遇凉风暂至，自谓是羲皇上（安然无忧的伏羲氏时代）人”

语意的化用。幽人：指隐士。

㊺ **绣阁探春，丽日半笼青镜色** 绣阁：本指女子华丽的居室，代指富家女子。探春：都城仕女正月十五观灯后，去郊外宴游叫探春，泛指春游。丽日：明媚的太阳。半笼：笼罩大片。青镜色：广阔的郊野芳草平展如青镜。［唐］张大安《奉和别越王》诗云："丽日开芳甸（长满芳草的郊野），佳气积神京（帝都）。"［元］贯云石《斗鹌鹑·忆别》曲云："风物熙，丽日迟，连天芳草正萋萋。"

㊻ **水亭醉夏，熏风常透碧筒香** 三国魏历城（今山东济南市）北有使君林避暑地。正始年间，每到三伏之际，郑懿便率宾僚到此避暑，取大莲叶置于砚格上，盛酒二升，用簪刺叶心，令与叶柄通，屈茎上轮囷如象鼻，传吸之，名为"碧筒杯"。（见［唐］段成式《酉阳杂俎·酒食》）［宋］苏轼《泛舟城南》诗云："碧筒时作象鼻弯，白酒微带荷心苦。"

柳塘仕女图（潘振镛）

八庚

xíng duì mào　sè duì shēng　xià yì duì zhōu jīng　jiāng
形对貌，色对声。夏邑对周京[1]。江

yún duì jiàn shù　yù qìng duì yín zhēng　rén lǎo lǎo　wǒ qīng
云对涧树，玉磬对银筝[2]。人老老[3]，我卿

qīng　xiǎo yàn duì chūn yīng　xuán shuāng chōng yù chǔ　bái
卿[4]。晓燕对春莺。玄霜舂玉杵[5]，白

lù zhù jīn jīng　gǔ kè jūn shān qiū nòng dí　xiān rén gōu
露贮金茎[6]。贾客君山秋弄笛[7]，仙人缑

lǐng yè chuī shēng　dì yè dú xīng　jìn dào hàn gāo néng yòng
岭夜吹笙[8]。帝业独兴，尽道汉高能用

jiàng　fù shū kōng dú　shuí yán zhào kuò shàn zhī bīng
将[9]；父书空读，谁言赵括善知兵[10]。

注解

①**夏邑**　夏朝的国都。邑：国都。《尚书·汤誓》云：“夏王率遏众力，率割夏邑（原城址在今山西夏县北）。”夏邑是中国历史上第一个王朝——夏朝建都的地方，素有禹都美称。禹王皇城遗址和司马光祖坟现存境内。传说中的始创采桑养蚕的螺祖，商代宰相巫咸等都出生在这块宝地。　**周京**　周朝之京城。《诗经·曹风·下泉》云：“忾我寤叹，念彼周京。”［宋］朱熹《集传》云：“周京，天子所居也。”

②**玉磬**　用玉制成的古代打击乐器。《国语·鲁上》云：“［臧］文仲以鬯（同‘畅’）圭与玉磬，如齐（去齐国）告籴（买谷物）。”磬有石磬、玉磬

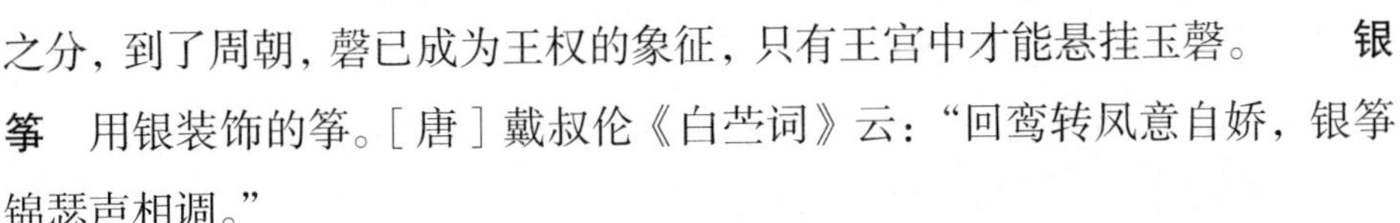

之分，到了周朝，磬已成为王权的象征，只有王宫中才能悬挂玉磬。　**银筝**　用银装饰的筝。［唐］戴叔伦《白苎词》云：“回鸾转凤意自娇，银筝锦瑟声相调。”

③**人老老**　老老：尊敬老人。《大学》云：“上老老而民兴孝，上长长（尊兄长）而民兴弟（悌）。”

④**我卿卿**　卿卿：男女间的昵（亲爱）称。《世说新语·惑溺》云：“王安丰（戎）妇常卿（亲昵）安丰，安丰曰：‘妇人卿婿，于礼为不敬，后勿复尔。’妇曰：‘亲卿爱卿，是以卿卿（爱你），我不卿卿，谁当卿卿？’”

⑤**玄霜舂玉杵**　唐穆宗长庆年间，秀才裴航在蓝桥驿遇见织麻老妪的孙女云英，欲娶为妻，妪说：“我今老病，只有此孙女。昨有神仙给我灵丹一刀圭（指玄霜，神话中的一种仙药），但须用玉杵臼捣百日，方可吞服。你能寻得玉杵臼，就把孙女许给你。”裴航求宽限百日，必携杵臼归。期内，航果从卞姓药铺买得，遂娶云英。二人后入玉峰洞为仙。（见《太平广记五十·裴航》）

⑥**白露贮金茎**　汉武帝迷信神仙，造承露盘以承甘露，当仙水喝。撑承露盘的两根铜柱谓之“金茎”。《三辅故事》云：“建章宫承露盘，高二十丈，大七围，以铜为之。上有仙人掌承露（接露水），和玉屑（指玉屑饭）饮之。”［西汉］班固《西都赋》云：“抗仙掌以承露，擢双立之金茎。”

⑦**贾客君山秋弄笛**　传说洞庭湖贾客（商人）吕乡筠，善吹笛。仲春月夜泊舟君山（在湖南洞庭湖口的小山，又名“湘山”）侧，饮酒吹笛于月下。忽一老父（仙人）泛舟至，与之共饮畅谈，说愿教乡筠吹笛，并从怀袖间取出笛子三管，大管有双臂合抱粗，次管如常人所用笛，小管细如笔杆。老父说，大管是吹给天帝听的，次管是吹给仙人听的，声音猛烈，在人间吹不得。这小管世人可以听，但怕一曲未完，众生就不安了。果真，老父吹了三声，湖上大风骤起，波浪激荡，鱼鳖喷跳；吹了五六声，则鸟兽叫噪，月色昏昧，舟人大恐。老父于是又饮酒数杯，摇着渔舟离去，渐渐隐没于湖波之中。（见［唐］谷神子《博异志·吕乡筠》）［明］高启《青丘子歌》云：

"欲呼君山老父，携诸仙所弄之长笛，和我此歌吹月明。"

⑧**仙人缑岭夜吹笙** 传说骑鹤升天的王子乔，乃是周灵王太子晋，好吹笙，作凤凰鸣，悠游于伊洛之间。后遇道士浮丘公，接上嵩高山，留三十余年。一天，太子晋在山上见到桓良，对良说："告诉我家，七月七日待我于缑氏山头。"届时，果望见太子晋乘白鹤，驻于山岭，举手谢时人，数日而去。（见［汉］刘向《列仙传·王子乔》）

⑨**帝业独兴，尽道汉高能用将** 汉高祖刘邦之所以能兴汉，在于他善于用将。他曾对诸将说："运筹帷帐之中，决胜于千里之外，吾不如子房（张良）；镇国家，抚百姓，给馈镶，不绝粮道，吾不如萧何；连百万之军，战必胜，攻必取，吾不如韩信。此三者，皆人杰也，吾能用之，此吾所以取天下也。"后来，刘邦以韩信欲叛汉将其擒获，问韩信："如我能将兵几何？"韩信说："陛下不过能将十万。"刘邦问韩信能领多少兵，韩信说："臣多多益善。"刘邦笑着说："多多益善，你为何被我擒获？"韩信说："陛下不能将兵，而善将将，此乃信所以为陛下擒也。"（见《史记·淮阴侯列传》）

⑩**父书空读，谁言赵括善知兵** 战国时期，赵奢是赵国的用兵名将。其子赵括自幼酷爱兵书，赵奢与其谈兵事，总难不住括。秦赵"长平之战"前，赵成王中秦将白起的反间计，免去大将廉颇之职而以赵括为将，结果大败。赵相蔺相如说："括（赵括）徒能读其父书传，不知变通。"指赵括只会死读书，纸上谈兵。（见《史记·廉颇蔺相如列传附赵奢》）

gōng duì yè xìng duì qíng yuè shàng duì yún xíng
功对业，性对情。月上对云行[11]。
chéng lóng duì fù jì làng yuàn duì péng yíng chūn qiū bǐ
乘龙对附骥[12]，阆苑对蓬瀛[13]。春秋笔[14]，
yuè dàn píng dōng zuò duì xī chéng suí zhū guāng zhào
月旦评[15]。东作对西成[16]。隋珠光照
shèng hé bì jià lián chéng sān jiàn sān rén táng jiàng yǒng
乘，和璧价连城[17]。三箭三人唐将勇[18]，
yì qín yí hè zhào gōng qīng hàn dì qiú xián zhào fǎng yán tān
一琴一鹤赵公清[19]。汉帝求贤，诏访严滩
féng gù jiù sòng tíng yōu lǎo nián zūn luò shè zhòng qí yīng
逢故旧[20]；宋廷优老，年尊洛社重耆英[21]。

注解

⑪ **月上** 明月上升。[宋]欧阳修《生查子》词云："月上柳梢头，人约黄昏后。""月上"又是人名。佛教传说，月上是毗摩罗诘（旧译"维摩诘"）之女，母名"无垢"。女生时，身发妙光，胜于月照，因名"月上"。生未几，即大如八岁之女，容姿端正，求婚者不绝。月上说要自己择婿。择婿时，月上会集城内士人，当众升虚空唱佛经。大众听后，各止淫心，头面顶礼于女下。自此，月上女常到佛所与舍利弗（人名，与目连并为佛陀十大弟子中最重用之人）对扬经义，后转女身成男子，称"月上菩萨"。（见《月上女经》）[明]李贽《题绣佛精舍》诗云："可笑成男月上女，大惊小怪称奇事。" **云行** 浮云游动。[唐]吕温《送文畅上人东游》诗云："水止无恒地，云行不计程。"与"月上女"神话相配，"云行"当有涉及"巫山神女"神话之意。传说赤帝之女姚姬，未嫁而死，葬于巫山之阳，化为巫

山之神。战国的楚怀王游高唐，梦与能造行云、能为行雨的巫山神女相遇，神女说："妾在巫山之阳，高丘之阻，旦为朝云，暮为行雨。"（见［战国楚］宋玉《高唐赋》）

⑫ **乘龙**　语出汉朝刘向《列仙记》"弄玉乘凤，萧史乘龙，夫妇同仙去"典故。后称别人的女婿为"乘龙"。《楚国先贤传》云："孙俊（《魏志》作'黄尚'）字文英，与李元礼（膺），俱娶太尉桓焉（《魏志》作'桓温'）女。时人谓桓叔元两女俱乘龙，言得婿如龙也。"　**附骥**　亦作"附骥尾"，比喻攀附他人的名望而成名。《史记·伯夷传》云："伯夷、叔齐虽贤，得夫子（孔子）而名益彰；颜渊虽笃学，附骥尾而行（品德）益显。"

⑬ **阆苑**　阆风（山名，在昆仑之巅，相传为仙人所居）之苑，仙人居住之境。［唐］王勃《梓州郪县灵瑞寺浮图碑》云："玉楼星峙，稽閬苑之全模；金阙霞飞，得瀛洲之故事。"［元］李好古《张生煮海》曲云："你看那縹渺间十洲三岛，微茫处閬苑、蓬莱 。"［唐］李商隐《碧城》诗云："阆苑有书多附鹤，女墙无处不栖鸾。"　**蓬瀛**　蓬莱（在山东渤海）瀛洲（在河北河间县）。传说是仙人所居的二山名。《史记·秦始皇纪》云："齐人徐市等上书，言海中有三神山，名曰蓬莱、方丈、瀛洲，仙人居之。"［晋］葛洪《抱朴子·对俗》云："［得道之士］或委华驷而辔蛟龙，或弃神州而宅蓬瀛。"［唐］许敬宗《游清都观寻沉道士得清字》诗云："幽人蹈箕颍（隐士居处），方士访蓬瀛。"

⑭ **春秋笔**　春秋末期，思想家、政治家、教育家孔子根据鲁史修订的《春秋》，是我国第一部编年体史书，其文笔曲折而意含褒贬，"一字之褒，宠逾华衮（上公之服）之赠；片言之贬，辱过市朝之挞"，人称"春秋笔法"。（见《史记·孔子世家》）

⑮ **月旦评**　东汉许劭，汝南人。他与从兄许靖俱有高名，好一起评论人物，每月更换评论题目，汝南人传为"月旦评"。曹操曾厚礼求评自己的人品，许劭说："君清平之奸贼，乱世之英雄。"（见《汉书·许劭传》）

⑯ **东作**　指春耕生产。《尚书·尧典》云："寅宾日出，平秩东作。"《传》

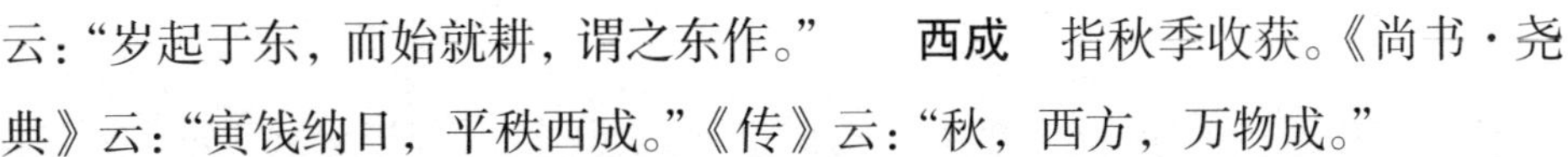

云：“岁起于东，而始就耕，谓之东作。” **西成** 指秋季收获。《尚书·尧典》云：“寅饯纳日，平秩西成。”《传》云：“秋，西方，万物成。”

⑰ **隋珠光照乘，和璧价连城** 这是宋朝诗人陆游《书宛陵集后》中“赵璧连城价，隋珠照乘明”两句诗的化用。光照乘：光亮能把车辆照明。传说，汉东之国姬姓诸侯隋侯，见大蛇受伤，以药敷之。后蛇于江中衔一能照明车辆的大珠以报，故曰“照乘珠”，或曰“隋侯之珠”。春秋时，赵惠文王得到楚国“和氏璧”，秦昭王闻之，使人向赵王送书，愿以十五城换璧。后以此形容璧之珍贵为“连城璧”。（见《史记·蔺相如列传》）《淮南子·览冥》云：“譬如隋侯之珠，和氏之璧，得之者富，失之者贫。”

⑱ **三箭三人唐将勇** 唐朝大将薛仁贵领兵西征天山突厥。突厥有众十余万，令骁将数十人来挑战，薛仁贵三箭射杀三人，其余皆下马乞降，天山平定。凯旋时军中歌曰：“将军三箭定天山，壮士长歌入汉关。”

⑲ **一琴一鹤赵公清** 宋神宗时，成都转运使赵汴，为官清廉，身无长物，仅以一琴一鹤相随。公出时，寓居旅舍，人们与他嬉戏，不以为意，鼓琴自娱。（见《宋史·赵汴传》）

⑳ **汉帝求贤，诏访严滩逢故旧** 东汉严光，字子陵，会稽余姚人。少与光武帝刘秀同学，有高名。刘秀称帝，光改姓名隐遁。刘秀召光到京，授谏议大夫，不受，退隐于浙江富春山农耕、钓鱼自乐。后人名其耕钓处为“严陵濑”，亦称“严滩”。（见《后汉书·隐逸传》）

㉑ **宋廷优老，年尊洛社重耆英** 宋神宗元丰五年（1082），文彦博留守西京（洛阳），仿效唐代诗人白居易的“九老会”，聚居洛阳年高者十二人，于富弼第饮酒赋诗相乐。十二人中，唯司马光年不及七十，宴时尚齿不尚官，称“洛阳耆英会”。（见司马光《洛阳耆英会序》）

hūn duì dàn huì duì míng jiǔ yǔ duì xīn qíng liǎo wān
昏对旦，晦对明。久雨对新晴。蓼湾

duì huā gǎng zhú yǒu duì méi xiōng huáng shí sǒu dān qiū
对花港㉒，竹友对梅兄㉓。黄石叟，丹丘

shēng quǎn fèi duì jī míng mù shān yún wài duàn xīn shuǐ
生㉕。犬吠对鸡鸣㉖。暮山云外断，新水

yuè zhōng píng bàn tà qīng fēng yí wǔ mèng yì lí hǎo
月中平㉗。半榻清风宜午梦㉘，一犁好

yǔ chèn chūn gēng wáng dàn dēng yōng wù wǒ shí nián chí zuò
雨趁春耕㉙。王旦登庸，误我十年迟作

xiàng liú fén bú dì kuì tā duō shì zǎo chéng míng
相㉚；刘蕡不第，愧他多士早成名㉛。

注解

㉒ **蓼湾**　蓼花湾。蓼花，多年生草本植物，花有白色或粉红色，供观赏，可入药。[宋]蒲寿宬《渔父词·渔父》词云："飘忽狂风一霎间。长鱼吹浪势如山。牢系缆，蓼花湾。白鸥沙上伴人闲。"　**花港**　指"花港观鱼"，是杭州西湖十景之一，位于苏堤南段以西西里湖与小南湖之间的一块半岛上。据史书记载，花家山麓有一小溪，流经此处注入西湖。因沿溪多栽花木，常有落英飘落溪中，故名"花港"。宋朝内侍官允升在花家山下结庐建私家花园，园中花木扶疏，引水入池，蓄养五色鱼以供观赏怡情，"花港观鱼"因而得名。乾隆皇帝当年南下江南游览花港时题诗曰："花家山下流花港，花着鱼身鱼嘬花。"

㉓ **竹友**　东晋潇洒自适的名士王徽之（字子猷），性爱竹，以竹为友。他曾暂寄人空宅住，便令种竹，说："何可一日无此君！"古人常以"梅、

竹、松”为“三友”。[清]朱奋《题三友图》云：“三友，岁寒梅竹松也。” **梅兄** 称梅为弟兄。[宋]杨万里《竹下和雪折梅》诗云：“梅兄冲雪来相见，雪片满须仍满面。”[元]戴良《对菊联句》云：“缔芳笑兰友，论雅傲梅兄。”

㉔ **黄石叟** 亦作“黄石公”。传说黄石公是秦末汉初为避秦世之乱，隐于东海下邳的隐士，后得道成仙。汉初大臣张良，祖与父相继为韩国五世宰相。秦灭韩后，张良结交刺客在博浪沙（今河南原阳东南）谋杀秦始皇未中，逃到下邳（今江苏睢宁北），在下邳桥上遇到黄石公，黄石公三试张良后，授予《太公兵法》。张良后来以黄石公所授兵书助汉高祖刘邦夺得天下。汉朝建立，张良被封为留侯。（见《史记·留侯世家》）

㉕ **丹丘生** 即元丹丘，隐士，李白好友。李白《将进酒》诗云：“岑夫子，丹丘生，将进酒，杯莫停。”又李白《西岳云台歌送丹丘子》云：“云台阁道连窈冥，中有不死丹丘生。”

㉖ **犬吠鸡鸣** 传说汉淮南王成仙，家中鸡犬也随而升天。[汉]王充《论衡·道虚》云：“儒书言：淮南王学道，招会天下有道之人……王遂得道，举家升天，畜产皆仙，犬吠于天上，鸡鸣于云中。”

㉗ **暮山云外断，新水月中平** 这两句是唐代吏部侍郎崔湜改任襄阳刺史时所写《江楼夕望》诗中“楚山霞外（云外，高远之处）断，汉水月中平”的化用。

㉘ **半榻清风宜午梦** 半榻：简易而称不上床铺的卧具。清风：清凉的风。[宋]李昂英《西樵岩》词云：“巨石卷阿驾半天，樵山风景岂虚传……我来游遍登云谷，更借山僧半榻眠。”[宋]宋伯仁《瓜洲阻风》诗云：“狂风未许放归船，借得僧房半榻眠。落雁影收帆脚外，怒涛声到枕头边。”

㉙ **一犁好雨趁春耕** [清]姚鼐《山行》诗云：“布谷飞飞劝早耕，春锄扑扑趁初晴。”[唐]韦应物《观田家》诗云：“微雨众卉新，一雷惊蛰始，田家几日闲，耕种从此始。”[宋]朱淑真《膏雨》诗云：“一犁膏脉（肥沃土壤）分春垄，只慰农桑望眼中。”

㉚ **王旦登庸，误我十年迟作相** 北宋宰相王旦，字子明，为人正直，荐人多厚重之士。他任十一年宰相之后，以病辞相，荐寇准继其位。被时人目为“五鬼”之一的王钦若，为人奸邪险伪，他力挤寇准去位，自己爬上相位。王旦死后，王钦若还曾扬言：“子明迟我十年宰相。”（见《宋书·王旦传》）

㉛ **刘蕡不第，愧他多士早成名** 参见上卷“十二文”注㉓。

溪山观瀑（倪墨畊）

九青

gēng duì jiǎ sì duì dīng wèi què duì tóng tíng méi
庚对甲①，巳对丁。魏阙对彤庭②。梅
qī duì hè zǐ zhū bó duì yín píng yuān yù zhǎo lù
妻对鹤子③，珠箔对银屏④。鸳浴沼⑤，鹭
fēi tīng hóng yàn duì jí líng rén jiān shòu zhě xiàng tiān
飞汀⑥。鸿雁对鹡鸰⑦。人间寿者相⑧，天
shàng lǎo rén xīng bā yuè hǎo xiū pān guì fǔ sān chūn xū
上老人星⑨。八月好修攀桂斧⑩，三春须
jì hù huā líng jiāng gé píng lín yì shuǐ jìng lián tiān jì bì
系护花铃⑪。江阁凭临，一水净连天际碧⑫；
shí lán xián yǐ qún shān xiù xiàng yǔ yú qīng
石栏闲倚，群山秀向雨余青⑬。

注解

①**庚甲** 旧时星命术士把人出生的年、月、日、时用干支配合成八字来表示，据以推算命运，谓之庚甲。［宋］岳珂《桯史·大小寒》云：“遂邀使谈庚甲，问以得禄之期。”

②**魏阙** 古代宫门外两边高耸的楼观。楼观下常为悬布法令之所。亦借指朝廷。《庄子·让王》云：“身在江海之上，心居乎魏阙之下。” **彤庭** 亦作“彤廷”。汉代皇宫以朱漆涂饰，故称。［汉］班固《西都赋》云：“于是玄墀扣砌，玉阶彤庭。”

③**梅妻鹤子** 宋代著名诗人林逋，字君复。性格恬淡好古，不趋市利。

长年隐居于杭州西湖之孤山，终身不娶，以植梅养鹤为伴，有客来，则放鹤致之，故称“梅妻鹤子”。（见［宋］沈括《梦溪笔谈·人事》）

④**珠箔银屏** 饰有珍珠的垂帘和银饰屏风。珠箔：即“珠帘”。［唐］白居易《长恨歌》诗云：“揽衣推枕起徘徊，珠箔银屏逦迤开。”

⑤**鸳浴沼** 鸳鸯在水池中信自沉浮。沼：水池。［前蜀］韦庄《菩萨蛮》词云：“桃花春水绿，水上鸳鸯浴。”

⑥**鹭飞汀** 白鹭在沙洲上自由飞降。汀：水边平坦的沙洲。［唐］杜甫《暮春》云：“暮春鸳鹭立洲渚（水中小陆地），挟子翻飞还一丛。”［唐］王维《积雨辋川庄作》诗云：“漠漠水田飞白鹭，阴阴（阴暗）夏木（大树。夏：大）啭黄鹂。”

⑦**鸿雁** 候鸟。春来北方繁殖，秋回南方越冬。《诗经·小雅·鸿雁》云：“鸿雁于飞，肃肃其羽。” **鹡鸰** 亦作“脊令”，水滨鸟。巢于沙上，常在水边觅食。《诗经·小雅·常棣》云：“脊令在原，兄弟急难。”后以“脊令”比喻兄弟之情。

⑧**人间寿者相** 佛教中有所谓“人我四相”，即我相、人相、众生相、寿者相。《金刚经》要求人们不要执着追求“四相”，要静修“无我相，无人相，无众生相，无寿者相”的心态。这样就能养成像仙人、超人、神人一样的长寿者。

⑨**天上老人星** 即“南极星”，是天上仅次于天狼星的第二亮星。古人认为它象征长寿，故又名“寿星”。

⑩**八月好修攀桂斧** 封建时代的科举乡试考期在秋季八月举行，称“秋闱”。乡试考中的称“举人”，第一名称“解元”。放榜之时，正值桂花飘香，故称“桂榜”。争登“桂榜”，即谓“攀桂”，或叫“折桂”。“攀桂斧”是借“吴刚砍桂”故事，说明“争登桂榜”之艰难。神话传说，月中有桂树，汉代人吴刚，因学仙有过，天帝罚他用斧砍月中桂树，桂树高五百尺，砍后伤口立即复合，所以吴刚砍桂永无止境。（见［晋］虞喜《安天伦》）

⑪**三春须系护花铃** 唐玄宗天宝年间，宁王李宪好声乐且爱花。至春

时，于后花园中，以红丝为绳，密缀金铃，系于花梢之上，每有鸟鹊翔集，则令园吏掣铃索惊之以护花。（见［后周］王仁裕《花上金铃》）

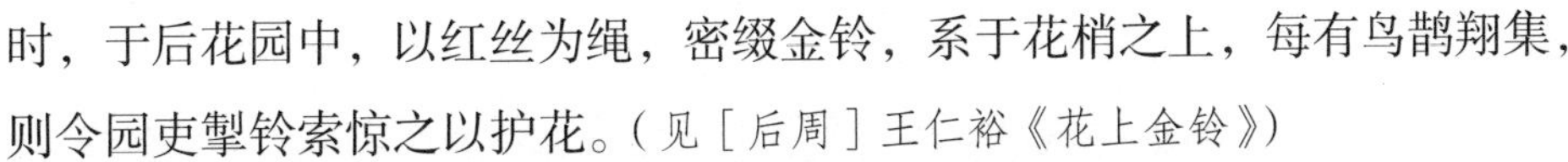

⑫ **江阁凭临，一水净连天际碧**　江阁：指耸立在武汉长江边的黄鹤楼。这是诗仙李白《黄鹤楼送孟浩然之广陵》中“故人西辞黄鹤楼，烟花三月下扬州。孤帆远影碧空尽，唯见长江天际流”诗意的化用。

⑬ **石栏闲倚，群山秀向雨余青**　倚石栏杆，眺望雨后青翠秀丽的群山。雨余：雨刚过。这是宋代曹勋《山居杂诗》中“水阔夕阳红，雨余群山秀”诗意的化用。

月夜赏桂图（徐菊庵）

wēi duì luàn tài duì níng nà bì duì qū tíng jīn pán
危对乱，泰对宁。纳陛对趋庭⑭。金盘
duì yù zhù fàn gěng duì fú píng qún yù pǔ zhòng fāng
对玉箸⑮，泛梗对浮萍⑯。群玉圃⑰，众芳
tíng jiù diǎn duì xīn xíng qí niú xián dú shǐ mù shǐ
亭⑱。旧典对新型⑲。骑牛闲读史⑳，牧豕
zì héng jīng qiū shǒu tián zhōng hé yǐng zhòng chūn yú yuán
自横经㉑。秋首田中禾颖重㉒，春余园
nèi cài huā xīn lǚ cì qī liáng sài yuè jiāng fēng jiē cǎn dàn
内菜花馨㉓。旅次凄凉，塞月江风皆惨淡㉔；
yán qián huān xiào yān gē zhào wǔ dú pīng tíng
筵前欢笑，燕歌赵舞独娉婷㉕。

注解

⑭ **纳陛** 步入宫殿台阶。《战国策·燕策三》：“秦武阳（随荆轲赴咸阳刺秦王者）奉地图，以次进至陛。”纳陛又是古代帝王赐给有殊勋的诸侯或大臣的九种礼器之一。九赐之礼分别是：车马、衣服、乐、朱户、纳陛、虎贲、斧钺、弓矢、秬鬯。（见《礼记》） **趋庭** 快步走过庭院。一天，孔子立于庭院，其子孔鲤有礼貌地快步过庭院时，孔子问鲤：“读过诗了吗？”鲤答：“还没有。”孔子说：“不读诗，就缺乏话题。”孔鲤回去后就努力学诗。又一天，孔子问鲤：“学过礼了吗？”鲤答：“还没有。”孔子说：“不学礼，就难以立于世。”孔鲤回去后便刻苦学礼。后以“趋庭”为“承受父教”的代称。（见《论语·季氏》）

⑮ **金盘玉箸** 金制圆盘，玉制筷子。奢侈餐具用品，或对餐具的美称。［明］何景明《鲥鱼》诗云：“银鳞细骨堪怜汝，玉箸金盘敢望传。”

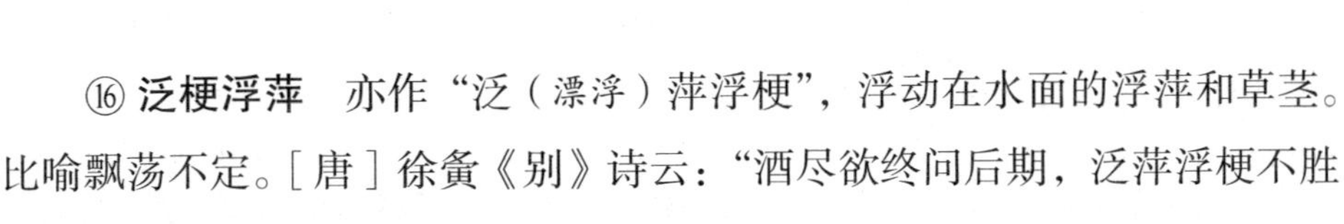

⑯ **泛梗浮萍** 亦作“泛（漂浮）萍浮梗”，浮动在水面的浮萍和草茎。比喻飘荡不定。［唐］徐夤《别》诗云：“酒尽欲终问后期，泛萍浮梗不胜悲。”

⑰ **群玉圃** 群玉：仙山名。中国自古就把昆仑山称为“群玉之山”、“万山之祖”。传说群玉山上有瑶圃，是西王母所居之地。（见《山海经・穆天子传》）战国时期楚国伟大诗人屈原在《离骚》诗中有“吾与重华游兮瑶之圃，登昆仑兮食玉英”名句。

⑱ **众芳亭** 众花会聚的亭台。众芳：众花。［宋］李山甫《牡丹》诗云：“邀勒春风不早开，众芳飘后上楼台。数苞仙艳火中出，一片异香天上来。”诗人常用众芳比喻各色贤人。屈原《离骚》云：“昔三后之纯粹兮，固众芳之所在。”

⑲ **旧典** 旧典籍；旧制度。［汉］班固《东都赋》云：“唯子颇识旧典，又徒驰骋乎末流。” **新型** 新典籍；新制度。［晋］陶渊明《<桃花源记>诗》云：“俎豆（祭祀）犹古法，衣裳无新制。”

⑳ **骑牛闲读史** 隋朝末年，瓦岗寨农民起义军领袖李密，字玄邃，长安（今陕西西安）人。幼年即勤奋好学。他听说名师包恺在缑山，便蒲草作鞍骑牛，牛角挂《汉书》且行且读，去缑山拜师。（见《新唐书・李密传》）

㉑ **牧豕自横经** 东汉侍中祭酒承宫，少孤，八岁为人牧豕（猪）。乡里徐子盛以《春秋经》教授学生数百人，承宫过其门下，常与诸生一起听经，兼为诸生拾柴。执苦数年，勤学不倦。宫经典既明，便归乡教授，终成大儒。（见《后汉书・承宫传》）又，西汉宰相公孙弘，少贫，为人放猪，勤于学，常带经卷而读。年五十后位至丞相。（见《汉书・公孙弘传》）

㉒ **秋首田中禾颖重** 七月，田间谷穗饱满沉重。秋首：即“首秋”，农历七月。禾颖：带芒的谷穗。这是《诗经・大雅・生民》中“实发实秀（谷茎健拔穗又多），实坚实好（粒坚粒饱），实颖实栗（谷穗沉重产量高）”诗意的化用。

㉓ **春余园内菜花馨** 三月，园内菜花芳香浓郁。春余：即“余春”；晚

春，指农历三月。馨：香气远闻。清朝王文怡在《安宁道中即事》诗中描述油菜花时写道：“夜来春雨润垂杨，春水新生不满塘。日暮平原风过处，菜花香杂豆花香。”

㉔ **旅次凄凉，塞月江风皆惨淡**　这是写边塞令人望而生畏的恶劣气候环境。旅次：旅途中寄居之所。惨淡：悲惨凄凉。［唐］岑参《白雪歌送武判官归京》诗云：“北风卷地白草折，胡天（指塞北）八月即飞雪……散入珠帘湿罗幕，狐裘不暖锦衾薄。将军角弓不得控（拉不开），都护（长官）铁衣冷难着。瀚海（沙漠）阑干百丈冰，愁云惨淡万里凝。”

㉕ **筵前欢笑，燕歌赵舞独娉婷**　这是写宫廷中的糜烂生活。娉婷：姿态美好；亦指美女。古时燕赵人善歌舞，后以“燕歌赵舞”泛指美妙的歌舞。［唐］卢照邻《长安古意》诗云：“罗襦宝带为君解，燕歌赵舞为君开。”［元］白朴《梧桐雨》云：“则见展翅忙呼万岁声，惊的那娉婷将銮驾迎。”

听琴图（徐菊庵）

十蒸

píng duì liǎo pú duì líng yàn yì duì yú zēng
苹对蓼①，莆对菱②。雁弋对鱼罾③。

qí wán duì lǔ qǐ shǔ mián duì wú líng xīng jiàn mò rì
齐纨对鲁绮④，蜀绵对吴绫⑤。星渐没⑥，日

chū shēng jiǔ pìn duì sān zhēng xiāo hé céng zuò lì
初升⑦。九聘对三征⑧。萧何曾作吏⑨，

jiǎ dǎo xī wéi sēng xián rén shì lǚ xún guī jǔ dà jiàng huī
贾岛昔为僧⑩。贤人视履循规矩⑪，大匠挥

jīn xiào zhǔn shéng yě dù chūn fēng rén xǐ chéng cháo yí jiǔ
斤校准绳⑫。野渡春风，人喜乘潮移酒

fǎng jiāng tiān mù yǔ kè chóu gé àn duì yú dēng
舫⑬；江天暮雨，客愁隔岸对渔灯⑭。

注解

①**苹蓼** 苹草与蓼花。水生植物。［宋］王镃《芦门归雁》诗云："芦湾风带雁声愁，苹蓼花开水国秋。"

②**莆菱** 蒲草与菱角。莆：通"蒲"，蒲草，水草名。菱：菱角。［宋］陈岩《天池峰》诗云："雁浴鸥栖水影平，菰莆菱芡透波生。"

③**雁弋** 即"弋雁"，用系绳子的箭射大雁。《诗经·郑风·女曰鸡鸣》云："将翱将翔，弋凫（野鸭）与雁。"鱼罾　罾：鱼网。《论衡·幸偶》云："渔者罾江湖鱼，或存或亡。"

④**齐纨** 产于齐地的白色细绢。［汉］班婕妤《怨歌行》云："新裂齐

纨素，皎洁如霜雪。” **鲁绮** 犹“鲁缟”，产于鲁地的素色丝织品。织彩为文曰“锦”，织素为文曰“绮”。[元]宋褧《送诚夫大监兄代祀海神》诗云：“毳帽貂裘素绮裳，明时远致御封香。”

⑤**蜀锦** 古代丝织物的一种。蜀锦产地除蜀（四川）外，还有秦州、湖州等地，故蜀锦以各地织法源自蜀地，相沿为名，成为近代统称。《注》云：“越罗蜀锦，天下之奇纹也。” **吴绫** 古时东南吴地丝织品。《新唐书·地理志》云：“明州余姚郡……土贡吴绫。”

⑥**星渐没** 晓星渐渐沉没。[唐]李商隐《嫦娥》诗云：“云母屏风烛影深，长河渐落晓星沈（沉）。”

⑦**日初升** 太阳刚刚升起。[宋]赵蕃《途中杂题》诗云：“只疑云尚合，忽见日初升。”[唐]毛熙震《酒泉子》云：“日初升，帘半卷，对妆残。”

⑧**九聘三征** 即“三征九聘”，多次征召聘用。形容古代帝王任用贤能人才的诚意。明代至清康熙年小说集《快心编传奇》第三回载：“昔者鱼盐（指殷纣王时以贩卖鱼盐为生的胶鬲，后助武王伐纣）版筑（指商代筑墙奴隶傅说，后为高宗武丁宰相），钓渭（指商末在渭水钓鱼的姜子牙，后助文王武王兴周）耕莘（指商初耕于有莘的奴隶伊尹，后助商汤王灭夏桀），此数人者，天生圣人，间出以治世者也……设非高宗（武丁）汤（商汤王）文（周文王），卑辞枉躬，重之以三征九聘之礼，则亦终守岩壑，老死而无闻。”

⑨**萧何曾作吏** 汉初大臣萧何，沛县人，秦时曾为沛县主吏掾。秦末佐刘邦起义。汉朝建立，为汉定律令制度，著有《九章律》。刘邦论功行赏，定其为首功，封为酂侯。（见《汉书·萧何传》）

⑩**贾岛昔为僧** 唐代诗人贾岛，字浪仙，今河北涿州人。初落拓为僧，名“无本”，后还俗，屡举进士不第。其诗作以五律见长，注重词句锤炼，“推敲”典故即由其诗句而来。（见《唐书·贾岛传》）

⑪**贤人视履循规矩** 《尔雅·释言》云：“履，礼也。”《注》：“礼（礼仪规范）可以履行也。”礼仪规章要人来履行，所以贤人视履为规矩。

⑫**大匠挥斤校准绳** 斤：斧头。传说，楚国有个人善用泥涂壁。一次，

一点飞泥溅其鼻尖，遂请一个叫石的匠人挥斧砍去其鼻上泥点。楚人深知匠石之技艺，挺立不惧。匠石运斧成风，如风驰电掣，呼呼作响，斧落泥掉，而鼻子丝毫无损。（见《庄子·徐无鬼》）

⑬ **野渡春风，人喜乘潮移酒舫**　春天，人们爱乘船游春边饮酒。酒舫：供客人饮酒游乐的船。这是唐代元结《石鱼湖上醉歌》中“山为樽，水为沼，酒徒历历坐洲岛。长风连日作大浪，不能废人运酒舫”诗意的化用。

⑭ **江天暮雨，客愁隔岸对渔灯**　这是宋代词人柳永所写远游旅客思归之《安公子·远岸收残雨》词意的化用。词曰：“雨残稍觉江天暮……望几点，渔灯隐映蒹葭浦……刚断肠、惹得离情苦。”

溪山野渡（黄君璧）

tán duì tǔ　wèi duì chēng　rǎn mǐn duì yán zēng　hóu
谈对吐，谓对称。冉闵对颜曾⑮。侯

yíng duì bó pǐ　zǔ tì duì sūn dēng　pāo bái zhù　yàn
嬴对伯嚭⑯，祖逖对孙登⑰。抛白纻⑱，宴

hóng líng　shèng yǒu duì liáng péng　zhēng míng rú zhú lù
红绫⑲。胜友对良朋⑳。争名如逐鹿㉑，

móu lì sì qū yíng　rén jié yí cán zhōu bù shì　wáng líng
谋利似趋蝇㉒。仁杰姨惭周不仕㉓，王陵

mǔ shí hàn fāng xīng　jù xiě qióng chóu　huàn huā jì jì chuán
母识汉方兴㉔。句写穷愁，浣花寄迹传

gōng bù　shī yín biàn luàn　níng bì shāng xīn tàn yòu chéng
工部㉕；诗吟变乱，凝碧伤心叹右丞㉖。

注解

⑮ **冉闵颜曾**　指孔子的学生冉求、闵损、颜回、曾参。

冉求：又名冉有，字子有，春秋鲁人。有才艺，擅长政事。孔子认为“千室之邑，百乘之家，可使为之宰也”。但又不满他帮助季孙氏发展新兴地主势力，要弟子“鸣鼓而击之”。（见《论语·先进》）

闵损：字子骞，春秋鲁人。以孝友闻名。幼年时受后母虐待。其后母给亲生子穿棉衣，给闵损穿用芦花做的冬衣。父亲知道后，要休后母，闵损跪地求父，说：“[继]母在，一子（指自己）单（单寒）；母去，四子寒。”父遂不休。后母悔悟，待诸子如一。（见《史记·仲尼弟子列传》）

颜回：字子渊，春秋鲁人。好学，乐于安贫，“一箪食，一瓢饮，不改其乐”。以德行著称，后世儒家尊为“复圣”。（见《史记·仲尼弟子列传》）

曾参：字舆，春秋鲁国武城（今山东费县）人。以孝著称，提出“吾日

三省吾身”的修养方法。相传《大学》是他所著。后世尊为“宗圣”。（见《史记·仲尼弟子列传》）

⑯ **侯嬴** 亦称“侯生”，战国魏隐士。家贫，七十岁，任大梁（今河南开封）夷门的守门小吏。后被信陵君迎为上客。公元前257年，秦国围赵，魏国派将军晋鄙救赵，鄙观望不前。侯嬴向信陵君献计，通过鄙之宠妃如姬窃得兵符，并推荐勇士朱亥击杀晋鄙，夺得兵权，因而胜秦救赵。（见《史记·魏公子列传》） **伯嚭** 春秋时吴国大臣，字子余，楚国大夫伯州犁之孙。楚王杀伯州犁，嚭逃亡吴国，深得吴王夫差信任，初为大夫，后任太宰，故称“太宰嚭”。吴破越国后，嚭受越贿，劝夫差许越求和，并屡谗言杀害伍子胥。吴被越灭，嚭又降越，勾践以嚭不忠杀之。（见《史记·吴太伯世家》）

⑰ **祖逖** 东晋名将祖逖，字士稚，今河北涞水人。西晋末年，羯人首领石勒作乱，攻陷洛阳。祖逖率亲党（乡亲）数百家南迁京口（今江苏镇江）。东晋元帝时，中原大乱，元帝封祖逖为奋威将军兼豫州刺史渡江北伐。渡至江心，祖逖以楫（船桨）击水发誓说：“不清中原而复济（回渡）者，有如此水。”表达了恢复中原失土的决心。（见《晋书·祖逖传》） **孙登** 三国魏人。隐居汲郡（今河南卫辉）山中，居土窟，好读《易》，善弹琴。一次，嵇康与孙登同游，登对康说：“子（指嵇康）才多识寡，难免乎于今之世。”后来，嵇康终于被司马昭等诬陷杀害。康死前作《幽愤诗》说：“昔惭柳下，今愧孙登。”（见《晋书·隐逸传》）

⑱ **抛白纻** 白纻：白苎麻织成平民服。清初，淮阳县叶生，文章辞赋，冠绝当时。县令丁乘鹤见其科试文章，击节称叹。但放榜时，叶生却名落孙山。县令怜惜。遂聘叶生教授其子，其子乡试竟“中亚魁”。县令惋惜地对叶生说：你这样有才，朝中长期不用怎么办？叶生感谢县令对他的同情，说：“士得一人知己，可无憾，何必抛却白纻，乃谓之利市哉？”（见蒲松龄《聊斋志异·叶生》）［宋］王禹偁《寄砀山主簿朱九龄》诗云：“利市襕衫抛白纻，风流名字写红笺。”

⑲ **宴红绫** 唐昭宗光化年间，放进士榜，取裴格等二十八人。昭宗

以为得人，会燕（同“宴”）曲江，命御厨烧作红绫饼（御膳中精美的食饼）二十八枚赐之。（见［宋］叶梦得《避暑录话·卷下》）

⑳ **胜友** 有名望之朋友。［唐］王勃《滕王阁诗序》云：“十旬休暇，胜友如云；千里逢迎，高朋满座。” **良朋** 好朋友。［晋］陶渊明《停云》云：“良朋悠邈，搔首延宁。”

㉑ **争名如逐鹿** 争名就像群雄争霸一样，难料谁胜谁负。逐鹿：喻相争。《史记·淮阴侯列传》载：“蒯通曰：‘秦失其鹿，天下共逐之。’”《晋书·石勒载记下》载：“朕遇光武（汉光武帝刘秀），当并驱（逐）与中原，未知鹿死谁手。”比喻争夺天下难料谁胜谁负。

㉒ **谋利似趋蝇** 谋利就像苍蝇趋物一样，千忙所得无几。趋蝇：追求蝇头微利。［宋］苏轼《满庭芳》词云：“蜗角虚名，蝇头微利，算来着甚千忙。”

㉓ **仁杰姨惭周不仕** 唐代名臣狄仁杰任武则天所建后周朝的宰相时，他想让其堂姨卢氏之子入朝当官，对姨母说：“我现为宰相，表弟到朝中喜欢干什么，我一定尽力而为。”姨母说“我只有这一个儿子，不愿意让他去侍候女主（指武则天）。”狄仁杰大惭而归。（见［明］武震元《奇女子传》）

㉔ **王陵母识汉方兴** 西汉初年大臣王陵，沛（今属江苏）人。秦末农民战争中，聚众数千人占据南阳。刘邦初入咸阳，王陵不肯从刘邦。及刘邦还击项羽时，王陵率师归汉（刘邦）。陵事汉，其母在楚（西楚），被项羽拘禁，令其向李陵招降。陵母知汉必兴，拒招，伏剑而死。（见《汉书·王陵传》）

㉕ **句写穷愁，浣花寄迹传工部** 唐代诗人杜甫，在安禄山军攻陷长安后，逃往凤翔，谒见唐肃宗，曾任华州司功参军。不久弃官，家移成都，筑草堂于浣花溪上，世称“浣花草堂”。一度在剑南节度使严武幕中任检校工部员外郎，世称“杜工部”。杜甫深谙人民愁苦，其诗作多写对穷苦人民的同情，大胆揭露社会矛盾。如《石壕吏》：“暮投石壕村，有吏夜捉人……吏呼一何怒，妇啼一何苦……一男附书至，二男新战死……室中更无人，

惟有乳下孙。有孙母未去，出入无完裙。”（见《唐书·杜甫传》）

㉖ **诗吟变乱，凝碧伤心叹右丞** 唐代诗人王维，官至尚书右丞，故世称“王右丞”。安禄山叛乱攻陷长安，王维曾受伪职“给事中”。安禄山于唐禁苑之凝碧池宴其部属，饮酒作乐，王维闻而伤感，作《口号咏示裴迪》诗云：“万户伤心生野烟，百官何日再朝天。秋槐花落空宫里，凝碧池头奏管弦。”

草堂闲坐（溥儒）

十一 尤

róng duì rǔ xǐ duì yōu qiǎn quǎn duì chóu móu wú
荣对辱，喜对忧。缱绻对绸缪[1]。吴

wá duì yuè nǚ yě mǎ duì shā ōu chá jiě kě jiǔ xiāo
娃对越女[2]，野马对沙鸥[3]。茶解渴[4]，酒消

chóu bái yǎn duì cāng tóu mǎ qiān xiū shǐ jì kǒng zǐ
愁[5]。白眼对苍头[6]。马迁修史记[7]，孔子

zuò chūn qiū shēn yě gēng fū xián jǔ sì wèi bīn yú fǔ
作春秋[8]。莘野耕夫闲举耜[9]，渭滨渔父

wǎn chuí gōu lóng mǎ yóu hé xī dì yīn tú ér huà guà
晚垂钩[10]。龙马游河，羲帝因图而画卦[11]；

shén guī chū luò yǔ wáng qǔ fǎ yǐ míng chóu
神龟出洛，禹王取法以明畴[12]。

注解

①**缱绻** 形容男女恋情，缠绵不解。［唐］元稹《莺莺传》云：“绸缪缱绻，暂若寻常，幽会未终，惊魂已断。” **绸缪** 形容情意深长，亲密无间。［西汉］李陵《与苏武诗》云：“独有盈觞酒，与子结绸缪。”

②**吴娃越女** 春秋时期吴国与越国的美女。亦作“吴娃越艳”、“越女吴儿”。娃：美女；小孩。［唐］李白《忆旧游书怀赠韦太守》诗云：“吴娃与越艳，窈窕夸铅红。”［金］元好问《后平湖曲》云：“越女颜如花，吴儿洁于玉。”

③**野马** 北方的一种良马。［汉］司马相如《上林赋》云：“被（披）

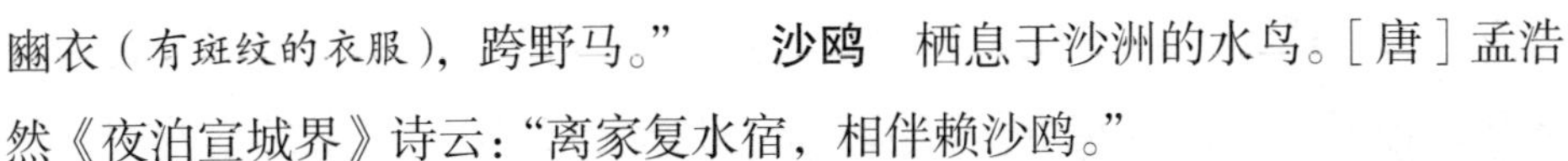

斓衣（有斑纹的衣服），跨野马。” **沙鸥** 栖息于沙洲的水鸟。［唐］孟浩然《夜泊宣城界》诗云：“离家复水宿，相伴赖沙鸥。”

④**茶解渴** 据［唐］陆羽《茶经》记载，茶性寒，最适宜修养心性、生活俭朴的人饮用。如果有发烧、口渴、郁闷、头痛、目滞、四肢躁烦、关节酸痛等症，只要喝四五口茶，就会像饮了美酒、甘露一样爽快。《本草・木部》云：“茗，又名苦茶……主治瘘疮、利尿、去痰、止渴解热，使人兴奋睡眠少。”

⑤**酒消愁** 曹操有“何以解忧？唯有杜康”之名句（见《短歌行》）。陆游有“闲愁如飞雪，入酒即消融”的佳话（见《对酒》）。更妙的“酒消愁”说，是古代无名氏的《四不如酒》云：“刀不能剪心愁，锥不能解肠结，线不能穿泪珠，火不能销鬓雪。不如饮此神圣杯，万念千忧一时歇。”

⑥**白眼** 三国魏文学家、思想家阮籍，藐视礼俗，善待贤达，以白眼斜视“礼俗之士”，以青眼（黑眼珠居中直视对方）善待喜交之友。籍母丧，刺史嵇喜来吊，籍作白眼，喜不悦而归。当“竹林七贤”之首嵇康（嵇喜之弟）来祭时，阮籍大悦，以青眼相迎。（见《晋书・阮籍传》） **苍头** 用青（黑）巾裹头的士卒。秦末农民起义领袖陈胜吴广败死后，其部将吕臣在新阳组织部伍，头戴青巾，称“苍头军”。《汉书・陈胜传》云：“胜故涓人将军吕臣为苍头军，起新阳，攻陈下之，杀庄贾，复议陈为楚。”再者，《战国策・魏策》云：“今窃闻大王之卒，武力二十余万，苍头二十万。”

⑦**马迁修史记** 司马迁（前145—前86），字子长，西汉人。生于龙门，年轻时游历宇内，于四十二岁时继承父亲司马谈之职，任太史令，并承遗命著述。后因为汉将李陵降匈奴事作辩护，触怒武帝下狱，受腐刑（宫刑，割掉生殖器）。后为中书令，以刑后余生完成太史公书（后称《史记》），上起黄帝，下迄汉武帝太初年间，共一百三十篇，五十二万余言，为纪传体之祖，亦为通史之祖。因具良史之才，所作《史记》又为正史之宗，故后世称司马迁为“史迁”。

⑧**孔子作春秋** 孔子（前551—前479），名丘，字仲尼，春秋鲁人。

生有圣德，学无常师。相传曾问礼于老聃，学乐于苌弘，学琴于师襄。初仕鲁，为司寇，摄行相事，鲁国大治。后周游列国十三年，不见用，年六十八，返鲁，晚年致力整理古代经典。有弟子三千，身通六艺者七十二人，开平民教育先河，后世尊为“至圣先师”。孔子据鲁史修订的《春秋》，是我国第一部编年体史书，其文笔曲折而意含褒贬，人称“春秋笔法”。（见《史记·孔子世家》）

⑨**莘野耕夫闲举耜**　传说商朝大臣伊尹，本为商汤妻之陪嫁奴隶，后佐汤讨伐夏桀，被尊为宰相。老年，隐耕于有莘（国名）之原野。《孟子·万章上》云：“伊尹耕于有莘之野，而乐尧舜之道焉。”

⑩ **渭滨渔父晚垂钩**　指姜子牙在渭水以直钩钓鱼，周文王访得，封其为军师。后姜子牙辅佐文王、武王征战，伐纣灭商。

⑪ **龙马游河，羲帝因图而画卦**　传说伏羲氏继天而王，黄河中有龙马（瑞马）负图出水，伏羲氏遂以图画八卦，造文字，治理天下（见《汉书·五行志》）。

⑫ **神龟出洛，禹王取法以明畴**　传说夏禹治水成功后，洛水神龟背负文出水，有数一至于九，禹遂以数列次第，作《洪范九畴》，成为治理天下的九类大法。（见《尚书·洪范》）

guān duì lǚ　xì duì qiú　yuàn xiǎo duì tíng yōu
冠对履[13]，舄对裘[14]。院小对庭幽[15]。
miàn qiáng duì xī dì　cuò zhì duì liáng chóu　gū zhàng sǒng
面墙对膝地[16]，错智对良筹[17]。孤嶂耸[18]，
dà jiāng liú　fāng zé duì yuán qiū　huā tán lái yuè chàng
大江流[19]。方泽对圜丘[20]。花潭来越唱，
liǔ yǔ qǐ wú ōu　yīng lǎn yàn máng sān yuè yǔ　qióng cuī
柳屿起吴讴[21]。莺懒燕忙三月雨[22]，蛩摧
chán tuì yì tiān qiū　zhōng zǐ tīng qín　huāng jìng rù lín shān
蝉退一天秋[23]。钟子听琴，荒径入林山
jì jì　zhé xiān zhuō yuè　hóng tāo jiē àn shuǐ yōu yōu
寂寂[24]；谪仙捉月，洪涛接岸水悠悠[25]。

注解

⑬ **冠履**　帽与鞋。《汉书·贾谊传》云："履虽鲜（新而华美）不加于枕（不放枕头边），冠虽敝（破旧）不以苴（垫）履。"

⑭ **舄**　古代一种加木底的双层底鞋。《诗经·小雅·车攻》云："赤芾（礼服上的蔽膝）金舄（金头鞋），会同有绎（络绎不绝）。"

⑮ **院小庭幽**　亦作"庭小院幽"，小巧而幽静的庭院。［唐］齐己《幽斋偶作》诗云："幽院才容个小庭，疏篁（稀疏的竹子）低短不堪情。春来犹赖邻僧树，时引流莺送好声。"

⑯ **面墙**　面墙：本指面对墙壁而视，则一无所见。比喻不学无术。［唐］孔颖达疏云："人而不学，如面向墙无所睹见，以此临事，则惟烦乱不能治理。"此处"面墙"是取"面壁"之义，指静心修养，专心学业。［宋］普济《五灯会元》记载：南北朝时期，印度名僧达摩大师来华，在嵩山少林

寺面壁（墙壁）静坐九年，潜心修道。　**膝地**　指两膝着地而行，表示敬重。《庄子·在宥》载：黄帝为天子时，诏令通行天下。他还去空同山向广成子请教至道的精华，以利生长五谷，养育百姓。广成子说：“你只是一个心地狭窄的戏人，不足谈论大道。”黄帝告退，弃置朝政，筑静室，卧白茅，独居三月，再拜广成子。广成子头朝南卧着。黄帝膝地而进再求教。广成子急忙挺身而起，说：“至道的精髓，在于你要摒除一切思虑，使自己处于与自然浑而为一的境界。”［唐］黄滔《丈六金身碑》诗云：“檀信（行布施的信士）及门而膝地，童耋遍城而掌胶（合掌膜拜）。”

⑰ **错智**　晁错智慧广。西汉政论家晁错，颍川（今河南禹州）人。文帝时，任太常掌故，后为太子（即景帝）家令，足智多谋，深得太子信任，称其为“智囊”。景帝即位，任为御史大夫。他坚持“重本轻末”政策，主张纳粟受爵，建议募民充实塞下，防御匈奴攻掠，以及逐步削夺诸侯王国的封地，这些均为景帝采纳。（见《史记·晁错列传》）　**良筹**　张良谋略多。汉初大臣张良，字子房，城父（今河南宝丰东）人。祖与父相继为韩国五世宰相。秦灭韩后，良交刺客在博浪沙（今河南原阳东南）狙击秦始皇未中，逃到下邳（今江苏睢宁北），遇黄石公，得《太公兵法》。后从刘邦，为重要谋士。楚汉战争中，他提出不立六国后代，联结英布、彭越，重用韩信等策略，又主张追击项羽灭楚，这些均为刘邦采纳。汉朝建立，封为留侯。（见《史记·留侯世家》）

⑱ **孤嶂耸**　孤立大山，高峻入云。这是宋朝陈与义《大庾岭》中“隔水丛梅疑是雪，近人孤嶂欲生云”诗句的化用。

⑲ **大江流**　大江东流，势不可挡。这是诗圣杜甫《旅夜书怀》中“星垂平野阔，月涌（月随波涌）大江流”诗句的化用。

⑳ **方泽圜丘**　明朝嘉靖年间，在北京天坛内筑高台“圜丘”，亦称“圆丘”，供帝王每年冬至日祭天；在北京安定门外，掘地为贮水“方泽”，泽中筑方形坛台，故称“方泽坛”，供帝王每年夏至日祭地。《广雅·释天》云：“圆丘大坛祭天也，方泽大泽祭地也。”圜丘方泽，契应中华传统文化中“天

圆地方”的学说。

㉑ **花潭来越唱，柳屿起吴讴** 这是唐代诗人王勃《采莲曲》中“叶屿花潭极望平，江讴（江南歌谣，指吴讴）越吹（越国的管乐之声）相思苦”诗句的化用。越唱：亦作“越吟”，越国之歌吟。吴讴：亦作“吴歌”、“吴谣”，吴地之歌谣。战国时期，越人庄舄在楚国做官，优游富贵，但不忘故国，病中吟越歌以寄乡思。（见《史记·张仪列传》）［宋］陆游《上二府乞宫词启》云：“幽游食足，敢陈楚（楚国）些之穷；衰疾土思（思乡土），但抱越吟之苦。”［汉］王粲《登楼赋》云：“钟仪幽而楚奏兮，庄舄显而越吟。”《崇川竹枝词》中有首专写扶海洲的词：“淮南江北海西头，中有一泓扶海洲。扶海洲边是依住，越讴不善善吴讴。”

㉒ **莺懒燕忙三月雨** 这是宋朝诗人陆游《幽居》中“花过莺初懒，泥新燕正忙”诗意的化用。

㉓ **蛩摧蝉退一天秋** 这是宋朝诗人陆游《闻蛩》中“蝉声未断已蛩鸣，徂岁峥嵘得我惊。”诗意的化用。蛩：蟋蟀。摧：通“催”，催促。

㉔ **钟子听琴，荒径入林山寂寂** 传说，春秋时人伯牙善于弹琴，钟子期善于听音。伯牙方鼓赞太山之音，钟子期说：“善哉乎鼓琴，巍巍乎若太山。”继而，伯牙又鼓流水之音，钟子期又说：“善哉乎鼓琴，汤汤乎若流水。”钟子期死后，伯牙破琴绝弦，终身不复鼓琴，谓“无知音也”。（见《吕氏春秋·本味》）

㉕ **谪仙捉月，洪涛接岸水悠悠** 传说唐代诗人李白在当涂采石江醉酒中泛舟，俯首看到江中月影，大声呼叫：“捉住它！捉住它！”纵身跳入水中，被溺死。后人于采石矶建有“捉月台”。但宋代洪迈据唐李阳冰所作《太白草堂集序》和李华所写李白墓志纪，记述李白临终时事，认为“捉月”之说不足信。

yú duì niǎo jí duì jiū cuì guǎn duì hóng lóu qī
鱼对鸟，鹡对鸠㉖。翠馆对红楼㉗。七
xián duì sān yǒu ài rì duì bēi qiū hǔ lèi gǒu yǐ rú
贤对三友㉘，爱日对悲秋㉙。虎类狗㉚，蚁如
niú liè bì duì zhū hóu chén chàng lín chūn yuè suí gē
牛㉛。列辟对诸侯㉜。陈唱临春乐㉝，隋歌
qīng yè yóu kōng zhōng shì yè qí lín gé dì xià wén zhāng
清夜游㉞。空中事业麒麟阁㉟，地下文章
yīng wǔ zhōu kuàng yě píng yuán liè shì mǎ tí qīng sì jiàn
鹦鹉洲㊱。旷野平原，猎士马蹄轻似箭㊲；
xié fēng xì yǔ mù tóng niú bèi wěn rú zhōu
斜风细雨，牧童牛背稳如舟㊳。

注解

㉖**鹡**　鹡鸰，亦作“脊令”，鸟名。人们常以“鹡鸰”比喻兄弟。《诗经·小雅·常棣》云：“脊令在原，兄弟急难。”　**鸠**　鸟名。传说鸠性拙，不善营巢，而居鹊所成之巢。《诗经·召南·鹊巢》云：“维鹊有巢，维鸠居之。”

㉗**翠馆红楼**　亦作“翠馆朱楼”，华丽的楼堂馆所。［明］孟称舜《娇红记》云：“任飘飏翠馆红楼，柳陌花街，到处曾游荡。”［宋］吴文英《花心动（柳）》词云：“翠馆朱楼，紫陌青门，处处燕莺晴昼。”

㉘**七贤**　魏晋年代，陈留（今河南陈留）的阮籍、谯国（今安徽宿县）的嵇康、河内（今河南武陟）的山涛、河内（今河南武陟）的向秀、阮籍之侄阮咸（今河南陈留）、琅琊（今山东临沂）的王戎、沛（今安徽濉溪）人刘伶相与友善，常宴集于竹林（在今河南修武云台山百家岩）之下，饮酒清谈

弹唱取乐，时人号为“竹林七贤”。（见《世说新语·任诞》） **三友** 历代人们注重交友。孔子认为与人交友，要认准对自己有益和有害。他说：与正直的人、与诚实的人、与见多识广的人交友，有益处；与走邪门歪道的人、与谗媚奉迎的人、与花言巧语的人交友，有害处。（见《论语·季氏》）

㉙ **爱日** 珍惜时日。《大戴礼记·曾子立事》云：“君子爱日以学，及时以行。”《周书·萧圆萧传》云：“朗读百边，乙夜难寐，爱日惜力，寸阴无弃。” **悲秋** 面对秋景而伤感。《楚辞·九辩》云：“悲哉！秋之为气也。萧瑟兮，草木摇落而变衰。”［唐］杜甫《登高》诗云：“万里悲秋常作客，百年多病独登台。”

㉚ **虎类狗** 东汉伏波将军马援，重视子女教育。他给其侄儿写信说：龙伯高（东汉太守）敦厚谨慎，谦虚节俭；杜季良（东汉越骑校尉）豪侠仗义，与各色人等皆有交往。这二人都值得敬重。但我希望你们努力向龙伯高学习，学不成功，还可以成为谨慎谦虚的人。就是说“刻鹄（天鹅）不成，尚类鹜（鸭子）”；而不希望你们学杜季良，因为一旦学杜季良不成功，你们就成了纨绔子弟。就是说“画虎不成，反类狗”。（见《后汉书·马援传》）

㉛ **蚁如牛** 东晋建武将军殷浩（荆州刺史殷仲堪之父），与权臣桓温有隙。永和九年殷浩率军北伐，战败，被桓温奏劾，废为庶人。废黜后他精神恍惚，终日手指向空中划“咄咄怪事”四字。病渐虚悸。一日，浩听到床下有蚂蚁在动，他认为是牛在互斗。（见《晋书·殷浩传》《世说新语·纰漏》）

㉜ **列辟** 君主；国君。［唐］柳宗元《柳宗直〈西汉文类〉序》云：“列辟之达道，名臣之大范。” **诸侯** 古代中央政权所分的各国国君统称“诸侯”。《史记·齐太公世家》云：“［周武王、姜子牙］遂至盟津。诸侯不期而会者八百诸侯。”

㉝ **陈唱临春乐** 南朝陈国末代皇帝陈叔宝，字符秀，小字黄奴。在位时大建宫室，生活侈靡，日与妃嫔、文臣游宴，制作《玉树后庭花》《临春乐》等艳词，不顾国难。后被隋兵俘虏，陈国灭亡。（见《南史·陈后主本纪》）

㉞ **隋歌清夜游** 隋炀帝弑父杀兄篡帝位，是我国历史上有名的暴君，

而且奢侈荒淫。夏夜，有月趁月，无月放萤火虫照明，由几千名宫女陪同，弹奏着他自作的《清夜游曲》，载歌载舞，通宵畅游西苑。秋冬树木凋零时，就剪彩帛为花叶，挂在树枝船头充红绿，迎风招展。（见《中华帝王全传·隋炀帝艳史》）

㉟ **空中事业麒麟阁** 汉宣帝为表彰霍光、赵充国、苏武等十一位西汉文武名臣的功绩，把他们的形象图画在未央宫麒麟阁内。（见《汉书·苏武传》）[唐]杜甫《投赠哥舒开府翰二十韵》云："今代麒麟阁，何人第一功？"

㊱ **地下文章鹦鹉洲** 传说东汉末年，江夏（今湖北武汉）太守黄祖之长子黄射，在江夏西南江中一岛大会宾客，有人献鹦鹉，文学家祢衡作《鹦鹉赋》，抒发有才智之士生于乱世的不幸遭遇，辞气慷慨。从此，该岛名为"鹦鹉洲"。（见《后汉书·祢衡传》）

㊲ **旷野平原，猎士马蹄轻似箭** 这是唐代诗人王维《观猎》中"风劲角弓鸣，将军猎渭城。草枯鹰眼疾，雪尽马蹄轻"诗意的化用。

㊳ **斜风细雨，牧童牛背稳如舟** 这是宋朝诗人陆游《牧牛儿》中"童儿踏牛背，安稳如乘舟。寒雨山陂远，参差烟树晚"诗意的化用。

十二侵

gē duì qǔ xiào duì yín wǎng gǔ duì lái jīn shān
歌对曲，啸对吟。往古对来今①。山

tóu duì shuǐ miàn yuǎn pǔ duì yáo cén qín sān shàng xī cùn
头对水面，远浦对遥岑②。勤三上③，惜寸

yīn mào shù duì píng lín biàn hé sān xiàn yù yáng zhèn
阴④。茂树对平林⑤。卞和三献玉⑥，杨震

sì zhī jīn qīng huáng fēng nuǎn cuī fāng cǎo bái dì chéng
四知金⑦。青皇风暖催芳草⑧，白帝城

gāo jí mù zhēn xiù hǔ diāo lóng cái zǐ chuāng qián huī cǎi
高急暮砧⑨。绣虎雕龙，才子窗前挥彩

bǐ miáo luán cì fèng jiā rén lián xià dù jīn zhēn
笔⑩；描鸾刺凤，佳人帘下度金针。

注解

①**往古来今** 从古到今。[唐]白居易《放言》诗云："朝真暮伪何人辨？古往今来底事（何事）无！"

②**远浦** 湖南潇水与湘江合流一带，景色迷人，有"潇湘八景"之称。"远浦归帆"是八景之一。宋朝诗人张经有一首咏《潇湘八景·远浦归帆》诗云："极浦（远浦）一帆回，招招近岸开。倚船试相问，莫是故乡来。" **遥岑** 远处陡峭的小山崖。[唐]韩愈孟郊《城南联句》云："遥岑出寸碧，远目增双明。"

③**勤三上** 勤学不择场合。宋朝文学家、书法家欧阳修说，他之学有

成就，在于勤学。“余平生所作文章，多在三上，乃马上、枕上、厕上也；盖惟此，尤可以属思耳。”（见欧阳修《归田录》）

④**惜寸阴** 珍惜短暂时间。《淮南子·原道》云：“圣人不贵尺之璧，而重寸之阴，时难得而易失也。”晋陶侃常对人说：“大禹圣人，乃惜寸阴，至于众人，当惜分阴。”（见《晋书·陶侃传》）

⑤**平林** 平野上的树林。《诗经·小雅·车辖》云：“依彼平林，有集维鷮（野雉）。”毛传：“平林，林木之在平地者也。”

⑥**卞和三献玉** 春秋时期，楚国人卞和在荆山寻得一块璞玉，献给楚厉王熊眴，厉王使玉匠检验，说是石头，以欺君之罪砍断卞和的左足。楚武王熊通即位，卞和又把璞玉献给武王，武王仍以欺君之罪砍掉卞和的右足。到楚文王熊赀继位后，卞和抱玉哭于荆山之下，文王派人问其故，卞和说：“吾非悲刖（断足）也，悲宝玉被视为石，贞士被认是诳人。”文王使工匠剖璞检验，果是一块宝玉，因此命名为“和氏璧”。（见《韩非子·和氏》）

⑦**杨震四知金** 东汉太尉杨震，字伯起，今陕西华阴人。他博学通经，时称“关西孔子杨伯起”。他为官清廉，憎恶贪侈骄横。昌邑令王密，夜间怀金十斤给杨震送礼，杨震说：“故人（杨震自称）知君（指王密），君不知故人，何也？”王密说：“暮夜无知者。”杨震说：“天知，神知，我知，子（你）知，何谓无知者？”王密羞愧地抱金回去了。（见《后汉书·杨震传》）

⑧**青皇风暖催芳草** 这是诗圣杜甫《绝句》中“迟日（春日）江山丽，春风花草香”诗意的化用。青皇：即“青帝”，东方之神，又称“司春之神”，指春天。

⑨**白帝城高急暮砧** 这是引自诗圣杜甫《秋兴八首》中“寒衣处处催刀尺，白帝城高急暮砧”的诗句原文。白帝城在今四川省奉节县东白帝山。城居高山，形势险要。三国时蜀汉以此为防吴重地。刘备伐吴，为陆逊所败，退居此城，后卒于城西永安宫。

⑩**绣虎雕龙，才子窗前挥彩笔** 三国魏文帝曹丕嫉妒弟弟曹植的文才，欲加害之，逼弟于七步之内作诗一首。曹植应声道：“煮豆燃豆萁，豆在

釜中泣。本是同根生，相煎何太急？”竟成诗章。《玉箱杂记》云：“曹植七步成章，号‘绣虎’。”比喻才思敏捷。

战国时，齐国阴阳家代表人物驺衍，“言天事，善宏辩”，人称“谈天衍”。驺奭“采驺衍之术（善辩）以纪文（写文章）”，文辞极美，人称“雕龙奭”。［汉］刘向《别录》云：“驺奭修衍之文，饰若雕镂龙文，故曰‘雕龙’。”比喻善于文辞。

⑪ **描鸾刺凤，佳人帘下度金针** 美女巧针刺绣。［明］陆采《明珠记・由房》云：“作赋吟诗，人人尽说蔡文姬的再生；描鸾刺凤，个个皆称薛夜来（三国魏文帝曹丕的宠姬，巧于针工，夜绣不用灯烛之光，缝制立成）的神针。”［金］元好问《论诗绝句》云：“鸳鸯绣了从教看，莫把金针度与人。”

窗下织女（潘振镛）

dēng duì tiào shè duì lín ruì xuě duì gān lín zhǔ
登对眺，涉对临⑫。瑞雪对甘霖⑬。主
huān duì mín lè jiāo qiǎn duì yán shēn chǐ sān zhàn lè
欢对民乐⑭，交浅对言深⑮。耻三战⑯，乐
qī qín gù qǔ duì zhī yīn dà chē xíng kǎn kǎn sì mǎ
七擒⑰。顾曲对知音⑱。大车行槛槛⑲，驷马
zhòu qīn qīn zǐ diàn qīng hóng téng jiàn qì gāo shān liú shuǐ
骤骎骎⑳。紫电青虹腾剑气㉑，高山流水
shí qín xīn qū zǐ huái jūn jí pǔ yín fēng bēi zé pàn
识琴心㉒。屈子怀君，极浦吟风悲泽畔㉓；
wáng láng yì yǒu piān zhōu wò xuě fǎng shān yīn
王郎忆友，扁舟卧雪访山阴㉔。

注解

⑫ **涉** 经历。［唐］白居易《与元微之书》诗云："仆自到九江，已涉三年。" **临** 遇到。《诗经·小雅·小旻》云："战战兢兢，如临深渊。"

⑬ **瑞雪** 人们认为，初春的雪预兆丰年，故称"瑞雪"。［南朝陈］张正见《玄都观春雪》诗云："同云遥映岭，瑞雪近浮空。" **甘霖** 亦作"甘雨"，及时雨。［元］方回《次韵金汉臣喜雨》诗云："甘霖三尺透，病体十分轻。"《尔雅·释天》云："甘雨时（及时）降，万物以嘉。"

⑭ **主欢** ［唐］李白《送窦司马贬宜春》诗云："天马白银鞍，亲承明主欢。斗鸡金宫里，射雁碧云端。" **民乐** 亦作"民悦"。［元］蒲道源《木兰花慢·寿王国宾总管》词云："胸襟理胜自超然。虽老未华颠。念厚禄崇资，真成大耐，何计荣迁。心期岁丰民乐，更公庭、无讼酒如川。唤取梅花为寿，看他老桧千年。"《孟子·梁惠王下》云："孟子对曰：'取之而

燕民悦，则取之。'"

⑮ **交浅言深**　交情虽浅，言谈却是心里话。对此，世人有不同看法。《后汉书·崔骃传》云："骃闻，交浅而言深者，愚也。"［宋］苏轼《上神宗皇帝书》云："交浅言深，君子所戒。"《战国策·赵策》云："交浅而言深，是忠也。"

⑯ **耻三战**　春秋时期，鲁国大将曹沫（即曹刿）以勇武事鲁庄公。齐侵鲁，鲁三战三北（败北）。鲁以献遂邑之地向齐求和，齐桓公遂与鲁庄公立盟约于柯（今山东莱芜东北）。盟会间，庄公侍从曹沫执匕首劫桓公于坛上，对桓公说："齐强鲁弱，大国侵鲁，亦已甚矣。"桓公连连答应尽还侵鲁之地。（见《史记·刺客列传》）［汉］李陵《答苏武书》云："昔范蠡不殉会稽之耻，曹沫不死三败之辱，卒复勾践之仇，报鲁国之羞。"

⑰ **乐七擒**　三国蜀相诸葛亮为安定后方，举兵征南夷，七次生擒南方酋长孟获，七次释放。孟获心悦诚服地说："公（诸葛亮），天威也，南人不复反矣。"（见《三国志·蜀志·诸葛亮传》）

⑱ **顾曲**　三国吴都督周瑜，字公瑾，少年时即精意于音乐，虽酒过三杯，听到别人奏曲有误，必能辨知，知之必顾，时人谣曰："曲有误，周郎顾。"（见《三国志·吴志·周瑜传》）后遂以"顾曲"为欣赏音乐、戏曲之典。　**知音**　传说，春秋时人伯牙善于弹琴，钟子期善于听音。伯牙方鼓赞泰山之琴，钟子期说："善哉乎鼓琴，巍巍乎若太（通'泰'）山。"继而，伯牙又鼓流水之音，钟子期又说："善哉乎鼓琴，汤汤乎若流水。"钟子期死后，伯牙觉无知音了，遂破琴绝弦，终身不复鼓琴。（见《吕氏春秋·本味》）

⑲ **大车行槛槛**　本句出自《诗经·王风·大车》中"大车槛槛（车行声）"诗句。

⑳ **驷马骤骎骎**　本句出自《诗经·小雅·四牡》中"驾彼四骆（四匹公马），载骤骎骎（马奔驰状）"诗句。

㉑ **紫电青虹腾剑气**　紫电：宝剑名。青虹：宝剑闪亮如虹。［唐］王勃《滕王阁序》云："紫电青霜（剑刃锋利，青莹若霜雪），王将军之武库。"

㉒ **高山流水识琴心** 指钟子期善辨伯牙琴音。（参见本韵注⑱）

㉓ **屈子怀君，极浦吟风悲泽畔** 指战国末期楚国诗人屈原因遭谗言，被楚怀王疏远，散发行吟于江滨，后自沉于汨罗江。（参见本卷“四豪”注㊱）

㉔ **王郎忆友，扁舟卧雪访山阴** 晋代书法家王羲之之子王徽之，字子猷，性格豪爽洒脱，放荡不羁。官至黄门侍郎。居山阴时，忽然想念故友戴逵（字安道）。当时戴逵居于剡地（今浙江嵊县西），便乘小舟雪夜造访，一夜方至，舍舟登陆。至戴之门而不入，竟乘舟而返。人问其故，王曰：“吾本乘兴而来，兴尽而返，何必见安道？”（见《世说新语·任诞》）

知音图（陈少梅）

十三覃

gōng duì què zuò duì kān shuǐ běi duì tiān nán shèn
宫对阙[1]，座对龛[2]。水北对天南。蜃
lóu duì yǐ jùn wěi lùn duì gāo tán lín qǐ zǐ shù pián
楼对蚁郡[3]，伟论对高谈[4]。遴杞梓[5]，树楩
nán dé yí duì hán sān bā bǎo shān hú zhěn shuāng
楠[6]。得一对函三[7]。八宝珊瑚枕[8]，双
zhū dài mào zān xiāo wáng dài shì xīn wéi chì lú xiàng qī
珠玳瑁簪[9]。萧王待士心惟赤[10]，卢相欺
jūn miàn dú lán jiǎ dǎo shī kuáng shǒu nǐ qiāo mén xíng chù
君面独蓝[11]。贾岛诗狂，手拟敲门行处
xiǎng zhāng diān cǎo shèng tóu néng rú mò xiě shí hān
想；张颠草圣，头能濡墨写时酣[13]。

注解

①**宫阙** 古时帝王所居宫门前立双阙，故称宫殿为宫阙。《史记·高祖纪》云：“萧（萧何）丞相营作未央宫，立东阙、北阙……高祖还，见宫阙壮甚。”

②**座龛** 供奉神佛或祖先牌位的石室或柜子。［唐］杜甫《石龛》诗云：“驱车石龛下，仲冬见虹霓。”［宋］陆游《禹迹寺南有沈氏小园》诗云：“年来妄念消除尽，回向神龛一炷香。”

③**蜃楼** 大气中由于光线的折射作用而形成的一种自然现象，谓之“蜃气”。光线经过不同密度的空气层，发生显著折射或全反射时，把远处

景物显示在空中或地面的奇异幻景，此即“海市蜃楼”。常发生在海边和沙漠地区。[宋]沈括《梦溪笔谈·异事》云：“登州海中，时有云气如宫室、台观、城堞、人物、车马、冠盖，历历可见，谓之‘海市’。”古人认为它是由海里一种叫‘蜃’（蛤蜊）的贝类动物吐气而成的。《本草纲目·鳞部》云：“[蜃]能吁（吐）气成楼台城郭之状，将雨即见，名蜃楼，亦曰海市。” **蚁郡** 传说，古时有个叫淳于棼的人，做梦到了槐安国，娶了公主，当了南柯太守，荣华富贵。后率师出征战败，公主也死了，遭到国王疑忌，被遣归里。忽然梦醒，在庭前槐树下寻得一个蚁穴，即梦中的槐安国都。南柯郡乃是槐树南枝下另一蚁穴。故事比喻富贵得失无常。（见[唐]李公佐《南柯梦》）

④**伟论高谈** 亦作“高谈阔论”。不着边际地大发议论。[唐]吕岩《徽宗斋会》云：“高谈阔论若无人，可惜明君不遇真。”

⑤**遴杞梓** 遴：选拔。杞梓本是两种优质木材。后以“杞梓”比喻人才优秀。《左传·襄公二十六年》云：“晋卿不如楚，其（指楚国）大夫则贤，皆卿材也。如杞梓、皮革，自楚往也。虽楚有材，晋实用之。”

⑥**树楩楠** 楩楠：两种优质木材。《战国策·宋》云：“荆有长松文梓，楩楠豫章。”

⑦**得一函三** 这是《汉书·律历志》中“太极元气，函三为一”文意的化用。得一：是纯正之意。函三：是包含一切之意。一为数之始，又为物之极。一可包含所有，能容纳万物。《道德经》云：“昔之得一者，天得一以清，地得一以宁，人得一以贞……侯王得一天下为正。”

⑧**八宝珊瑚枕** 饰有珍宝的珊瑚枕头。[唐]李绅《长门怨》云：“珊瑚枕上千行泪，不是思君是恨君。”

⑨**双珠玳瑁簪** 饰有双珠的玳瑁发簪。[南朝宋]鲍照《拟行路难》诗云：“还君金钗玳瑁簪，不忍见之益愁思。”

⑩**萧王待士心惟赤** 更始二年（公元24年）刘玄封刘秀为萧王到河北治乱，刘秀对来臣服（投降）之人，皆以赤诚之心相待，降者相语说：“萧

王推赤心置人腹中，安得不投死乎！”（见《后汉书·光武本纪》）

⑪ **卢相欺君面独蓝**　唐代大臣卢杞，字子良，今河南滑县西南人。其貌丑泛蓝且心险，人称“蓝面鬼”。德宗时为相，专权自恣，陷害忠良。藩镇叛乱时，以筹军资为名，征收杂税，聚敛财货，怨声满天下。朔方节度使李怀光上疏斥其罪恶，卢被贬职，死于沣州。（见新旧《唐书·奸臣传》）

⑫ **贾岛诗狂，手拟敲门行处想**　这是关于唐代诗人贾岛炼字的典故。（参见本卷“三肴”注㉒）

⑬ **张颠草圣，头能濡墨写时酣**　唐代著名书法家张旭，字伯高，今江苏苏州人。他草书最为知名，人称“草圣”。他与李白歌诗、裴旻剑舞，时称“三绝”。相传他常在大醉后呼喊狂走，挥洒落笔，甚至以头濡墨而书，故人称“张颠”。

观云图（陈少梅）

wén duì jiàn　jiě duì ān　　sān jú duì shuāng gān
闻对见，解对谙[14]。三橘对双柑[15]。

huáng tóng duì bái sǒu　jìng nǚ duì qí nán　　qiū qī qī
黄童对白叟[16]，静女对奇男[17]。秋七七[18]，

jìng sān sān　　hǎi sè duì shān lán　　luán shēng hé huì huì
径三三[19]。海色对山岚[20]。鸾声何哕哕[21]，

hǔ shì zhèng dān dān　　yí fēng jiāng lì zhī ní fǔ　　hán gǔ
虎视正眈眈[22]。仪封疆吏知尼父[23]，函谷

guān rén shí lǎo dān　　jiāng xiàng guī chí　zhǐ shuǐ zì méng zhēn
关人识老聃[24]。江相归池，止水自盟真

shì zhǐ　　wú gōng zuò zǎi　tān quán suī yǐn yì hé tān
是止[25]；吴公作宰，贪泉虽饮亦何贪[26]？

注解

⑭ **解谙**　熟悉了解。［元］高明《琵琶记·牛相教女》云：“堪哀，萱室先摧。叹妇仪姆训（女师的训诫），未曾谙解。”

⑮ **三橘**　这里是用“怀橘遗亲”之典。（参见本卷“六麻”注⑭）　**双柑**　“双柑斗酒”略语，两只蜜柑一斗酒，是春游时所备之饮食。［唐］冯贽《俗耳针砭诗肠鼓吹》云：“戴颙春携双柑斗酒，人问何之（去哪里）？戴曰：‘往听黄鹂声，此俗耳针砭，诗肠鼓吹，汝（你）知之乎？’”

⑯ **黄童白叟**　黄毛儿童和白发老人。［唐］韩愈《元和圣德》云：“卿士庶人，黄童白叟，踊跃欢呀，失喜噎呕（喉塞作呕）。”

⑰ **静女**　闲雅之女。［唐］孟郊《静女吟》诗云：“艳女皆妒色，静女独检踪。”　**奇男**　即“奇士”，才能出众的男子。［清］陈端生《再生缘》云：“奇男侠女心相爱，海誓山盟义并深。”《史记·陈相国世家》云：“项王

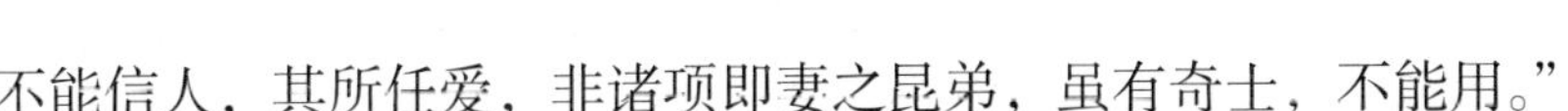

不能信人，其所任爱，非诸项即妻之昆弟，虽有奇士，不能用。”

⑱ **秋七七** 唐代道士殷文祥，又名道荃，自称“七七”。传说，他在浙西鹤林寺，秋日能使杜鹃花开。［宋］苏轼《后十余日复至［吉祥寺］》诗云：“安得道人殷七七，不论时节把花开。”（见《云笈七笺·续仙传》）

⑲ **径三三** 西汉末，王莽专权，兖州刺史蒋诩告病辞官，隐居乡里，在院中辟三径（小路），不与世交，唯与求仲、羊仲二人来往。（见［晋］赵岐《三辅决箓·逃名》）后常用“三径”比喻家园。［晋］陶渊明《归去来兮辞》云：“三径就荒，松竹犹存。”

⑳ **海色** 海上的景色。［唐］祖咏《江南旅情》诗云：“海色晴看雨，江声夜听潮。” **山岚** 山林中的雾气。［唐］顾非熊《陈情上郑主司》诗云：“茅屋山岚入，柴门海浪连。”

㉑ **鸾声何哕哕** 铃声如鸾鸣。这是唐代诗人王维《送李睢阳》中“鸾声哕哕鲁侯旗”诗句的化用。

㉒ **虎视正眈眈** 如虎之雄视。这是《周易·颐卦》中“虎视眈眈，其欲逐逐”句意的化用。

㉓ **仪封疆吏知尼父** 仪：此指孔子葬礼仪式。封疆吏：特指鲁哀公。尼父：对孔子的尊称。孔子于鲁哀公十六年四月去世，享年七十三岁。鲁哀公致悼词说：“上天不保佑这位国老，以让他保护我久居君位，我悲伤欲绝。呜呼哀哉，尼父啊尼父！”（见《史记·孔子世家》）

㉔ **函谷关人识老聃** 春秋时期，思想家老子（李耳，字聃）欲出函谷关隐居，函谷关令尹喜说：“子将隐矣，强为我著书。”老子遂著书上下篇，言道德之意五千言，此即《道德经》。最后，尹喜也随老子出关西去。（见《史记·老子列传》）

㉕ **江相归池，止水自盟真是止** 宋朝江万里，字子远，江西都昌人。度宗时任相。性刚直，敢斥弊政。罢相后还乡。元军攻占襄樊，他于芝山凿池开圃，建亭曰“止水”，人问其意，他说：“大势不可支，余虽不在位，当与国为存亡。”及饶州（上饶）城破，万里乃投止水池而死。（见《宋史·江

万里传》）

㉖ **吴公作宰，贪泉虽饮亦何贪** 晋朝吴隐之，性廉洁。桓玄欲革岭南之弊，任吴隐之为广州刺史。离广州二十里的石门有泉水，人称“贪泉”，传说饮此泉水者其心无厌（贪得无厌）。隐之便到泉上，酌而饮之，终不改清廉本色。并作《贪泉歌》云：“石门有贪泉，一歃（用嘴吸取）重千金；试使夷齐（伯夷叔齐）饮，终当不易心。”（见《晋书·吴隐之传》）

老子骑牛图（邓芬）

十四盐

kuān duì měng lěng duì yán qīng zhí duì zūn yán
宽对猛[①]，冷对炎。清直对尊严[②]。

yún tóu duì yǔ jiǎo hè fà duì lóng rán fěng tái jiàn sù
云头对雨脚[③]，鹤发对龙髯[④]。风台谏[⑤]，肃

táng lián bǎo tài duì míng qiān wǔ hú guī fàn lǐ sān
堂廉[⑥]。保泰对鸣谦[⑦]。五湖归范蠡[⑧]，三

jìng yǐn táo qián yí jiàn chéng gōng kān pèi yìn bǎi qián mǎn
径隐陶潜[⑨]。一剑成功堪佩印[⑩]，百钱满

guà biàn chuí lián zhuó jiǔ tíng bēi róng wǒ bàn hān chóu jì
卦便垂帘[⑪]。浊酒停杯，容我半酣愁际

yǐn hǎo huā bàng zuò kàn tā wēi xiào wù shí niān
饮[⑫]；好花傍座，看他微笑悟时拈[⑬]。

注解

①**宽猛** 既宽容又严厉。春秋郑国大夫子产，主张以宽容与严厉并用政策治理国家，该宽时宽，该严时严。《左传·昭公二十年》云："郑子产有疾（病重），谓子大叔（游吉）曰：'我死，子必为政。唯有德者能以宽（宽容）服民，其次莫如猛（严厉）。'"

②**清直** 清廉而正直。[唐]白居易《故巩县令白府君事状》云："自鹿邑至巩县，皆以清直静理闻于一时。" **尊严** 庄重而有威严。《荀子·致士》云："尊严而惮，可以为师。"

③**云头** 云端。[元]无名氏《马陵道》曲云："庞涓也，则教你有翼

翅飞不上云头，有指爪劈不开地面。” **雨脚** 长垂及地的雨丝。[唐]杜甫《茅屋为秋风所破歌》诗云：“床床屋漏无干处，雨脚如麻未断绝。”

④**鹤发** 鹤羽白，比喻老人之白发。[北周]庾信《竹杖赋》云：“及命引进，乃曰：‘噫，子老矣！鹤发鸡皮，蓬头历齿。’” **龙髯** 龙的胡须。传说黄帝铸鼎于荆山下，鼎成，有龙下迎帝升天，群臣后宫从帝登龙身者七十余人，余小臣不得上龙身，乃持龙髯，髯断落地，并堕黄帝之弓。百姓抱弓视龙髯而哭。后以“龙髯”为悼念皇帝去世之典。（见《史记·封禅书》）

⑤**风台谏** 御史尽责于纠劾官邪。风：通“讽”，训教。台谏：官名。唐宋时，台指御史官，专主纠劾官邪；谏指谏议官，掌对侍从规谏。明代，给事中兼前代谏议之职，因此通称御史为“台谏”，给事中称“给谏”。（见《历代职官表·都察院》）

⑥**肃堂廉** 众卿肃立在殿堂之侧。堂廉，亦作“堂隅”，堂基的四周称“堂廉”。《礼记·丧大记》云：“卿大夫即位于堂廉楹（厅堂的前柱）西。”[宋]王安石《和平甫舟中望九华山》云：“毅然如（入）九宫，罗立在堂廉。”

⑦**保泰** 泰：《周易》六十四卦之第十一卦。保泰：即保守安定兴盛的局面。圣明君王要勤政爱民，指导百姓顺应寒暑知变化，利用天时地利，夺取五谷丰登，保佑万众富庶安康。 **鸣谦** 谦：《周易》六十四卦之第十五卦。鸣谦：即勉励君子要永远保持谦虚的名声。“鸣谦者，谓声名也。处正得中（中心纯正），行谦广远，故曰鸣谦。”

⑧**五湖归范蠡** 春秋越国大夫范蠡，字少伯，楚国宛人。越国败于吴国后，蠡寻得美女西施献给吴王夫差求和。随后，蠡辅佐越王勾践卧薪尝胆，刻苦图强，终灭吴国，西施归范蠡。蠡知“勾践为人可与同患难，不能共安乐”，遂携西施云游五湖。入齐，更名“鸱夷子皮”。入陶，改名“陶朱公”，经商致富。（见《史记·货殖列传》）

⑨**三径隐陶潜** 东晋陶潜，又名陶渊明，他不为五斗米而折腰，侍奉乡里小人，辞去彭泽令归隐故里。“瞻衡宇（看到简陋的旧居），载欣载奔（高

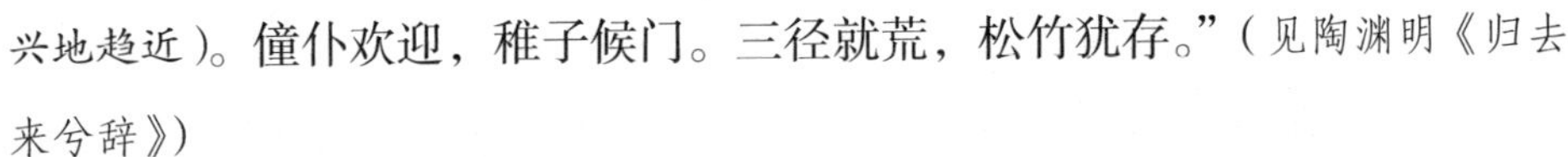
兴地趋近）。僮仆欢迎，稚子候门。三径就荒，松竹犹存。”（见陶渊明《归去来兮辞》）

⑩ **一剑成功堪佩印** 战国时期，洛阳人苏秦，背负一剑护身周游，说服赵、楚、齐、魏、韩、燕六国“合纵”抗秦，六国君王于洹水歃血结盟，“封苏秦为‘纵约长’，兼佩六国相印、金牌宝剑，总辖六国臣民。”（见《东周列国志九十回》）

⑪ **百钱满卦便垂帘** 汉代蜀郡人严遵，字君平。在成都摆摊当算命先生。凡一天收得百钱，就觉得足以自养户口了，便闭店垂帘读《老子》。扬雄少时曾跟严遵受教，称为“逸民”。一生不做官，终年九十余岁。（见《汉书·王吉传序》）

⑫ **浊酒停杯，容我半酣愁际饮** 浊酒：用糯米、黄米等酿制的酒，比较混浊。半酣：酒兴浓厚半醉之时。诗圣杜甫怀有济世安邦的宏伟志向。但政治上不断受到大地主势力的排挤打击，仕途失意，又经离乱，一生都在饥寒交迫、颠沛流离中度过。他只能以酒解忧，但又无钱买酒。他在《九日》诗中说：“竹叶（酒名）与人（指自己）既无分，菊花（酒名）从此不须开（无钱喝）。”无钱也要喝，就四处欠酒债。他决心以烂醉了结一生。他在《登高》一诗中说：“艰难苦恨繁霜鬓，潦倒新停浊酒杯。”他在《杜位宅守岁》诗中明说：“谁能更拘束，烂醉是生涯。”

⑬ **好花傍座，看他微笑悟时拈** 传说，释迦牟尼在灵山会上讲法时，手拈鲜花示众，然众人皆面无表情，不解禅意，只有摩诃迦叶面露微笑，释迦牟尼世尊遂将心法传于迦叶。（见《五灯会元卷一·释迦牟尼佛》）后世以“拈花微笑”比喻会心悟理。

lián duì duàn jiǎn duì tiān dàn bó duì ān tián huí tóu
连对断，减对添。淡泊对安恬⑭。回头
duì jí mù shuǐ dǐ duì shān jiān yāo niǎo niǎo shǒu xiān
对极目⑮，水底对山尖⑯。腰袅袅⑰，手纤
xiān fèng bǔ duì luán zhān kāi tián duō zhòng sù zhǔ hǎi
纤⑱。凤卜对鸾占⑲。开田多种粟⑳，煮海
jìn chéng yán jū tóng jiǔ shì zhāng gōng yì ēn jǐ qiān rén
尽成盐㉑。居同九世张公艺㉒，恩给千人
fàn zhòng yān xiāo nòng fèng lái qín nǚ yǒu yuán néng kuà yǔ
范仲淹㉓。箫弄凤来，秦女有缘能跨羽㉔；
dǐng chéng lóng qù xuān chén wú jì dé pān rán
鼎成龙去，轩臣无计得攀髯㉕。

注解

⑭ **淡泊** 恬淡，不求名利。［三国］诸葛亮《诫子书》云：“非淡泊无以明志，非宁静无以致远。”《抱朴子·广譬》云：“短唱不足以致弘丽之和，势利不足移（动摇）淡泊之心。” **安恬** 安静，安逸恬适。［明］张居正《答楚按院雷信庵》云：“楚民咸（全）获安恬之利，公之造福于楚人，所宜世世而俎豆（祭祀礼品）之者也。”

⑮ **回头** 向后转头。［宋］苏轼《送顿起》诗云：“回头望彭城，大海浮一粟。”［宋］辛弃疾《青玉案·元夕》词云：“众里寻他千百度，蓦然回首，那人却在灯火阑珊处。” **极目** 尽目力所及远望前方。［三国魏］王粲《登楼赋》云：“平原远而极目兮，蔽荆山之高岑。”

⑯ **水底** 水的至深处。［明］沉鲸《双珠记·纩衣得诗》云：“芦花月白难寻路，水底捞针岂见针。” **山尖** 山顶；山巅。［唐］罗隐《蜂》诗

云:“不论平地与山尖,无限风光尽被占。”[唐]姚合《庄居野行》诗云:“采玉上山巅,探珠(探骊得珠)入水底。”

⑰ **腰袅袅** 细腰扭动。[唐]李贺《恼公》诗云:“陂陀梳碧凤,腰袅带金虫。”

⑱ **手纤纤** 细手柔美。《古诗十九首》诗云:“娥娥红粉妆,纤纤出素手。”

⑲ **凤卜鸾占** 人们视鸾凤为吉祥鸟,常把占卜佳偶称作“凤卜”、“鸾占”。《左传·庄公二十二年》云:“初,懿氏卜妻(嫁女给)敬仲。其妻卜之,曰:吉。是谓‘凤凰于飞,和鸣锵锵’。”

⑳ **开田多种粟** 开农田多种粮。这是宋朝诗人黄庭坚《次韵师厚病间十首》中“开田种白玉,饱牛事耕犁”和宋朝诗人孔武仲《种粟行》中“大儿肩锄出茅屋,小儿倾盘糁新粟”诗句的化用。

㉑ **煮海尽成盐** 煮海水以为盐。西汉初,藩镇割据,诸侯王国占据着广大地区,跨州连郡,据山铸钱,煮海成盐,富甲天下,骄奢抗上。汉景帝采纳晁错的建议,采取削藩措施。吴王刘濞以“请诛晁错,以清君侧”为名,背叛中央,发动吴楚七国之乱。大将周亚夫奉命平定了叛乱。(见《汉书·晁错传》)

㉒ **居同九世张公艺** 唐郓州寿张人张公艺,九代同居。麟德年间,唐高宗祭祀泰山,路过郓州,去公艺家访,问何以能九代同居?张公艺请纸笔,在纸上连写百余“忍”字。意为举家和睦忍让。(见《旧唐书·张公艺传》)

㉓ **恩给千人范仲淹** 北宋政治家、文学家范仲淹,字希文,今江苏苏州人。大中祥符进士。少时贫困好学,当官后以敢言出名。主张建立严密的任官制度,注重农桑,整顿武备,推行法制,减轻徭役。他在苏州城郊购田千亩,给乡里施义粜以养宗亲。他在《岳阳楼记》一文中提出“先天下之忧而忧,后天下之乐而乐”,传诵千古。(见《宋史·范仲淹传》)

㉔ **箫弄凤来,秦女有缘能跨羽** 萧史弄玉在凤台吹箫作凤鸣音,引来真凤止其屋,后二人乘龙跨凤升天而去。(参见上卷“一东”注㉟)

㉕ **鼎成龙去，轩臣无计得攀髯** 黄帝铸鼎成功，有龙下迎，黄帝及重臣乘龙升天，小臣欲持龙须上天，将龙须拔落，堕黄帝之弓。（参见本韵注④）

松下听韵（陈少梅）

rén duì jǐ ài duì xián jǔ zhǐ duì guān zhān sì zhī
人对己，爱对嫌。举止对观瞻。四知

duì sān yǔ yì zhèng duì cí yán qín xuě àn kè fēng
对三语㉖，义正对辞严㉗。勤雪案㉘，课风

yán lòu jiàn duì shū jiān wén fán guī tǎ jì tǐ yàn bié
檐㉙。漏箭对书笺㉚。文繁归獭祭㉛，体艳别

xiāng lián zuó yè tí méi gēng yí zì zǎo chūn lái yàn juǎn
香奁㉜。昨夜题梅更一字㉝，早春来燕卷

chóng lián shī yǐ shǐ míng chóu lǐ bēi gē huái dù fǔ bǐ
重帘㉞。诗以史名，愁里悲歌怀杜甫㉟；笔

jīng rén suǒ mèng zhōng xiǎn huì lǎo jiāng yān
经人索，梦中显晦老江淹㊱。

注解

㉖ **四知** 指东汉太尉杨震拒收金的典故。（参见本卷“十二侵”注⑦） **三语** 晋朝王衍问阮修：儒家提倡名教，老子庄子宣扬自然，两者究竟有何差别？阮修说：“将无同（大约差不多吧）。”王衍听后很欣赏，就聘阮修为属员。时人更称阮修为“三语（三字）掾（官署属员通称掾）”。（见《世说新语·文学》）

㉗ **义正辞严** 理由正当充足，措词严正有力。［宋］张孝祥《明守赵敷文》云：“欧公书岂惟翰墨之妙，而辞严义正，千载之下，见者兴起，某何足以辱公此赐也哉。”

㉘ **勤雪案** 传说晋朝孙康家贫无烛，严冬常映雪读书，文人常以“雪案”比喻勤学。［明］高则诚《琵琶记》云：“我相公虽居凤阁鸾台，常在萤窗雪案。退朝之暇，手不停批；闲居之际，口不绝吟。”

㉙ **课风檐** 风檐：不蔽风雨之场屋。明朝解元郑维诚，科举考场应试时，破题用两句成语冠场，张公批曰："我以半月精神思之不得，此子于风檐寸晷（日影移动一寸的时间）中得之，殆神助哉！"［宋］文天祥《正气歌》云："风檐展书读，古道照颜色。"

㉚ **漏箭** 古时用漏壶计时间。上放播水壶，靠底部一侧凿滴水孔，播水壶下置受水壶，壶中放浮漂，漂扎有刻度的箭，受水壶慢慢积水，浮漂则慢慢上浮，箭则从受水壶慢慢显露，刻度数字则由上而下逐一增大，以此计时。受水壶中带刻度的浮漂就叫"漏箭"，亦作"更箭"。 **书笺** 悬在卷轴一端的书名牙签，或书册封面上的书名签条。［唐］杜甫《题柏大兄弟山居屋壁》诗云："笔架沾窗雨，书笺映隙曛。"［唐］韩愈《送诸葛觉往随州读书》诗云："邺侯家多书，插架三万轴。一一悬牙签，新若手未触。"

㉛ **文繁归獭祭** 水獭捕到鱼，就摆在岸边，如同作祭祀，故称"獭祭鱼"。《礼记·月令》云："孟春之月……鱼上冰，獭祭鱼。"后把文人罗列典故、堆砌成文，也称为"獭祭鱼"。［宋］吴炯《五总志》云："唐李商隐为文，多检阅书史，鳞次堆积左右，时谓为'獭祭鱼'。"

㉜ **体艳别香奁** 唐代诗人韩偓，字致尧，今陕西西安人。官至兵部侍郎、翰林承旨。其早年诗作多写艳情，以妇女身边琐事为题材，辞藻华丽，故有"香奁体"之称，留有《香奁集》。晚年诗作多写唐末政治变乱及个人遭际，感时伤怀，风格慷慨悲凉，有《韩内翰别集》。（见［宋］严羽《沧浪诗话·诗体》）

㉝ **昨夜题梅更一字** 唐末江陵龙兴寺僧人齐己，从小就爱佛学，喜欢诗文，其《早梅》诗作有"前村深雪里，昨夜数枝开"句，诗人郑谷改"数枝"为"一枝"，时人因称郑谷为"一字师"。（见《五代史补·齐己》）

㉞ **早春来燕卷重帘** ［元］葛易之《京城燕》诗云："主家帘幕重重垂，衔芹（燕子衔芹菜地的软泥以筑巢）却旁（旁，通'傍'，靠近）檐间飞。"［宋］贺铸《海陵西楼寓目》诗云："扫地可怜花更落，卷帘无奈燕还来。"

㉟ **诗以史名，愁里悲歌怀杜甫** 唐代诗人杜甫，字子美，自幼好学，

知识渊博，有政治抱负。善诗好赋，其诗歌创作对历代文人产生巨大影响，宋代以后被尊为“诗圣”。他的许多优秀诗作显示了唐朝从开元天宝盛世，转向分裂衰微的历史过程，因此被称作“诗史”。《新唐书·杜甫传赞》云：“甫（杜甫）又善陈时事，律切精深，至千言不少衰，世号诗史。”

㊱ **笔经人索，梦中显晦老江淹** 南朝梁江淹，字文通，历任宋、齐、梁三代大臣，官至梁金紫光禄大夫。其诗文曾扬名天下。一日，他梦见一个叫郭璞的对他说：“我有笔在你处已经多年，应该还我了。”江淹探怀取五色笔授之。从此，江淹作诗绝无佳句。这就是“江郎才尽”典故的由来。（见《南史·江淹传》）

梅花图（丁辅之）

十五咸

zāi duì zhí tì duì shān èr bó duì sān jiān cháo
栽对植，薙对芟①。二伯对三监②。朝
chén duì guó lǎo zhí shì duì guān xián lù yǔ yǔ tù
臣对国老③，职事对官衔④。鹿麌麌⑤，兔
chán chán qǐ dú duì kāi jiān lù yáng yīng xiàn huǎn
毚毚⑥。启椟对开缄⑦。绿杨莺睍睆⑧，
hóng xìng yàn ní nán bàn lí bái jiǔ yú táo lìng yì zhěn
红杏燕呢喃⑨。半篱白酒娱陶令⑩，一枕
huáng liáng dù lǚ yán jiǔ xià yán biāo cháng rì fēng tíng liú
黄粱度吕岩⑪。九夏炎飙，长日风亭留
kè jì sān dōng hán liè màn tiān xuě làng zhù zhēng fān
客骑⑫；三冬寒冽，漫天雪浪驻征帆⑬。

注解

①**薙芟** 除草。《说文解字》曰：“薙，除草也。”“芟，刈（割）草也。”

②**二伯** 周武王死后，年幼的成王继位，由周公旦与召公奭共同辅政，“分天下以为左右，曰二伯”（见《礼记·王制》），“自陕以西，召公主之；自陕以东，周公主之。”（见《史记·燕召公世家》） **三监** 周武王灭商后，封殷纣王的儿子武庚为商朝故都朝歌之方伯（诸侯之长），并以朝歌以东为卫诸侯国，由武王之弟管叔监之；朝歌以西为墉诸侯国，由武王之弟蔡叔监之；朝歌以北为邶诸侯国，由武王之弟霍叔监之，合称“三监”。武王死后，管、蔡、霍三叔（三监）反而与武庚谋反，背叛周朝，周公旦出师平叛，

处死管蔡。（见《礼记·王制》）

③**朝臣** 朝中的重臣。《韩非子·三守》云："国无臣者，岂郎中虚而朝臣少哉？" **国老** 古代退休的卿大夫称为"国老"。《礼记·王制》云："有虞氏养国老于上庠，扬养庶老于下庠。"

④**职事** 身任之职所应尽的事务。《管子·法禁》云："身无职事，家无常姓。"［三国蜀］诸葛亮《出师表》云："今南方已定，兵甲已足，当奖率三军，北定中原……此臣所以报先帝，而忠陛下之职分也。" **官衔** 旧时官吏的封号、品级和历任官职，统称为"官衔"。［唐］封演《官衔》云："当时选曹补受，须存资历，闻奏之时，先具旧官名品于前，次书拟官于后，使新旧相衔不断，故曰官衔。"

⑤**鹿麌麌** 鹿群聚集。麌麌：众多。语出《诗经·小雅·吉日》："兽之所同，麀（母鹿）鹿麌麌。"

⑥**兔毚毚** 狡猾的大兔。语出《诗经·小雅·巧言》："跃跃毚兔，遇犬获之。"

⑦**启牍** 翻开书籍。牍：古时无纸，书写用狭长的木片。《后汉书·刘隆传》云："帝见陈留吏牍上有书（字），视之。"通常把牍视为书籍。《后汉书·荀悦传》云："所见篇牍，一览多能诵记。" **开缄** 打开信函。缄：书信。［宋］王禹偁《回襄阳周奉礼同年因题纸尾》云："武关西畔路巉岩，两月劳君寄两函。"

⑧**绿杨莺睍睆** 莺睍睆：黄莺的鸣叫声。语出《诗经·邶风·凯风》："睍睆黄鸟（黄莺），载好其音。"

⑨**红杏燕呢喃** 燕呢喃：燕子的叫声。［唐五代］刘兼《春燕》诗云："多时窗外语呢喃，只要佳人卷绣帘。"

⑩ **半篱白酒娱陶令** 东晋彭泽令陶渊明不为五斗米而折腰，毅然辞去县令归乡隐居。他生性好酒而不能常得。九月九日重阳节是饮菊花酒的佳节，陶潜无酒，无聊中便到宅边东篱下菊丛中摘一大把菊花，坐于其侧凝思。未几，受江州刺史王弘指使的白衣差役送来了美酒，即便就饮，至醉

而归。(见[南朝宋]檀道鸾《续晋阳秋》)[明]高明《二郎神·秋怀·黄莺儿》曲云:“满城风雨还重九,白衣人送酒,乌纱帽恋头。”

⑪ **一枕黄粱度吕岩** 唐代卢生在邯郸客店自叹穷困,道士吕翁(后人说成是唐末道士吕岩,即吕洞宾)从囊中取出一个枕头给卢生。卢生入睡后,做梦娶了美丽而富有的崔氏为妻,又中了进士,为相十年,有五子十孙,皆婚姻美满,官运亨通,成了世间一大望族。卢生享尽荣华富贵,年逾八十,临终时惊醒了。睡梦时间竟不及店家煮一顿黄粱饭的工夫,故有“黄粱梦”之典故。(见《枕中记》)

⑫ **九夏炎飙,长日风亭留客骑** 九夏:夏季。夏季共九十天,故称。长日:漫长的白天。风亭:长亭。供过客停歇避风雨的亭子。客骑:即“骑客”,骑马出行的人。这是元朝戏曲家王实甫《西厢记·长亭送别》中“恨相见得迟,怨归去得疾。柳丝长玉骢难系,恨不倩(恨不得使)疏林挂住斜晖(将落的太阳)”曲意的化用。

⑬ **三冬寒冽,漫天雪浪驻征帆** 三冬:冬季。冬季有三个月,故称。雪浪:大雪飞腾。征帆:远行之船。唐代诗人柳宗元有一篇著名诗作《江雪》,诗云:“千山鸟飞绝,万径人踪灭。孤舟蓑笠翁,独钓寒江雪。”诗的意思是:在寒气凛冽的严冬,漫天大雪翻腾,飞鸟行人都躲起来了,不见踪影,只有一位身披蓑衣头戴斗笠的渔翁,坐在孤舟上寂寞地垂钓。

wú duì qǐ bǎi duì shān xià hù duì sháo xián jiàn
梧对杞，柏对杉。夏濩对韶咸⑭。涧
chán duì zhēn wěi gǒng luò duì xiáo hán cáng shū dòng bì
瀍对溱洧⑮，巩洛对崤函⑯。藏书洞⑰，避
zhào yán tuō sú duì chāo fán xián rén xiū xiàn mèi zhèng
诏岩⑱。脱俗对超凡⑲。贤人羞献媚⑳，正
shì jí gōng chán bà yuè móu chén tuī shào bó zuǒ táng fān
士嫉工谗㉑。霸越谋臣推少伯㉒，佐唐藩
jiàng zhòng hún jiān yè xià kuáng shēng jié gǔ sān zhuā xiū jǐn
将重浑瑊㉓。邺下狂生，羯鼓三挝羞锦
ǎo jiāng zhōu sī mǎ pí pá yì qǔ shī qīng shān
袄㉔；江州司马，琵琶一曲湿青衫㉕。

注解

⑭ **夏濩韶咸** 指尧、舜、禹、汤时期的四种古乐名。《庄子·天下》云："黄帝有咸池，尧有大章（也叫'咸池'，增修黄帝之乐沿用，也称'大咸'），舜有大韶（也叫'大磬'、'九韶'），禹有大夏，汤有大镬（通'濩'）。"《周礼·春官·大司乐》云："乃奏大簇，歌应钟，舞《咸池》，以祭地祈；乃奏姑洗，歌南吕，舞《大韶》，以祀四望；乃奏蕤宾，歌函钟，舞《大夏》，以祭山川；乃奏夷则，歌小吕，舞《大镬》，以享先妣。"

⑮ **涧瀍** 涧水与瀍水。涧水，源出河南渑池东北白石山，东流入洛河。瀍水，即"瀍河"，源出河南洛阳西北谷城山，南流入洛水。《尚书·洛诰》云："我乃卜涧水东，瀍水西，惟洛食。" **溱洧** 溱水与洧水。溱水，源出河南密县东北，东南会洧水。洧水，即"洧河"，源出河南登封东阳城山，东流会溱水为双洎河。《孟子·离娄下》云："子产听郑国之政，以其乘舆

济人于溱洧。”

⑯ **巩洛** 处于洛水之间、四面环山的巩县。《史记·苏秦传》云：“说韩宜惠王，韩北有巩洛成皋之固，西有宜阳商贩之塞。” **崤函** 指崤山、函谷关。［东汉］张衡《二京赋》云：“左有崤函重险，桃林之塞。”

⑰ **藏书洞** 湖南沅陵县西北有大酉二酉二山。传说在小酉山上石洞中有书千卷，相传是秦代人读书于此而留之。后称藏书多的地方为“二酉”。（见《太平御览·荆州记》）

⑱ **避诏岩** 在华山南峰南天门西北，有一处“避诏岩”。这里东西两岩相对而出，中间形成槽沟，东岩前倾悬空如覆，岩腹间凿一长方形石穴，洞额镌刻“避诏岩”三字，相传是北宋著名道家学者、养生家陈抟手书。陈抟，字图南，熟谙诸家学，精通天文地理，知识渊博，才华横溢。宋太祖、宋太宗多次降诏召他入京辅政，都被婉言谢绝。为逃避烦扰，陈抟躲进这三面悬空、无路可达、仅容一人的崖龛中静修不出。

⑲ **脱俗** 超脱世俗。《抱朴子·登涉》云：“近才庸夫，自许脱俗。”《绘图宝鉴三》云：“［宋］夏奕，不知何许人。公羽毛，画瀏鹕作对而皆雄，盖求脱俗也。” **超凡** 超越平凡。《景德传灯录·神晏国师》诗云：“定祛邪行归真见，必得超凡入圣乡。”

⑳ **贤人羞献媚** 有德有才之人，羞于低三下四讨好别人。屈原《楚辞·九章·惜诵》云：“忘儇媚（巧佞谄媚）以背众兮，待明君其知之。”

㉑ **正士嫉工谗** 耿直正派之人，憎恨谗言诬陷伤害好人。［唐］骆宾王《为徐敬业讨吴曌檄》云：“［武则天］掩袂（用衣袖拭泪）工（善于）谗，狐媚偏能惑主。”

㉒ **霸越谋臣推少伯** 春秋末年越国大夫范蠡，字少伯，楚国宛（今河南南阳）人。越国被吴国打败后，范蠡随越王勾践赴吴国当人质三年。回越后，助越王刻苦图强，灭了吴国，使越称霸。后范蠡离越游齐，改名陶朱公，以经商致富。（见《史记·货殖列传》）

㉓ **佐唐藩将重浑瑊** 北方铁勒族浑部人浑瑊，十一岁入朔方军，从郭

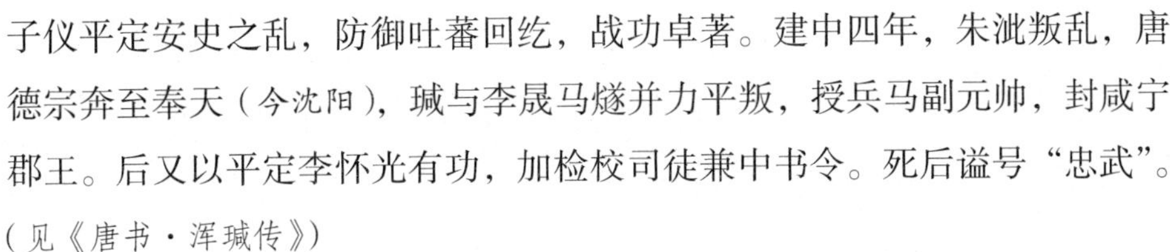

子仪平定安史之乱，防御吐蕃回纥，战功卓著。建中四年，朱泚叛乱，唐德宗奔至奉天（今沈阳），瑊与李晟马燧并力平叛，授兵马副元帅，封咸宁郡王。后又以平定李怀光有功，加检校司徒兼中书令。死后谥号“忠武”。（见《唐书·浑瑊传》）

㉔ **邺下狂生，羯鼓三挝羞锦袄** 锦袄：指曹操。邺下：指魏公曹操定都邺地（今河北河南交界的安阳一带）。东汉祢衡，字正平，今山东临沂人。少有才辩，性刚傲物。与孔融交好，融荐于曹操。操任为鼓吏，令其穿鼓吏之装欲辱之，衡便在操前裸身击鼓骂曹，奏曲《渔阳三挝》，音节曼妙慷慨，有金石声，四座闻之，无不震惊动容。操想借刘表之手杀害祢衡，遂将衡送给刘表，表又将其送给江夏太守黄祖，黄祖爱其才，但后因祢衡对其出言不逊而杀之。（见《后汉书·祢衡传》）

㉕ **江州司马，琵琶一曲湿青衫** 唐代诗人白居易，字乐天，今陕西渭南人。原在朝中任官，因得罪权贵，被贬为江州司马，在其名作《琵琶行》中有“座中泣下谁最多？江州司马青衫湿”抒怀名句。（见《唐书·白居易传》）

páo duì hù lǚ duì shān pǐ mǎ duì gū fān zhuó
袍对笏[26]，履对衫。匹马对孤帆[27]。琢
mó duì diāo lòu kè huà duì juān chán xīng běi gǒng rì
磨对雕镂[28]，刻划对镌镵[29]。星北拱[30]，日
xī xián zhī lòu duì dǐng chán jiāng biān shēng dù ruò
西衔[31]。卮漏对鼎馋[32]。江边生杜若[33]，
hǎi wài shù dū xián dàn dé huī huī cún lì rèn hé xū duō
海外树都咸[34]。但得恢恢存利刃[35]，何须咄
duō dá kōng hán cǎi fèng zhī yīn yuè diǎn hòu kuí xū jiǔ zòu
咄达空函[36]。彩凤知音，乐典后夔须九奏[37]；
jīn rén shǒu kǒu shèng rú ní fǔ yì sān jiān
金人守口，圣如尼父亦三缄[38]。

注解

㉖**袍笏** 古时，大臣朝见君主，皆穿袍（朝服）执笏。袍、笏按地位高低而异。笏，也称“手板”，用玉、象牙或竹片制成，用来比画意思或在板上记事。《礼记·玉藻》云：“凡有指画于君前，用笏；造受命于君前，则书于笏。”

㉗**匹马** 一匹马。［五代］汪遵《乌江》诗云：“兵散弓残挫虎威，单枪匹马突重围。” **孤帆** 一只船。［唐］李白《黄鹤楼送孟浩然之广陵》诗云：“孤帆远影碧空尽，唯见长江天际流。”

㉘**雕镂** 雕刻纹饰。《三国志·魏志·栈潜传》云：“今宫观崇侈，雕镂极妙，忘有虞之总期（古帝虞舜用草盖的宫房），思殷辛之琼室（殷纣王用玉石造的帝宫）。”常用来比喻精心修饰文辞。［唐］齐己《览延栖上人卷》诗云：“今体雕镂妙，古风研考精。”

㉙ **镌镵** 雕凿；刻画。［宋］宋汴《采异记·铭记》云：“后列数树如前者，其镌镵之工，妙绝于世。”

㉚ **星北拱** 众星环卫北斗星。［唐］罗邺《春晚渡河有怀》诗：“万里山河星拱北，百年人事水归东。”［唐］戴叔伦《赠徐山人》诗云：“针自指南天窅窅，星犹拱北夜漫漫。”比喻人间四方归顺。《论语·为政》云：“为政以德，譬如北辰（北极星），居其所，而众星共（拱）之。”

㉛ **日西衔** 亦作“日西斜”，太阳偏西。《易经·丰卦》云：“日中（正午）则昃（日偏西），月盈（圆满）则食（通‘蚀’，亏缺）。”唐代诗人韦庄在《李氏小池亭十二韵》中有“访僧舟北渡，贳（赊买）酒日西衔”的诗句；他在《送人归上国》中又有“送君江上日西斜”的提法。

㉜ **卮漏** 渗漏的酒器永远盛不满酒。卮漏：渗漏的酒器。比喻饮酒人酒量大。［北魏］杨炫之《洛阳伽蓝记》云：“京师士子，道肃一饮一斗，号为‘漏卮’。” **鼎馋** 即“馋鼎”，谓制茶中茶叶不易出汁的鼎具。馋：贪食；鼎：制茶器具。这种器具吸食水分过多。［明］谢肇淛《五杂俎·物部三》云：“今造团（茶团）之法皆不传，而建茶之品亦远出吴会诸品之下。其武夷、清源二种虽与上国争衡，而所产不多，十九馋鼎，故遂令声价靡不复振。”

㉝ **江边生杜若** 南方水边长杜若。杜若：香草名，亦称“杜衡”。似葵而香，根入药。屈原《楚辞·九歌·湘君》云：“采芳洲（芳草丛生的小洲）兮杜若，将以遗兮下女（侍女）。”

㉞ **海外树都咸** 边远地区植都咸。海外：四海之外，泛指边远地区。古代中州人把“荒边侧境山区海聚之间，蛮夷（指边远少数民族）异域之处，或燕、荆、越、蜀海外万里”，称为“海外”。（见［宋］曾巩《送江任序》）都咸：也叫“都咸子”，果树名。生于广南山谷，树如李，皮叶可作饮料，润肺祛痰。（见《本草纲目·都咸子》）

㉟ **但得恢恢存利刃** 传说战国时期，解牛高手庖丁为梁惠王解牛，刀在牛之骨络间随意滑动，似有更宽的余地。惠王赞他技艺纯熟。庖丁说：

“牛骨节间有隙，而我的刀刃很薄，薄刃入间隙，恢恢（宽广）乎，游刃有余。”（见《庄子·养生主》）

㊱ **何须咄咄达空函** 西晋殷浩，负有名望。大司马桓温权威日盛，简文帝任命殷浩为建武将军，以抗衡桓温。后，殷浩率军北征，败给后秦姚襄，遂被桓温废免。殷浩故作镇定，谈笑如常，但一天到晚用手比划在空中写“咄咄怪事”四字。（见《晋书·殷浩传》）

㊲ **彩凤知音，乐典后夔须九奏** 传说古帝虞舜作箫韶，后夔是舜的乐官，众鸟兽听到韶音皆来起舞，但至九奏，仪表非凡的凤凰才来共舞。《尚书·益稷》云：“箫韶九成，凤凰来仪。”《传》曰：“备乐九奏而致凤凰，则余鸟兽不待九而率舞。”

㊳ **金人守口，圣如尼父亦三缄** 三缄：封了三张条子。［汉］刘向《说苑·敬慎》云：“孔子之（到）周，观于太庙，右陛之前有金人焉，三缄其口，而铭其背曰：‘古之慎言人也。戒之哉，戒之哉！无多言，多言多败。’”

泛舟图（任伯年）

附

关于《平水韵》

自魏晋南北朝以来，中国民间已有韵书出现，但大都亡佚。现在能看到的是隋代陆法言等8人所撰的《切韵》残卷，全书分为193个韵部，最早确立了汉语音韵的规则标准。传至唐代，出现以《切韵》为基础由孙愐修改刊定的《唐韵》，然而原书也亡佚。北宋初年，陈彭年、邱雍等人奉诏对《切韵》《唐韵》等韵书进行完善增订，于宋真宗大中祥符元年（1008）完成，更名为《大宋重修广韵》，简称《广韵》。这是我国第一部官修的韵书。全书206韵，平声57韵（上平28韵，下平29韵），上声55韵，去声60韵，入声34韵。之所以比《切韵》多13韵，是因记录了从南北朝到宋末的语言系统，兼收了方言之音，在分韵中更加细致严格。《广韵》一直流传至今，是后人考证汉语上古音、中古音、近代音字音字义的重要依据，《广韵》实乃中华音韵宝典。

“平水韵”一词出现在宋末。山西平水县（今山西临汾）分管图书的官员、金人王文郁在《广韵》的基础上，根据当时汉语的发展流变，著《平水新刊韵略》，将同用的韵合并为106部；同时期山西平水籍人刘渊著《壬子新刊礼部韵略》，将韵并为107部。这两位“平水”人所撰的韵部系统被称为《平水韵》。清康熙年间，官修辞典《佩文韵府》明确刊印《平水韵》106部，从此，《平水韵》在社会上广为流传，成为清代的官韵。《平水韵》不是只讲“平”声韵，而是平、上、去、入四声的韵部都有，仍属古韵。平声韵30部，因平声字多，故分上平15部，下平15部；上声韵29部；去声韵30部；入声韵17部，共106韵部。每一个韵部包含若干同韵汉字，以供创作人员写律诗绝句参照。格律诗每首诗的韵脚必须出自同一韵部，不能错用，这是科举应试以来一直遵循的文风规则。其实,《平水韵》就是由《广韵》而来，是《广韵》的略本。

《声律启蒙》和《笠翁对韵》分别由清朝车万育和李渔所著，他们是将《平水韵》中的平声30韵抽出，采用对韵的手法，赋予每个词韵以丰富生动的内容，将读者带入与韵相连的精美诗画之中，饶有风趣地给予律诗、戏曲、楹联作者以联想空间；特别是独具一格的从单字对到多字对的层层对句，使儿童读起来朗朗上口，像顺口溜一样记忆一生。《声律启蒙》和《笠翁对韵》在普及《平水韵》、提高国人讲话音韵美、书写音韵美方面的潜移默化作用不可小视。

需要说明的是,《平水韵》中有的字今音相同，韵母一样，却分属不同韵部，比如“东”“冬”二韵，各自均有所属同韵的若干字。这是为什么？因为“东”“冬”的古音是不同的。现保留并延续，是为了适应创作格律诗的规范要求。

另：清嘉庆年间戈载在《平水韵》基础上进行了较大调整合并，同韵的平、仄、入声通用，浓缩成19个韵部，这就是《词林正韵》，也属古韵。适用范围是指导写作古体诗和填词。清代推行“官话”,《词林正韵》除入声韵外，其余声韵与今天的普通话很接近。

《中华新韵》(即《新声韵》)是以普通话音韵为基础，将汉语拼音的35个韵母，合并划分为14个韵部的音韵系统，没有入声韵。《新声韵》比《平水韵》简单、宽泛、好学，只要韵母相同，就是押韵，对于繁荣当代诗词创作有促进作用。声韵改革是件大事，不能一蹴而就,《新声韵》尚处在讨论试用阶段。在同一首诗中，新旧两种韵是不能互串混用的，如用《新声韵》需注明。